LICHTRÄUME

INTEGRALE LICHTLÖSUNGEN VON KRESS & ADAMS

INTEGRAL SOLUTIONS BY KRESS & ADAMS

LIGHT SPACES

LICHTRÄUME

INTEGRALE LICHTLÖSUNGEN VON KRESS & ADAMS

INTEGRAL SOLUTIONS BY KRESS & ADAMS

LIGHT SPACES

BIRKHÄUSER – PUBLISHERS FOR ARCHITECTURE
BASEL · BOSTON · BERLIN

Inhalt
Content

Vorwort

Hans Hollein

Licht.
Man darf es nicht mit Beleuchtung verwechseln. Insbesondere wenn man Lichttechniker ist.
Insbesondere wenn man eben nicht Lichttechniker, sondern Lichtplaner ist.

Der Lichtplaner plant das Licht.
Und den Schatten.
Darkness at noon!

Licht steht am Anfang unseres Universums.
Ein Geschenk an den Menschen, den Bewohner unseres Planeten.
Jahrmillionen war man abhängig vom regelmäßigen Ablauf von Tag und Nacht – Resultat einer höheren Planung.
Mit der Beherrschung des Feuers konnte der Mensch auch das Dunkel kontrollieren – die erste Lichtplanung.
Mit dem Verlassen der Höhlen begann der Mensch zu bauen.
Bauten, deren Lichtführung, die des Tageslichts und die des Kunstlichts, bestimmt werden konnte – Tag und Nacht.
Die Entwicklung des Kunstlichts veränderte grundlegend den Ablauf des täglichen Lebens.

Architekten stellten bewusst ihre Gebäude ins Licht.
Licht war Teil ihrer Dreidimensionalität, der Stimmung des Raumes, der Nutzbarkeit. Quantifizierte Aspekte wie Helligkeit und nichtquantifizierte wie Atmosphäre wurden Planungsparameter.
Technologische Entwicklung der Leuchtmittel ging mit kreativem Einsatz des Lichts zur Gestaltung unserer Umwelt einher.
Licht und Architektur wurden eine Symbiose.

Lichtplanung – zunächst pragmatischer Teil der Bauplanung und als primär technischer Bereich gesehen, entwickelte sich zu einer eigenen Domäne – zunächst von Technikern beherrscht.
Der Lichttechniker entstand, der die quantifizierbaren Aspekte betreute.
Die nichtquantifizierbaren wurden – und werden – vom Architekten wahrgenommen.
Logischerweise gab es das Bestreben, vom Lichttechniker zum Lichtplaner zu mutieren, um eben das weite Panorama einer Gestaltung mit Tageslicht und Kunstlicht abzudecken.
Eine profunde Kenntnis – sowohl der Technik als auch des Wesens der Architektur – ist hier notwendig.

Es ist kein Zufall, dass Hannelore Kress und Günter Adams diesen Background haben. Beiden ist gemeinsam ihr vorhergegangenes Architekturstudium an angesehenen Hochschulen sowie ihre langjährige Mitarbeit bei einem der führenden Lichtplaner der Welt. Aus dieser symbiotischen Lehre heraus entwickelten sie sich zu kreativen Lichtplanern, die den Ansprüchen einer Integration ihres Fachbereichs und ihrer Kenntnis in den komplexen Vorgang der Planung und Entstehung von Architektur hervorragend entsprechen. Die Liste ihrer Zusammenarbeit mit bedeutenden Architekten an wegweisenden Bauten auf internationaler Ebene ist beachtlich.

Der engagierte Beitrag ihres Büros – das sie bezeichnenderweise Atelier für Tages- und Kunstlichtplanung nennen – an wesentlichen Realisierungen, vor allem in der Bundesrepublik, aber auch in Österreich, der Schweiz und anderswo, hat zu Raumschöpfungen geführt, die ihre endgültige Steigerung durch die Integration des Lichts erfuhren und zeugt für eine kreative Zusammenarbeit mit den Architekten und deren Vision. Sie zeugt darüber hinaus aber auch für funktionelle und ökonomische Lösungen des Einsatzes des Lichts zur Erhellung der Dunkelheit.

Preface

Hans Hollein

Light.
It is not to be confused with lighting. Particularly if one is a lighting technician. And very particularly if one is not a lighting technician but a lighting planner.

The lighting planner plans light.
And shadow.
Darkness at noon!

In the beginning there was light.
A gift to mankind, the inhabitant of our planet.
For millions of years, man was dependent of the alternation of day and night – the result of planning from above.
When he learnt how to make fire, man was in a position to control darkness – the first instance of lighting planning.
When man left the cave, he began to build.
Structures whose lighting, both that of daylight and that of artificial light, could be determined – day and night.
The development of artificial light heralded a fundamental change in the rhythm of daily life.

Architects deliberately put their buildings in the light.
Light was part of their three-dimensionality, of the mood of the space, its useability. Quantifiable aspects such as brightness and non-quantifiable ones such as atmosphere became planning parameters.
Technological development of lighting means was accompanied by a creative use of light to design our built world. Light and architecture became symbiotic.

Light planning – initially only a pragmatic part of building planning and seen primarily as a technical area – has developed into an autonomous domain – initially that of technicians.
The lighting technician became the person responsible for quantifiable aspects.
The non-quantifiable were and still are the domain of architects.
It goes without saying that there was great interest in progressing from a lighting technician to a lighting planner in order to cover the broad spectrum of design using daylight and artificial light.
A profound understanding of both the technology and the nature of architecture is necessary here.

It is not a coincidence that Hannelore Kress and Günter Adams have this background. They have their studies of architecture at leading universities in common as well as their many years of work with one of the world's leading lighting planners. This symbiotic training has enabled them to develop into creative lighting planners who are able to meet the challenge of integrating their field and their abilities into the complex process of planning and creating architecture in a way that is outstanding. The list of their collaboration with leading architects of pioneering buildings at international level is impressive.

The committed contribution of their office – which they typically call a studio for planning of daylight and artificial light – to major projects primarily in the Federal Republic of Germany as well as in Austria, Switzerland, and elsewhere has led to spatial creations that were crowned by the integration of light and are testimony to creative co-operation with the architects and their visions. It is also witness to practical and economical ways of using light to illuminate darkness.

REDUKTION · REDUCTION

Gasometer Simmering, Wien
Simmering Gasometers

Jean Nouvel, Paris · Coop Himmelblau, Wien · Manfred Wehdorn, Wien · 2001

Die vier 1899 fertiggestellten Gasbehälter des ersten Wiener Städtischen Gaswerkes sind nicht nur unübersehbar, sie dominieren die Silhouette Simmerings. Faszinierend in ihrer Größe sind sie zum Wahrzeichen des Bezirks geworden. Die Gasometer sind Zeugen für eine vergangene Zeit und sie sind ein hervorragendes Beispiel für die ästhetische Wirkung der Ingenieurbaukunst der späten Gründerzeit. Die Wirkung der Gebäude, vor allem aber auch ihres Innenraums, wird von Monumentalität und „großer Leere" bestimmt. Lange wurde nach einer Nutzung gesucht, welche auch zukünftig ohne öffentliche Subventionen auskommen würde. Schließlich boten sich die Mittel der Wohnbauförderung an, die in Wien auch schon anderenorts zur Durchsetzung städtebaulicher Ziele herangezogen wurden. Eine Nutzungsmischung aus Wohnen, Büros, Läden und Entertainment versprach nicht nur die Chance, die Sanierungskosten der Bausubstanz auf kommerzielle Nutzungen zu verlagern, sondern erhöhte auch die Attraktivität des Wohnstandortes. Als eines der prekärsten Probleme stellte sich die Tagesbelichtung für die Wohnungen dar. Nach einem Gutachterverfahren erhielten wir den Auftrag, für die Gasometer A, B und C entsprechende Tageslichtuntersuchungen durchzuführen. Beeindruckt waren wir hier besonders von der Verfeinerung der Arbeit mit Licht in Kombination mit der Architektur – abseits der reinen Wissenschaft.

The four gasometers of the first Vienna Municipal Gas Works, completed in 1899, are not merely conspicuous, they completely dominate the silhouette of Simmering. Fascinating on account of their size, they have become the district's landmark. The gasometers are witness to a past time and are an outstanding example of the aesthetic effect of the architectural engineering of the late Gründerzeit (period of rapid industrial expansion). The effect of the structures, in particular of that of their interior, is determined by monumentality and "vast emptiness". The search for a form of use that would continue to be viable without public subsidies was a long one. Finally, the means chosen was the construction of subsidized housing, an approach that had already been used elsewhere in Vienna to accomplish urban design goals. A mix consisting of housing, offices, shops and entertainment not only promised the chance to put the costs of renewing the building structures on a commercial basis, but also increased the attractiveness of the residential location. One of the most challenging problems proved to be providing the apartments with daylight. Following proceedings involving experts, we were commissioned to carry out daylight studies for gasometers A, B and C. We were particularly impressed by the way that working with light was enhanced when working in combination with architecture – outside the realm of pure science.

Gesamtansicht Gasometer

> Blick in den Innenhof Gasometer A, Jean Nouvel

Overall view of the gasometers

> View of the inner courtyard Gasometer A, Jean Nouvel

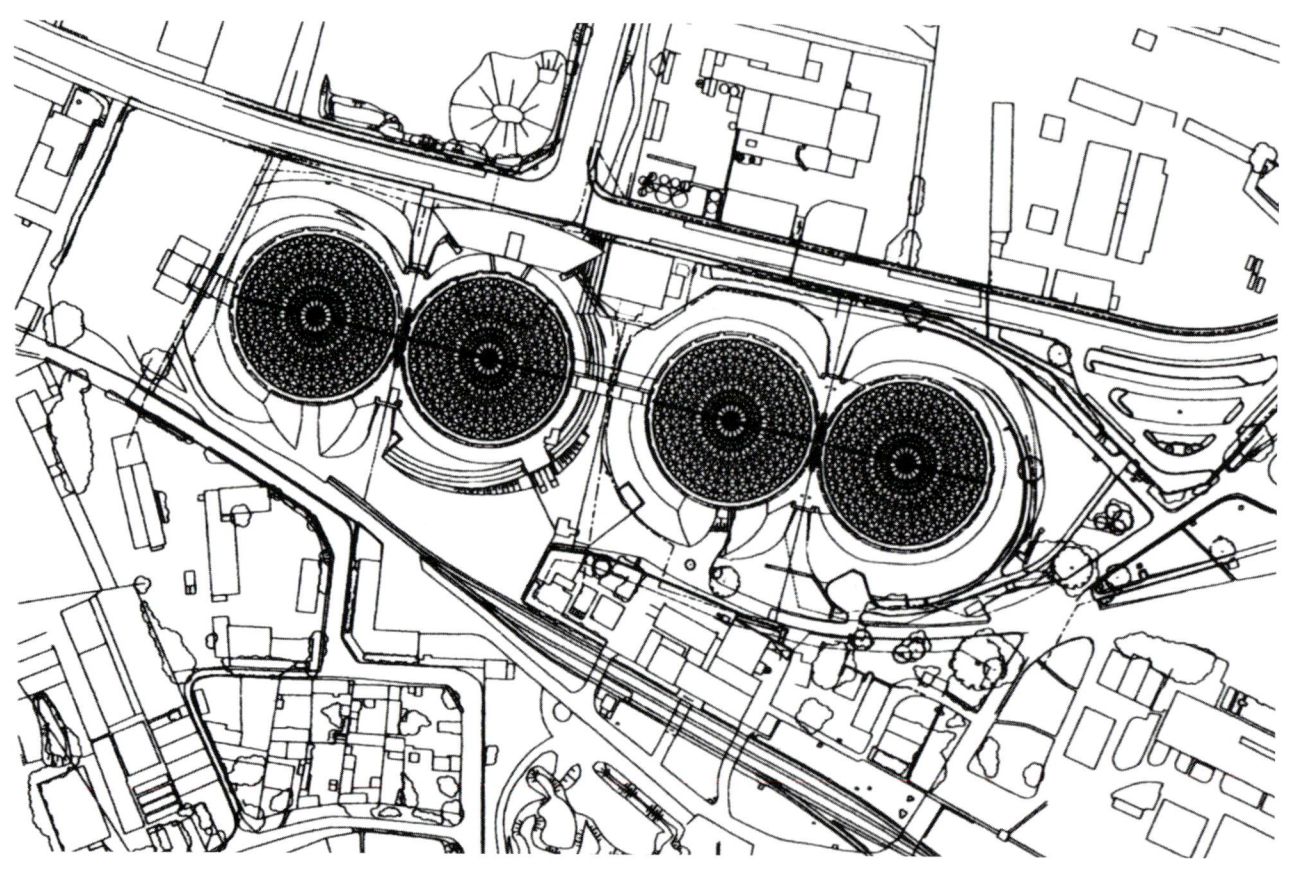

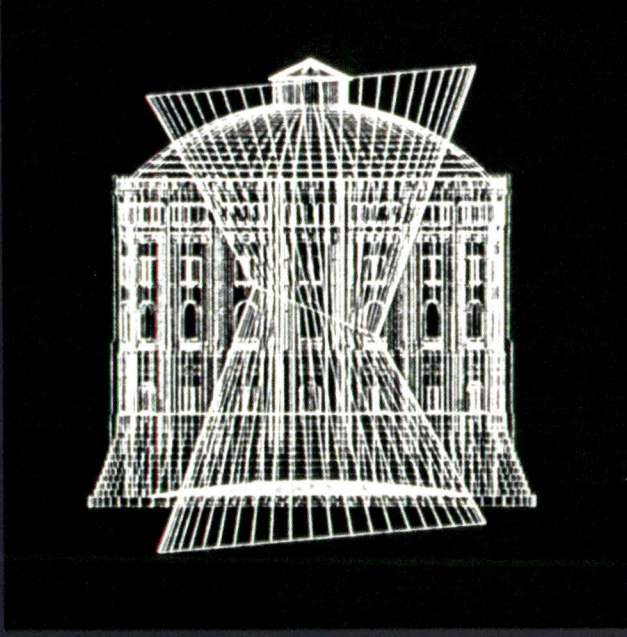
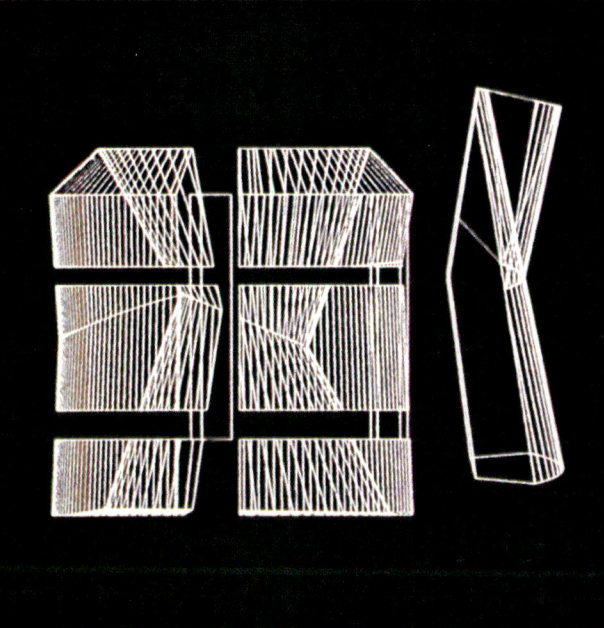
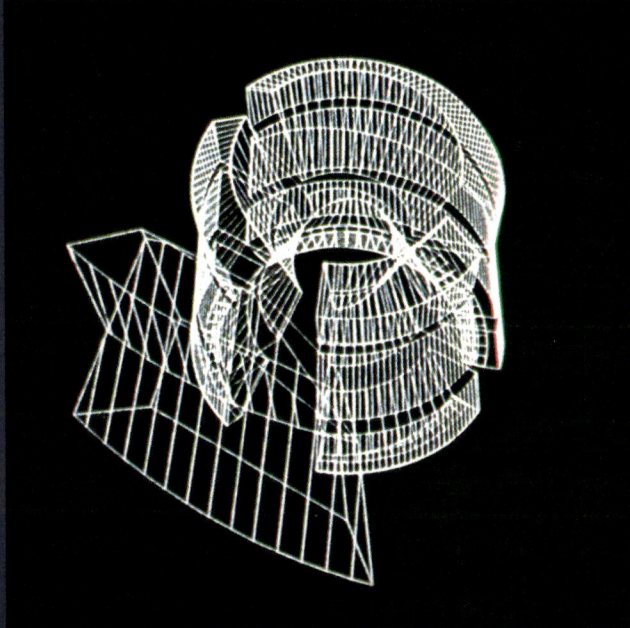
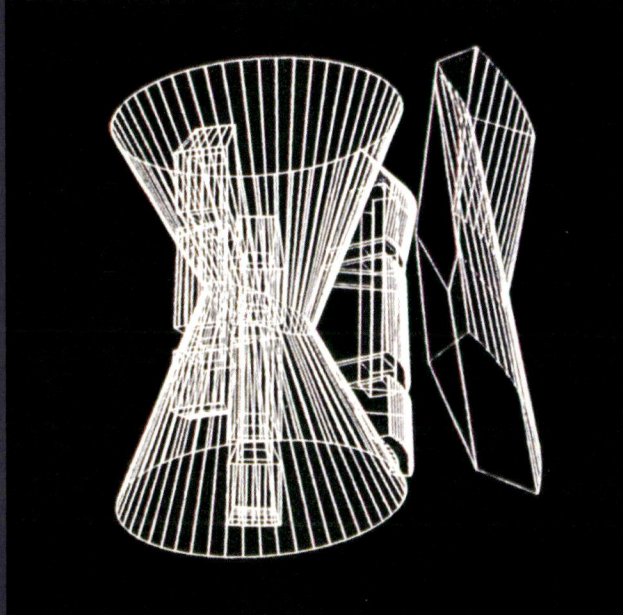

Bei den als Baudenkmäler geschützten Gasometern durften im Fassadenbereich nur wenige Eingriffe vorgenommen werden. Mit dieser Aufgabenstellung waren die Prämissen formuliert. Dies bedeutete, dass die bestehenden Fensteröffnungen keine Veränderungen erfahren sollten. Fenster in Wohnungen haben im Wesentlichen optisch-visuelle Funktionen, die sich nur teilweise aus den physiologischen Bedürfnissen der Bewohner erklären lassen – sie sind ganz sicher vorwiegend psychologischer Natur. Aufgefaltet haben die Architekten Coop Himmelblau den inneren Zylinder des Kesselraumes und als Schild vor die Fassade implantiert.

Gasometer A, Jean Nouvel; Gasometer B, Coop Himmelblau

Lageplan der Gasometer A, B, C, D

Only few interventions were permitted in the façade area of the gasometers, which are listed buildings. This precondition shaped the premises. It meant that the existing window openings could not be altered in any way. Windows in houses essentially serve optical-visual purposes that can only partly be explained in terms of the physiological needs of the occupants – they are with certainty predominently psychological in nature. The architects Coop Himmelblau opened up the inner cylinder of the boiler room and implanted it as a shield in front of the façade.

Gasometer A, Jean Nouvel; Gasometer B, Coop Himmelblau

Site plan of gasometers A, B, C, D

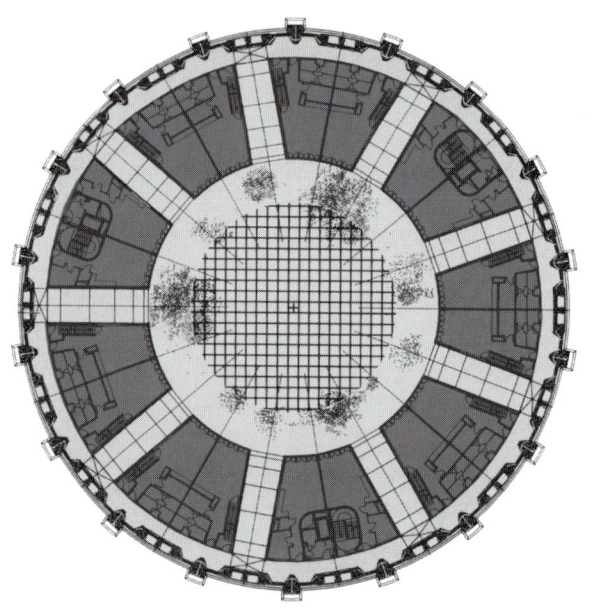

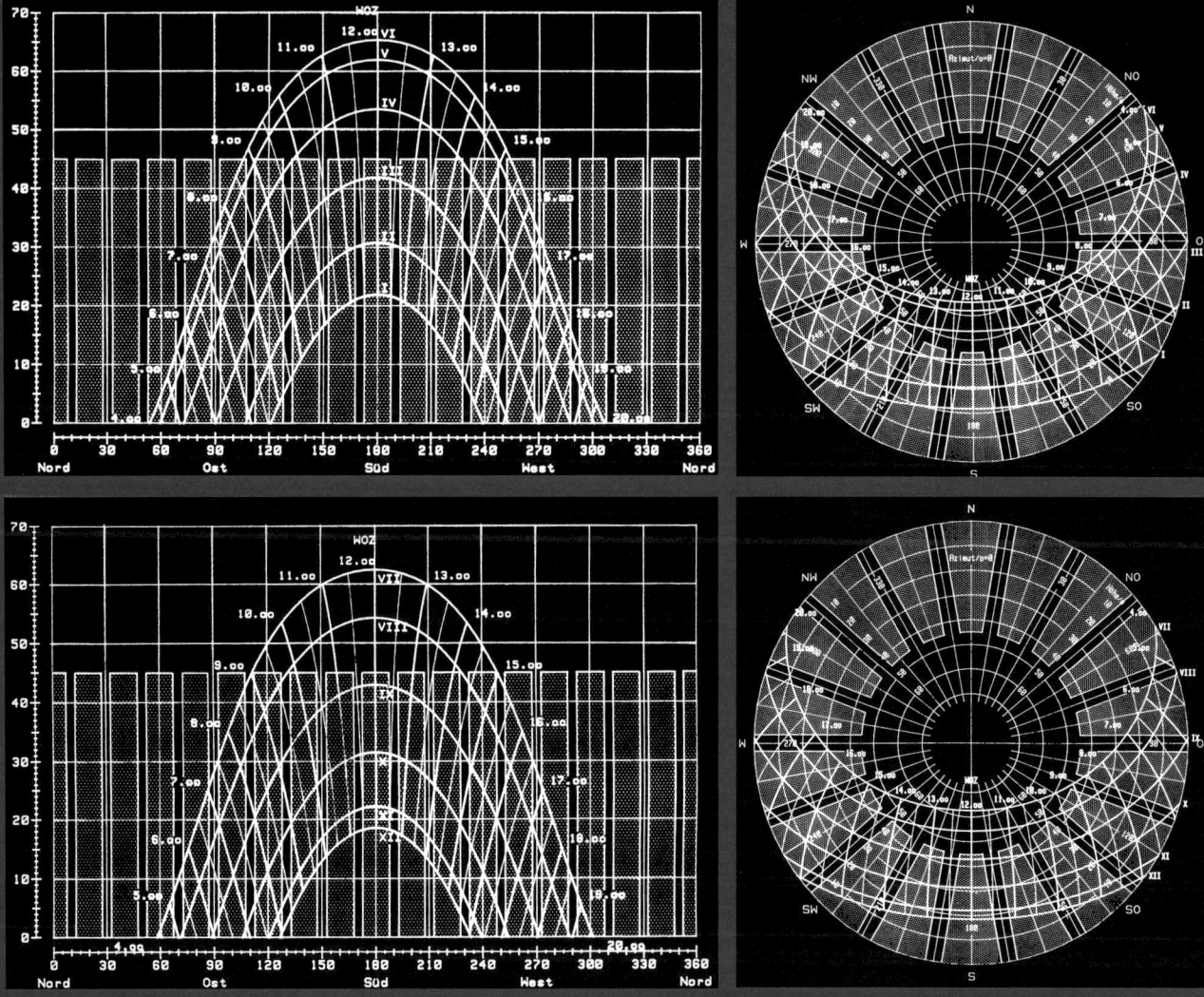

Die Masse der tiefen, dickwandigen Mauerwerksleibungen wurde reduziert durch weiß geputzte, schrägwinkelige Anschnitte. Helle Fassadenteile im Innenhof bilden Reflexionsflächen und leiten und streuen das Tageslicht. Jean Nouvel gelang es, ein anderes Spannungsfeld aufzubauen. Virtuos bespielt er mit einem einfachen Repertoire aus Kreis, Licht und Funktion den Innenraum. Das Kreismotiv variiert er durch Aufteilung in Segmente. Er beplankt geschlossene Seiten mit polierten Metallpaneelen, die im Licht changieren und das Tageslicht auch bei niedrigem Sonnenstand transportieren. Der Innenraum verengt oder weitet sich je nach Standpunkt des Betrachters, die Segmente lösen und spiegeln sich von der Außenhaut.

The volume of the deep, thick masonry recesses was reduced by white-plastered angled incisions. Light façade elements in the inner courtyard form areas of reflection transporting and diffusing daylight. Jean Nouvel succeeded in creating tension of a different kind. He uses a simple repertoire of circle, light, and function to produce a virtuoso staging of the inside space. He varies the motif of the circle be dividing it into segments. He covers closed sides with polished metal panels that change according to light and transport daylight even when the sun is low in the sky. The interior space narrows or expands depending on the vantage point of the beholder, the segments detach themselves and are reflected by the outer skin.

Innenhof; Gasometer A, Jean Nouvel

Grundriss Gasometer A, Jean Nouvel

Inner courtyard; gasometer A, Jean Nouvel

Ground plan of gasometer A, Jean Nouvel

Ernsting's family, Coesfeld-Lette

Johannes Schilling, Köln · 1999

Bezogen auf Bauten für gewerbliche Nutzung wird Architektur als ortsgebundene „Kulturleistung" durch die globale Vernetzung und Mobilität der Märkte keineswegs in Frage gestellt. Gerade auf diesem im Wandel begriffenen Gebiet besteht heute ein hohes Potenzial zur Freisetzung konkreter räumlicher Phänomene und Bilder. Dieses Potenzial gilt es weiter zu ergründen und zu kultivieren. Eine Bauaufgabe, deren Programm in der regionalen Verteilung weltweit produzierter Waren besteht, hat in diesem Zusammenhang vielleicht etwas Exemplarisches. Das neue Vertriebszentrum des Textilunternehmens Ernsting's family liegt im ländlich gelegenen Coesfeld-Lette. Es steht in funktionalem und räumlichem Zusammenhang mit einem Bau von Reichlin, Reinhard und Calatrava aus dem Jahre 1984. Die Gruppe der auf dem begrünten, nutzbaren Dach angeordneten, nach Norden geneigten Lichtrohre mit einem Durchmesser von jeweils 5 Metern und einer Höhe von ca. 7 Metern erscheint – auch in der Fernwirkung – ebenso charakteristisch wie fremdartig. Ähnlich einem Ensemble von Großskulpturen wirken die schräggestellten Zylinder auf diejenigen, die sich zwischen ihnen hindurch bewegen, als ungewöhnliche Raumerfahrung. Am Abend lassen sie das Innenraumlicht in die Sphäre und die Landschaft einfließen. Die räumliche Vermittlung zwischen Architektur und Landschaft stellt sich in Schillings Architektur als wesentliches Anliegen dar; eine Besonderheit, die sonst in Gewerbeansiedlungen sträflich ignoriert wird. Die Außen- und gebäudebezogene Beleuchtung, die sich eigentlich einer pragmatischen Funktion unterwerfen muss – und dies auch tut –, formuliert sich in der gleichen Sinnlichkeit wie die architektonische Philosophie.

In terms of commercial buildings, architecture as a local "cultural achievement" is not in any way challenged by the global networking and mobility of markets. It is particularly in this area in the process of change that there is great potential to release concrete spatial phenomena and images. This potential needs to be further understood and cultivated. Constructing a building whose programme consists of regional distribution of products manufactured globally may well be seen as having exemplary qualities in this respect. The new distribution center of the Ernsting's family textile manufacturer is located in the rural setting of Coesfeld-Lette. It is both functionally and spatially connected to a building dating from 1984, designed by Reichlin, Reinhard and Calatrava. The effect of the group of light tubes inclined to the north, each with a diameter of 5 metres and a height of around 7 metres, placed on the green, accessible roof is – also from afar – both characteristic and exotic. Resembling an ensemble of large-scale sculptures, the effect of the slanted cylinders on those who pass among them is that of an unusual spatial experience. In the evening, they let the interior lighting flow to the skies and the surroundings. The spatial dialogue between architecture and landscape is a central aspect of Schilling's architecture; a feature that is otherwise sadly ignored in industrial estates. Outside lighting and lighting of the buildings – in theory and also in fact subject to pragmatic functions – has the same sensousness as the architectural philosophy.

Straßenansicht

> Lichtrohre auf dem begrünten Dach

Street view

> Light tubes on the greened roof

12 Meter hohe Mastleuchten mit paarigen Flächenstrahlern begrenzen das Grundstück und thematisieren das funktionale Licht, ohne störende Eingriffe am Gebäude und in die Landschaft zu nehmen. Virtuelle Lichtvolumina begrenzen und simulieren den Außenraum. Parallel der Betonfassade projizieren Bodeneinbauleuchten vertikales Streiflicht. Die gläserne Fassade des Neubaus und die Klinkerfassade der Altbaus werden durch horizontale Glastuben verbunden, die jeweils im Scheitelpunkt lineare Lichtlinien aufnehmen. Die transparenten Glashäute interpretieren am Abend die räumliche Verbindung zwischen dem Neubau und dem Altbau.

12-metre-high masts with pairs of broad-beam spotlights bound the site and provide central functional light, without any disruptive interventions in the building or the landscape. Virtual light volumes define and stimulate the outside space. Lights integrated in the ground parallel to the concrete façade project vertical streaked light. The glass façade of the new building and the clinker façade of the old one are linked by horizontal glass tubes, each incorporating linear light lines at their vertex. The transparent glass skins give interpretation to the spatial connection between the new building and the old building in the evening hours.

19

„Walfischmaultore"; breitstrahlende Downlighter reflektieren flächig, brillant die Bodenflächen und die geschwungenen Deckensegel

"Whale jaws gates"; Broad-beam downlighters create extensive and brilliant reflection of the floor areas and the sweeping roof sails

< Bodeneinbauleuchten projizieren Streiflicht auf die Betonfassade

< Lights integrated in the ground project streaks of light onto the concrete façade

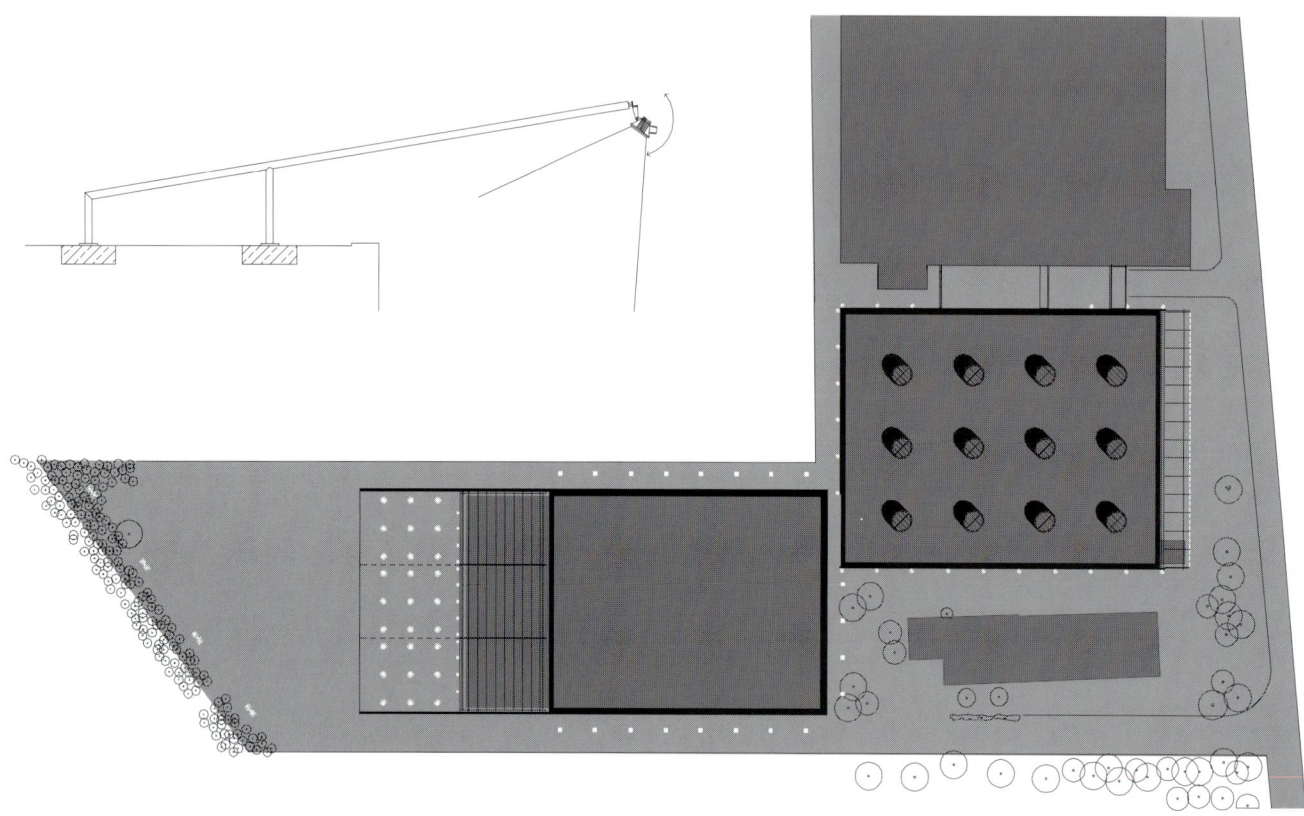

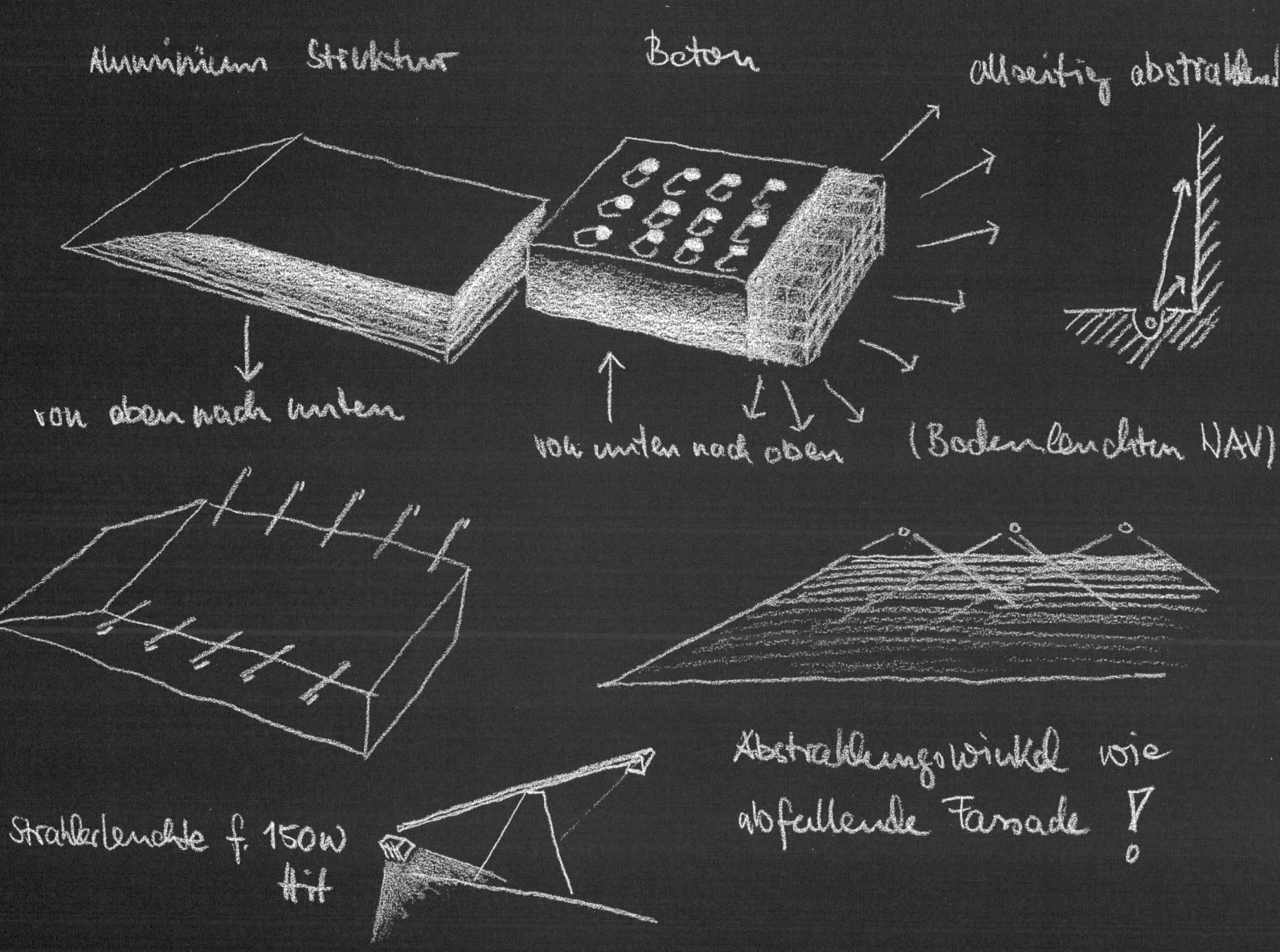

Aluminium Struktur

Beton

allseitig abstrahlend

von oben nach unten

von unten nach oben

(Bodenleuchten NAV)

Strahlerleuchte f. 150W HIT

Abstrahlungswinkel wie abfallende Fassade !

Eine sanfte Anstrahlung mittels an der Dach-/Fassadenkante platzierter Strahlerleuchten immaterialisiert die silbrig glänzende Aluminiumhaut des Gebäudes, die bei nächtlicher Betrachtung wie ein fließender Schleier aus der Dunkelheit hervortritt. Das Wechselspiel zwischen Tag und Nacht ist wohl am dramatischsten erlebbar im Bereich der Auslieferung. Die großen „Walfischmaultore" lassen die phantasievollsten Anmutungen zu. Das „Walfischmaul" präsentiert sich strahlend weiß – ist es überhaupt ein statisches Gebäude? – oder ist es ein gestrandetes Ufo? Auch hier trifft man auf keine prätentiöse Lichtsprache; die Architektur selbst inszeniert sich durch sparsam eingesetzte breitstrahlende Downlighter, die flächig brillant die Bodenflächen reflektieren und durch die Reflexion die geschwungenen Segel ebenso strahlend erhellen wie die Bodenflächen.

< Lageplan

< Durch sanfte Anstrahlung wird die Aluminiumhaut entmaterialisiert

Gentle illumination in the form of spotlights placed in the middle of the edge between the roof and the façade dematerialize the silver-shimmering aluminium building skin, which at night stands out in the darkness like a flowing veil. The interplay of day and night is probably most dramatic in the delivery area. The large "whale-jaws gates" allow fascinating associations. The "whale jaws" are gleaming white – is this really a static building or a "beached" UFO? Here, too, there is no prententious lighting language; the architecture provides its own staging by sparing use of broad-beam downlights that provide brilliant and extensive reflection of the ground surfaces and with their reflection lighten both the curved sails and the ground surfaces.

< Site plan

< Gentle illumination dematerializes the aluminium skin

Ernsting Service Center, Coesfeld-Lette

David Chipperfield, London · 2002

Auf dem bestehenden Areal der Ernsting Hauptverwaltung in direkter Nachbarschaft zu den drei Vertriebsgebäuden der Architekten Calatrava, Reichlin, Reinhard und Schilling aus den Jahren 1984 und 1999 hat David Chipperfield ein neues Verwaltungsgebäude konzipiert. Durch den dreigegliederten Baukörper entwickelt sich eine klare Zonierung der Freibereiche. Mit Plätzen und Wegen gelingt es, die bestehenden Gebäude und den Neubau zu einem Campus zusammenzufassen. Das zweigeschossige, horizontal gelagerte Bürogebäude zeigt Offenheit und Transparenz. David Chipperfield verzichtet bei seinem Entwurf auf alles Unnötige und Nebensächliche. Das neue Verwaltungsgebäude präsentiert sich in einer ausgewählt charismatischen Architektursprache, in deren Ordnung sich das Lichtkonzept auf selbstverständliche Weise einfügt. Es sind nur wenige differenzierte Beleuchtungselemente, die sich beim Rundgang durch das Gebäude in integraler Verknüpfung mit der Innenraumgestaltung zeigen. In die von Jacques Wirtz gestalteten Außenanlagen, die sich mit Chipperfields Architektur auf kongeniale Weise verbinden, werden nur spärliche Lichter eingesetzt. Eine nächtliche Inszenierung erfährt jedoch der Gebäudekomplex. Die ausdrucksstarken Fassadenrahmen aus anthrazit gefärbten Betonfertigteilen mit einem rechteckförmigen Konstruktionsraster werden sanft durch vertikales, progressiv verlaufendes Streiflicht über bodenintegrierte Leuchten reflektiert. Auf diese Weise werden die tiefwandigen Betonrahmen räumlich dimensioniert und die Gebäudekonstruktion und Materialwertigkeit deutlich erlebbar in Szene gesetzt.

David Chipperfield has conceived a new administrative building on the existing site of the Ernsting head office in the immediate vicinity of the three retails buildings by the architects Calatrava, Reichlin, Reinhard and Schilling, dating from 1984 and 1999. The three-section volume creates clear zoning of the outside areas. Square and paths are used to successfully bring together the existing buildings and the new one to form a campus. The two-storey, horizontal office building displays openness and transparency. David Chipperfield's design dispenses with anything unnecessary and by the way. The new adminstrative building presents itself in architectural language of special charisma, into which the light design is integrated in natural way. A tour of the building reveals only very few, differentiated lighting elements, which are integrally linked to the interior architecture. There is only sparing use of lights in the outside areas designed by Jacques Wirtz, which is combined with Chipperfield's architecture in an attractive way. The building complex is given staging at night. The highly expressive façade frames of charcoal-coloured pre-fabricated sections of concrete with a rectangular grid structure are reflected gently by progressive, vertical highlights provided by lights integrated into the ground. This gives the deep walls of the concrete frame spatial qualities and draws attention to the structure of the building and quality of the materials.

Eingangsbereich

> Fassade mit Bürobereichen

> Atrium mit umlaufenden Lichtlinien

Entrance area

> Façade with office areas

> Atrium with encircling line of light

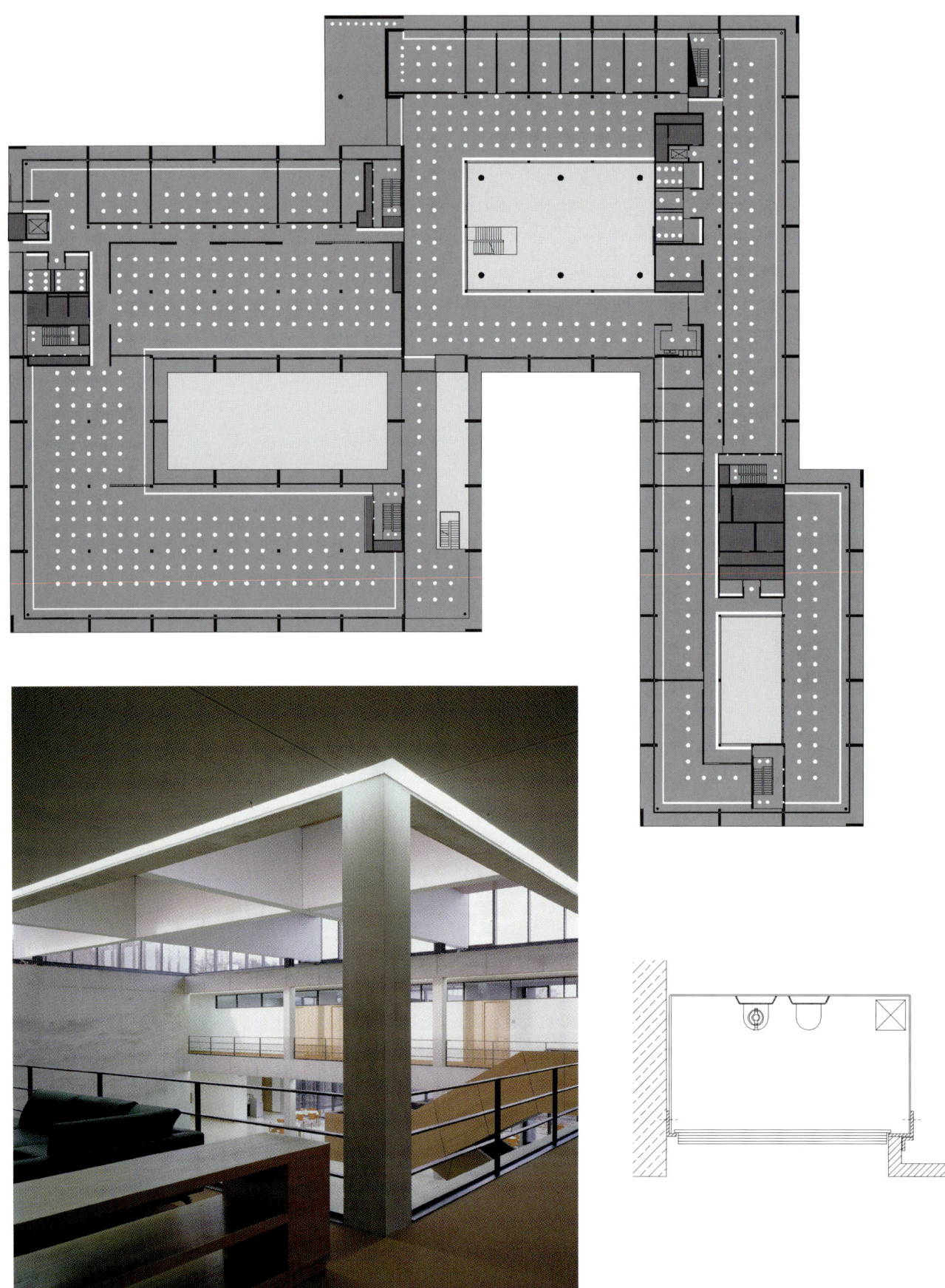

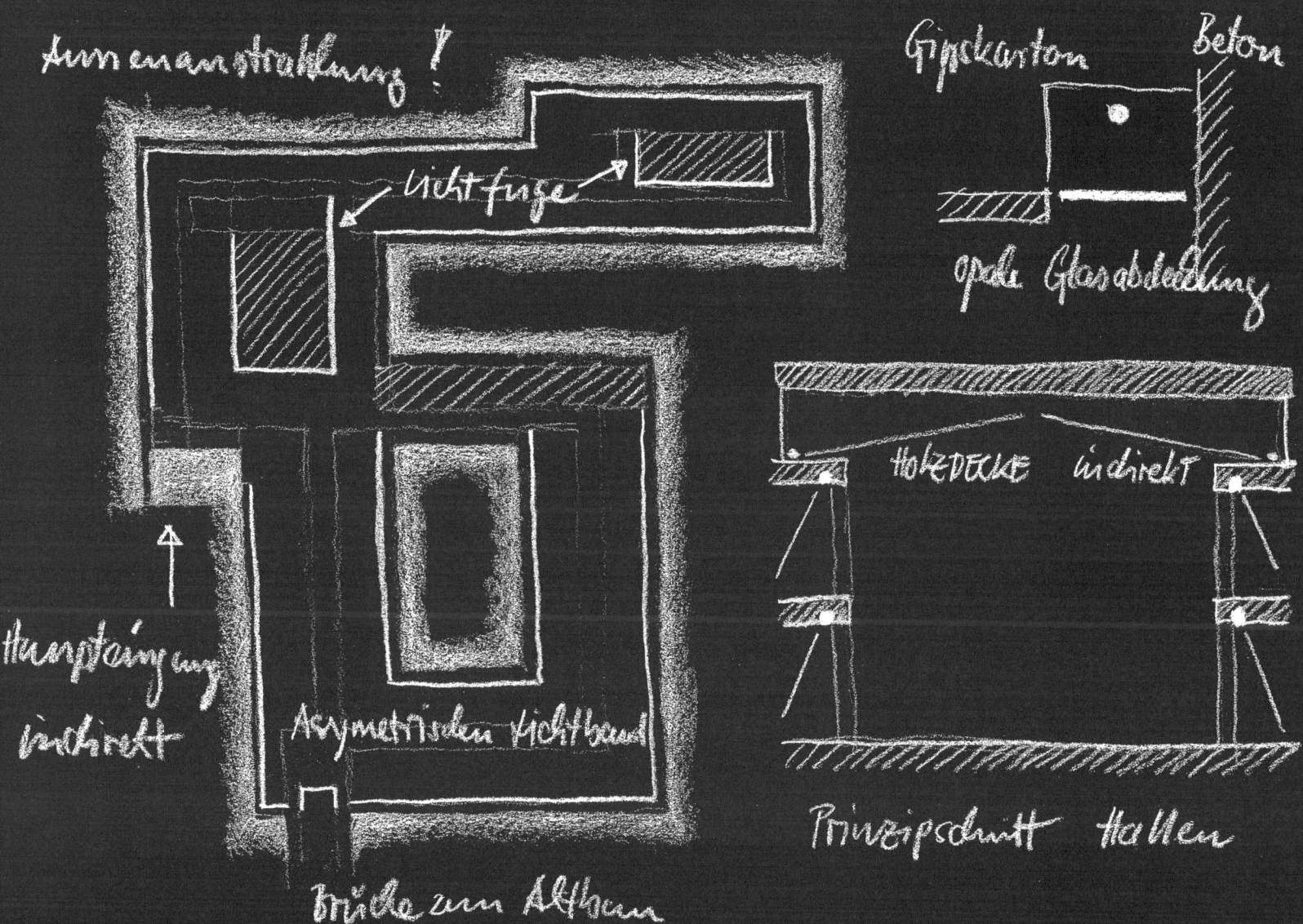

Handwritten sketch labels:
- Aussenanstrahlung!
- Lichtfuge
- Haupteingang indirekt
- Asymetrisches Lichtband
- Brücke zum Altbau
- Gipskarton
- Beton
- opake Glasabdeckung
- HOLZDECKE indirekt
- Prinzipschnitt Hallen

Zur Unterstützung optimaler Kommunikation sind die Büros vorwiegend als Großräume angelegt, die eine prägende Ausformulierung durch das Licht erfahren. Puristisch gestaltete, schmale Lichtbänder mit einer asymmetrisch ausgebildeten Lichttechnik zeichnen die räumlichen Begrenzungen der Fassaden nach und schaufeln gerichtetes Licht in die Büroräume. Symmetrisch zugeordnete, kreisförmige Darklightleuchten durchbrechen auf flächenhafte Weise das strenge Linienkonzept. Die Atrien, die als Treffpunkt und Orte der Identifikation mit dem Unternehmen dienen, erfahren eine räumliche Definition über umlaufend zugeordnete hinterleuchtete Glaslinien und versteckt integrierte Indirektleuchten. Hohe Leuchtdichten präzisieren die architektonische räumliche Strenge und Klarheit und zeigen sich als imaginäre Zitate und Bezugselemente im Kontext zu den tageslichtdurchfluteten Höfen.

< Deckenspiegel, Detail

< Empore mit umlaufender Lichtlinie

To aid optimal communication, most of the offices are open plan with lighting design playing a key role. Narrow light strips in puristic design and asymmetrical lighting technology trace the spatial boundaries of the façades and flood the office areas with directed light. Symmetrically aligned, circular darklights interrupt the severe linear concept two-dimensionally. The atria, which serve as places to meet and places of corporate identification, are given spatial definition by means of encompassing, aligned, backlit glass lines and concealed integrated indirect lights. High densities of light give precision to the architectural spatial severity and clarity and present themselves as imaginary quotations and elements of reference in relation to the light-filled courtyards.

< Ceiling panels, detail

< Gallery with encircling line of light

Bundesministerium der Finanzen, Berlin
Federal Ministry of Finance

HPP International Planungsgesellschaft mbH, Berlin · 2000

Das Detlev-Rohwedder-Haus, das ehemalige Reichsluftfahrtministerium, wurde von Ernst Sagebiel, einem Schüler des expressionistischen Architekten Erich Medelsohn, in den Jahren 1934–1936 erbaut. Die noch existente weiträumige Anlage des Reichsluftfahrtministeriums fungierte von 1950 bis Anfang Oktober 1990 als „Haus der Ministerien der DDR". Nach der Wende wurde das Verwaltungsgebäude von der Deutschen Treuhand übernommen und genutzt und erhielt den Namen Detlev-Rohwedder-Haus. Groß war der Widerstand des Finanzministeriums, in den ersten Regierungsneubau der Nationalsozialisten umzuziehen, in dem Hermann Göring einst „Bomben gegen England" dirigiert hat. Die Bonner Regierung zwangen vor allem Kostengründe zum Sinneswandel. Das bestehende Gebäude war wegen der soliden Bauweise in gutem Zustand und mit seinem Raumangebot vom 2.400 Büroräumen weitgehend deckungsgleich mit dem Bedarf des Bonner Finanzministeriums. Auch die innere Organisation eines Verwaltungsapparats hatte sich in sechzig Jahren kaum geändert. Das baufachliche Gutachten des Berliner Architekturbüros HPP International Planungsgesellschaft mbH kam zu dem Schluss: „Es ist mit gewissen Einschränkungen ein anpassungsfähiges und umbaubares Gebäude."

The Detlev Rohwedder House, which once housed the Reich Ministry of Aviation, was designed by Ernst Sagebiel, a pupil of the expressionist architect Erich Mendelsohn, and built between 1934 and 1936. The extensive parts of the complex still in existence formed the Ministry of Aviation and served as the "House of the Ministries of the GDR" from 1950 until the beginning of October 1990. The administrative building was taken over by the Treuhand – the agency set up to privatise state-owned property and businesses – after the reunification of Germany and renamed Detlef Rohwedder House. There was considerable opposition on the part of the German Finance Ministry to move into the first government building used by the National Socialists, where Hermann Göring once stage-managed 'bombs against England'. The German government was essentially persuaded to change its mind for reasons of costs. The existing building had 2,400 offices and this essentially corresponded to the needs of the Ministry of Finance requiring new premises when the seat of the German government moved from Bonn to Berlin. In fact, the internal organisation of a ministry had actually hardly changed in sixty years. The building report drawn up by the HPP International Planungsgesellschaft mbH, a Berlin firm of architects, came to the conclusion: "With a few reservations, it is a building that can be adapted and converted."

Arkade Ehrenhof mit engstrahlenden Downlightern

> Steinhalle mit sparsam integrierten Niedervolt-Doppel-fokusleuchten

> Blick von der Steinhalle in das Foyer des Großen Saals

Arcade of the ceremonial courtyard with narrow-beam downlights

> Stone hall with sparing use of integrated low-volt double-focus lights

> View from the stone hall to the foyer of the Grand Hall

Das vom Landesdenkmalschutz Berlin beauftragte Büro Pitz & Hoh legte fest, dass für den Umgang mit dem Nazi-Bau keine anderen Grundsätze gelten als für Bauten anderer Epochen: Denkmalschutz bedeutet die Pflege der Substanz, wo sie noch vorhanden ist, die Erhaltung eines Zeugnisses im ursprünglichen Zustand. Hinsichtlich der originalen Substanz spiegelt das Gebäude die Phasen der deutschen Geschichte wider. Dem gilt es bei der Instandsetzung Rechnung zu tragen. Die Findung einer Lichtkonzeption für das politisch-moralisch belastete Gebäude stellte für uns eine besondere Herausforderung dar. Zum einen war es die Begeisterung über den hohen Detailanspruch dieser Architektur, zum anderen war es die negative Vergangenheit dieses Gebäudes, die uns bei der Ideenfindung stark beeinflussten. Eine wesent-liche Rolle spielte auch die Tatsache, dass der denkmalgeschützte Bau nur sparsam mit neuen, sichtbaren Elementen ausgestattet werden sollte. Das Licht war eines dieser vorrangigen neuen Elemente, das eine bestimmende gestalte-rische Rolle im architektonischen Kontext darstellen sollte. Das Licht wurde als immaterielles Medium zielbewusst für Gestaltungszwecke eingesetzt – als Unterstützung zur gefühlsbetonten Wahrnehmung der Architektur und der verschiedenartigen Raum- und Materialqualitäten. Puristische Gestaltungsmerkmale prägen das Design und die Detailausbildung der behutsam eingefügten Leuchten und Leuchtenelemente.

The office of Pitz & Hoh that was commissioned by the Berlin Office for the Preservation and Protection of Historical Buildings and Monuments came to the conclusion that the principles applied to the approach to buildings from the Nazi era should be the same as those applied to buildings from other epochs, stating that protection meant preservation of building fabric still in existence; keeping a testimony to the past in its original state. The original fabric of the building reflects different phases of German history. This was to be given expression in restoration of the building. Finding a lighting con-cept for a building with such a sensitive past presented us with a special challenge. On the one hand, we were fascinated by the attention to detail displayed by this architecture, on the other hand, its negative past weighed heavily in our search for ideas. A significant factor was also the fact that the listed building was to have only a minimum of new, visible elements. Light was to be given priority as one of these elements intended to play a decisive design role in the archi-tectural context. As an intangible medium, light was intentionally used for design purposes – to underline emotive per-ception of the architecture and the differing spatial and material qualities. Puristic features characterise the design and details of the lighting and lighting elements that have been carefully added.

29

Verwaltungsflure mit vertikalen schlanken, linienförmigen Leuchten

< Foyer vor dem Großen Saal mit dominanter Kunstlichtdecke

>> Deckenspiegel Erdgeschoss

Corridors of the administrative tract with vertical, slender, linear lights

< Foyer outside the Grand Hall with dominant artificial-light ceiling

>> Ceiling panels, ground floor

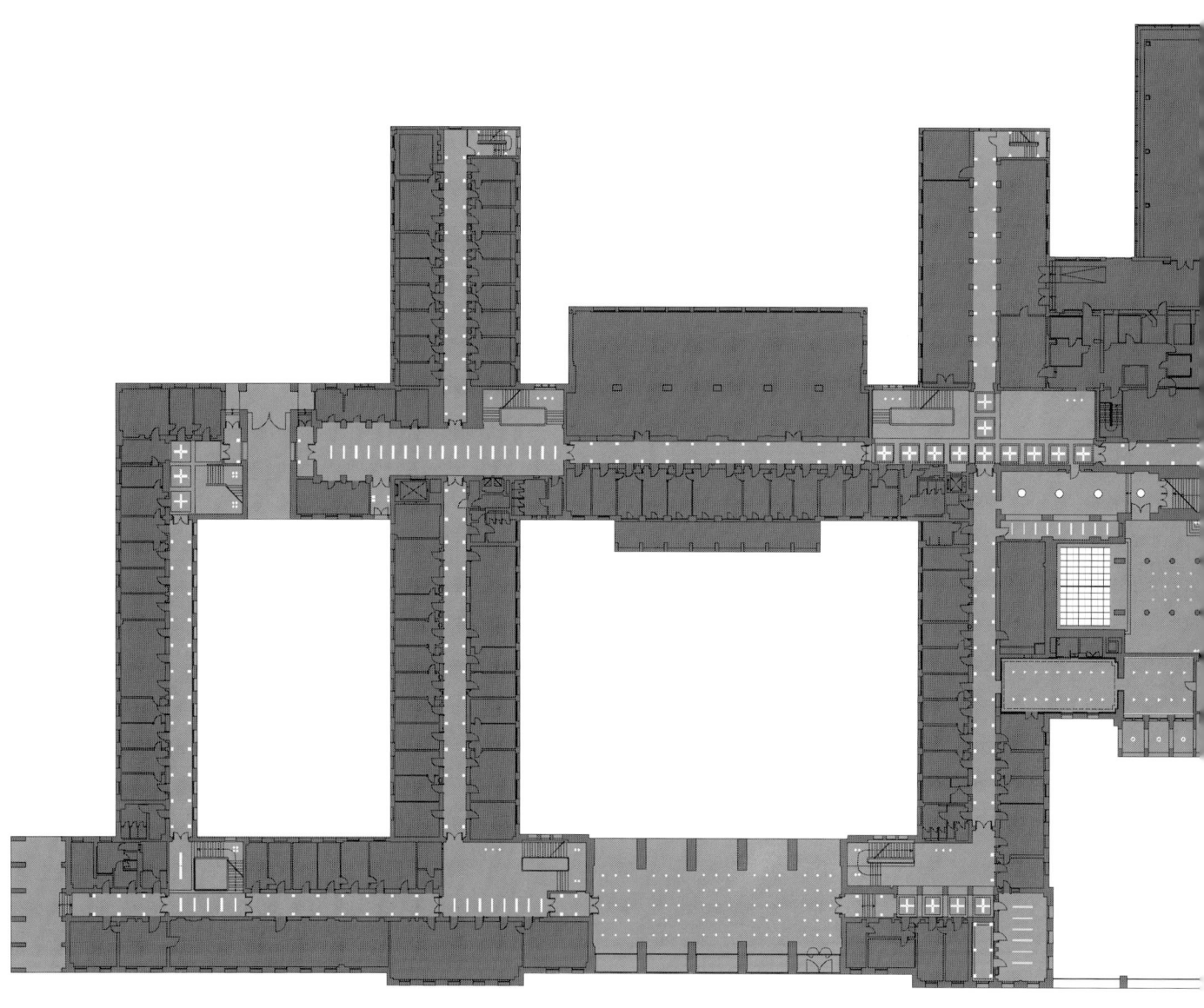

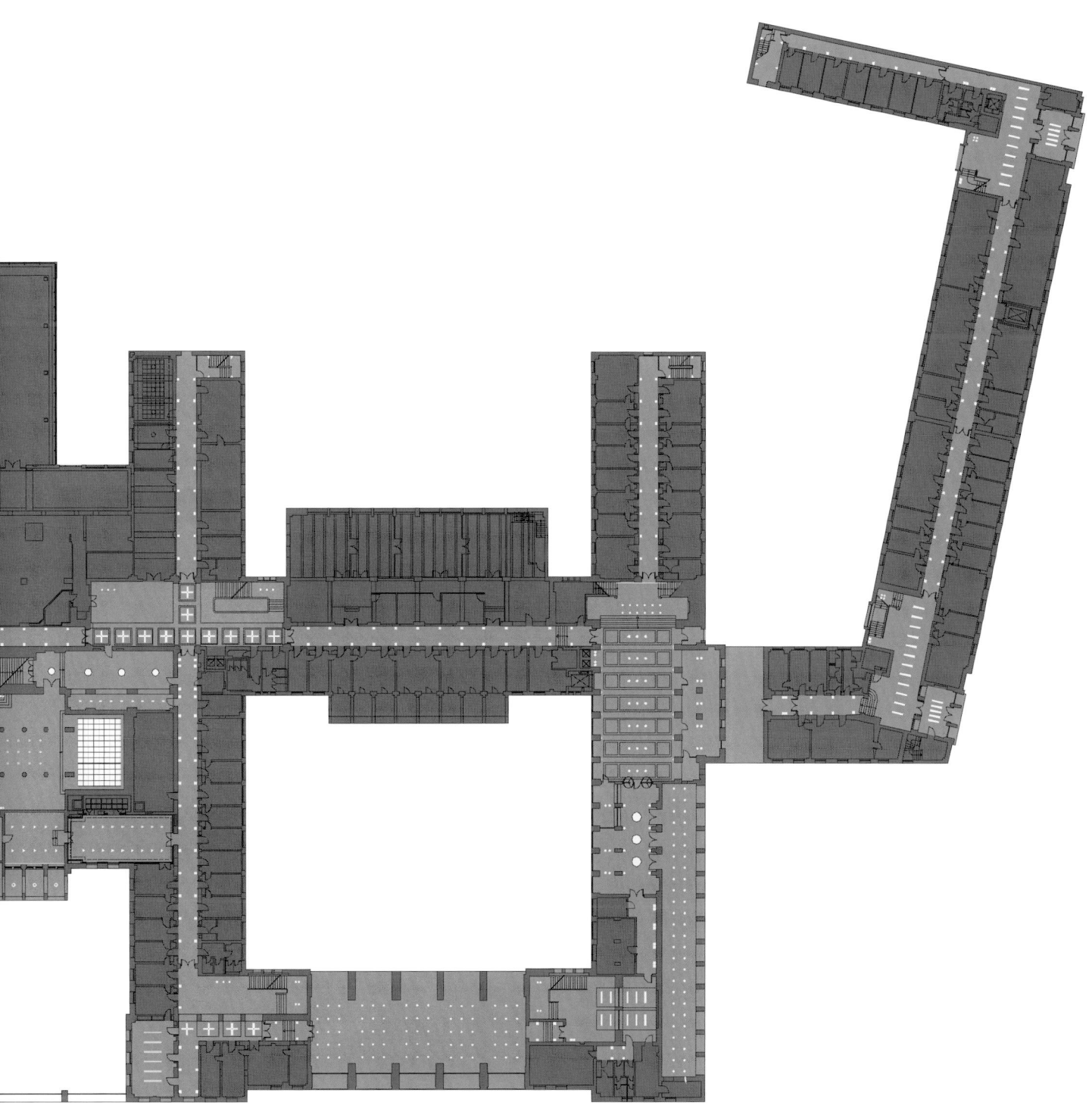

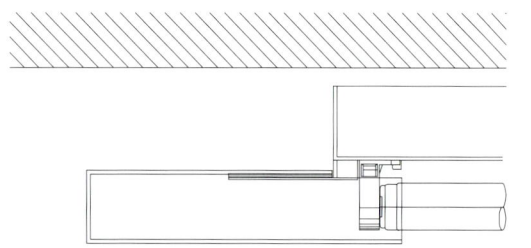
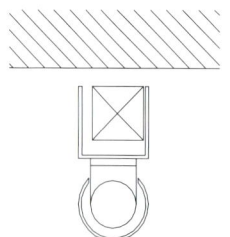
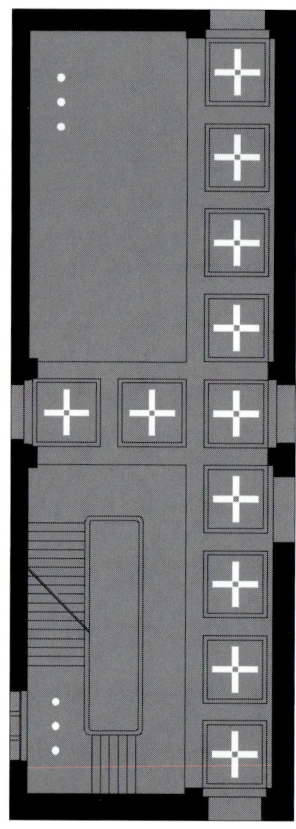

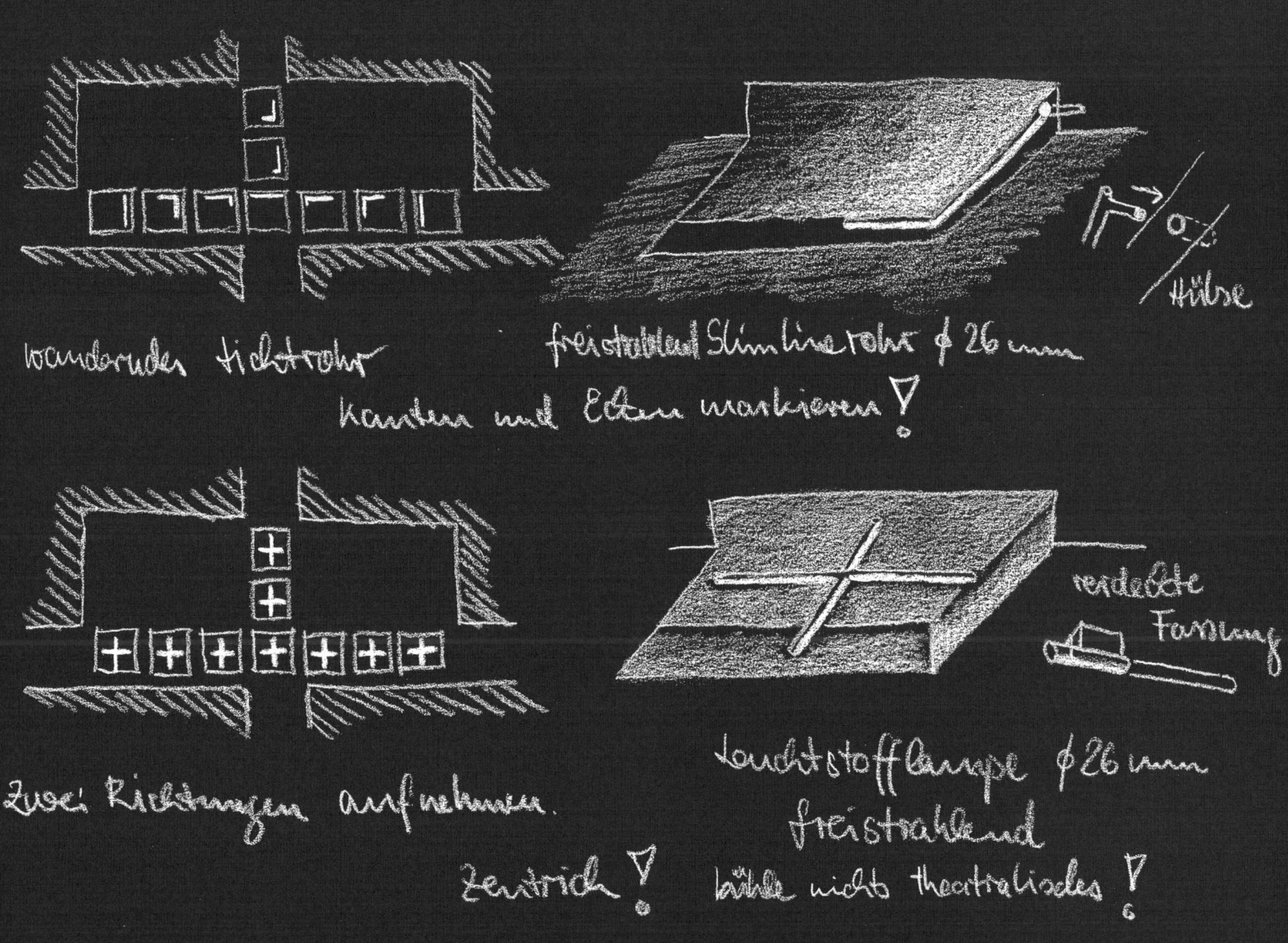

wandernder Lichtrohr

freistrahlend Slimline rohr ⌀ 26 mm

Kanten und Ecken markieren!

/Hülse

Zwei Richtungen aufnehmen.

Zentrich!

verdeckte Fassung

Leuchtstofflampe ⌀ 26 mm
freistrahlend

bühle nicht theatralisches!

Für die großzügig angelegten Treppenhäuser, die sich zu Foyer-bereichen weiten, wurden kreuzförmige und lineare Decken-leuchten mit archaischen Grundkörpern, die freistrahlende Leuchtstofflampen aufnehmen, entwickelt. Diese Leuchten sind in die kassettierten historischen Deckenstrukturen integriert; sie bilden ein zurückgenommenes „cooles Statement", das eine zeitgemäße Antwort reflektiert. Hohe Leuchtdichten redu-zieren die architektonische und moralische Last des Gebäudes und lassen Erschließungsbereiche als weiträumig angelegte, offene Verkehrswege erscheinen. In den Verwaltungsfluren wird die Sprache des Leuchtstofflampenlichtes in Form von vertikalen schlanken Leuchten, die jeweils den Oberlichtfens-tern zugeordnet sind, fortgesetzt. Die extrem langen Flurzonen werden durch diese Leuchtenanordnung rhythmisiert und optisch verkürzt und erfahren ebenfalls eine hohe Lichtfülle.

Cruciform and linear ceiling lights with archaic bodies that house radiant fluorescent lights were developed for the generously proportioned stairwells that lead to foyer areas. These lights are integrated into the historical panelled ceiling structures; they form a "cool statement" reflecting a modern answer. A high lighting density reduces the architectural and "moral" burden of the building and enables public areas to appear as spacious and open access areas. The language of light provided by the fluorescent light is continued in the form of slender, vertical lights, each of which is aligned to an upper window. The extremely long corridors attain rhythm and appear shorter due to this lighting alignment, and are also flooded with light.

< Deckenspiegel Treppenhausbereiche, Detail

< Kassettierte Deckenflächen in den Treppenhausbereichen mit puristisch ausgebildeten kreuzförmigen Leuchten-elementen

< Ceiling panels, stairwell areas, detail

< Coffered ceiling surfaces in the stairwell areas with cruciform lighting elements of puristic design

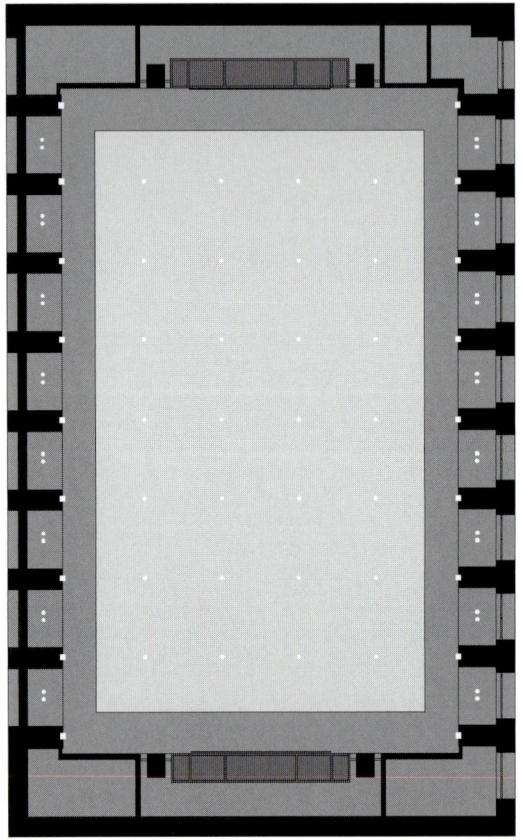

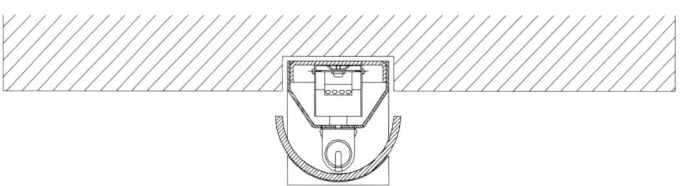

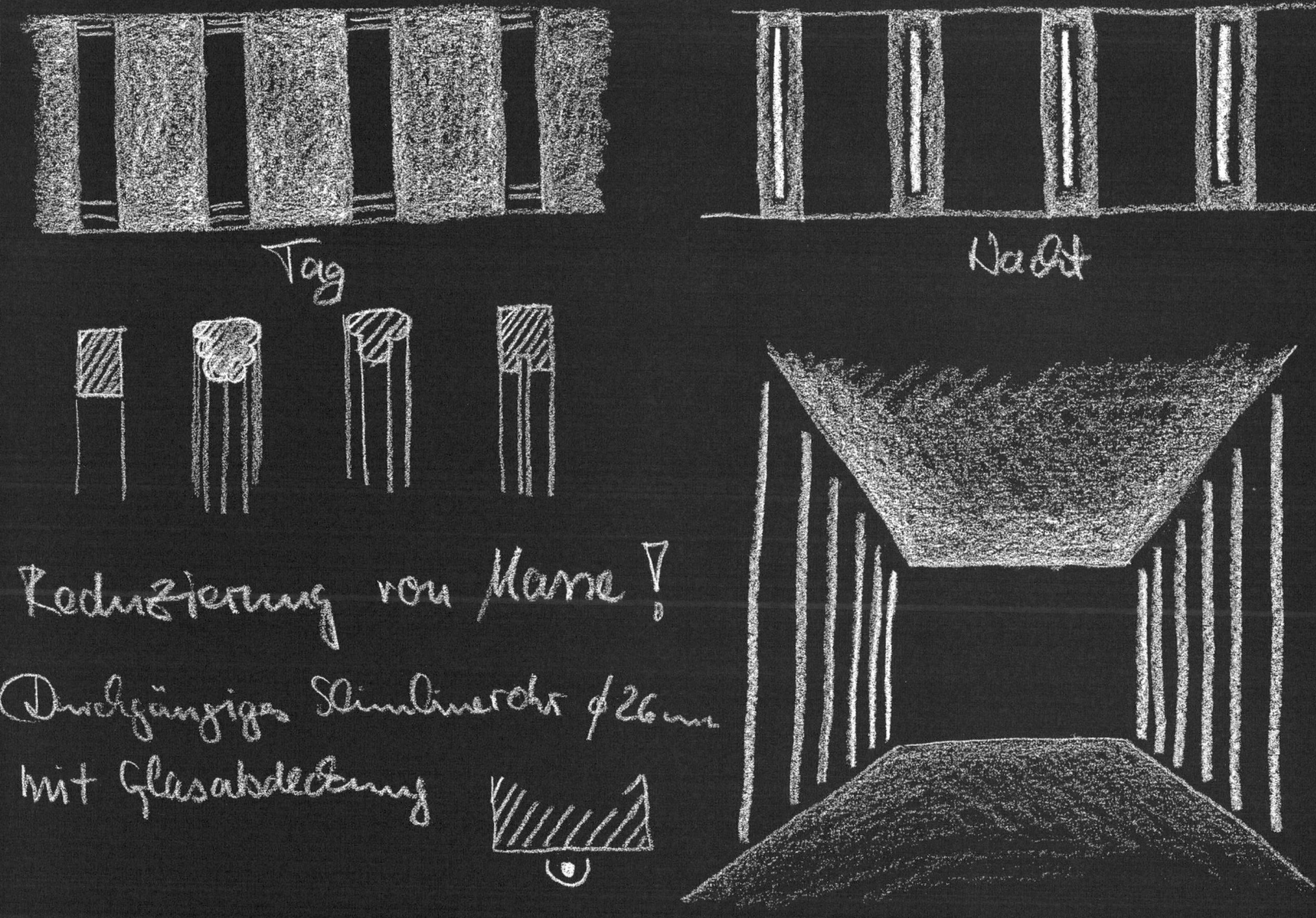

Tag

Nacht

Reduzierung von Masse!

Durchgängiges Stimmlinearlicht ⌀26mm mit Glasabdeckung

Für die großen Säle, die als Konferenz- und Plenarsäle ausgestattet sind, wurden subtile, differenzierte Lichtstimmungen gewählt. Eine Akzentuierung der Stuckdecken erfolgt über Indirektleuchten auf Stuckfriesen; raumhohe schmale diffuse Vertikalleuchten auf Wandvorlagen reflektieren die außergewöhnlichen Dimensionen der Räume und tragen zur visuellen Reduzierung der architektonischen Masse bei. Die Ideologie der Architektur findet sich im Besonderen im Foyerbereich vor dem „Großen Saal" wieder. Die monumentalen, aber doch klassisch ästhetischen Raumproportionen bleiben unverändert bestehen. Streng gegliederte Kunstlichtdecken ersetzen ursprünglich vorhandene Tageslichtdecken. Der entscheidende Aspekt einer immanenten Atmosphäre und das emotionale Erfassen des Raumes werden durch die proportionale Stimmigkeit und das große Volumen des Lichtes geschaffen.

Subtle, differentiated light moods have been chosen for the large chambers that function as conference and assembly rooms. The stucco ceilings are accentuated by indirect lighting on the friezes; narrow diffuse vertical lights on supports extending the height of the walls reflect the exceptional dimensions of the rooms and contribute to an optical reduction of the architectural volume. The ideology of the architecture is particularly expressed in the foyer area outside the "Grand Hall". The monumental rooms of classical aesthetic proportions are unchanged. Austerely structured artificial-light ceilings replace the original daylight ceilings. The decisive aspect of an intrinsic atmosphere and the emotional experience of the space are created by the coherence of the proportions and the large volume of light.

< Deckenspiegel Großer Saal, Detail

< Großer Saal mit schlanken, raumhohen Wandleuchten und einer Indirektkomponente als Deckenaufhellung im Bereich der Friese

< Ceiling panels, Grand Hall, detail

< Grand Hall with slender, full-length wall lights and an indirect component shedding light on the ceiling in the area of the friezes

PRÄSENTATION · PRESENTATION

plan 99, Köln

Johannes Schilling, Köln · 1999

Jedes Jahr im Herbst wird Köln zu einem Mekka für Architekten, Bauherren, Investoren und alle, die sich mit Architektur auseinandersetzen und dafür begeistern. 1999 ist plan zum ersten Mal angetreten, um ein neuartiges Angebot der Kommunikation für Architektur zu schaffen. Geht es auf der einen Seite in erster Linie um Informationen, Dialog und Diskussion, so stehen auf der anderen Seite vor allem der Facettenreichtum dieses Themas, die Möglichkeiten, Entdeckungen zu machen und Architektur auf eine besondere Weise zu erleben, im Vordergrund. Dieses „Forum aktueller Architektur" bietet daher eine Situation, die sowohl einem direkten Kontakt zwischen den Akteuren der Branche dient, als auch die populäre Beschäftigung mit Architektur fördert. Zwei einfache und wirkungsvolle Prinzipien kommen bei plan zur Anwendung. Zum einen lassen die verschiedenen Ausstellungsorte einen Parcours entstehen, der die Begegnung mit besonderen Räumen und Situationen und mit außergewöhnlichen Präsentationsformen ermöglicht. Zum anderen werden die Einzelprojekte zu einem varianten- und umfangreichen Ausstellungsprogramm gebündelt. Eine Station auf dem Parcours ist der Rheinauhafen 11. Hier wurden auf vier Ebenen Modelle, Projekte und Pläne unterschiedlicher Architekturbüros gezeigt. Die konzeptionelle Regie für eine dieser Ebenen hat der Architekt Johannes Schilling übernommen. Der Raum sollte die Ausstellung von Industriebauten unterschiedlicher Architekten beherbergen.

Every autumn, the city of Cologne becomes a mecca for architects, building clients, investors and everyone interested in and enthusiastic about architecture. plan was there the first time in 1999 in order to create a new form of communication for architecture. Whereas this is, on the one hand, a question of information, dialogue and discussion, the emphasis is, on the other hand, on the wide diversity of this theme, the possibility of making discoveries and experiencing architecture in a special way. Hence, this "Forum of Present Architecture" is literally a forum that not only serves the purpose of direct contact between the protagonists in the trade, but also fosters popular interest in architecture. plan avails itself of two simple and effective principles: On the one hand, the various exhibition sites create an "obstacle course" enabling the experience of special spaces and situations given exceptional forms of presentation. On the other hand, the individual projects have been combined to form a varied and extensive exhibition programme. One stop on the obstacle course is Rheinauhafen 11. Models, projects, and plans of a number of architecture offices are presented here on four levels. The architect Johannes Schilling was in charge of stage-managing one of these levels. The space was intended to house an exhibition of industrial buildings designed by different architects.

Rheinauhafen, Eingang Halle 11

> Ausstellung, flächige Hinterleuchtung der Architekturfotos

Rheinauhafen, entrance to hall 11

> Exhibition, extensive backlighting of the architecture photos

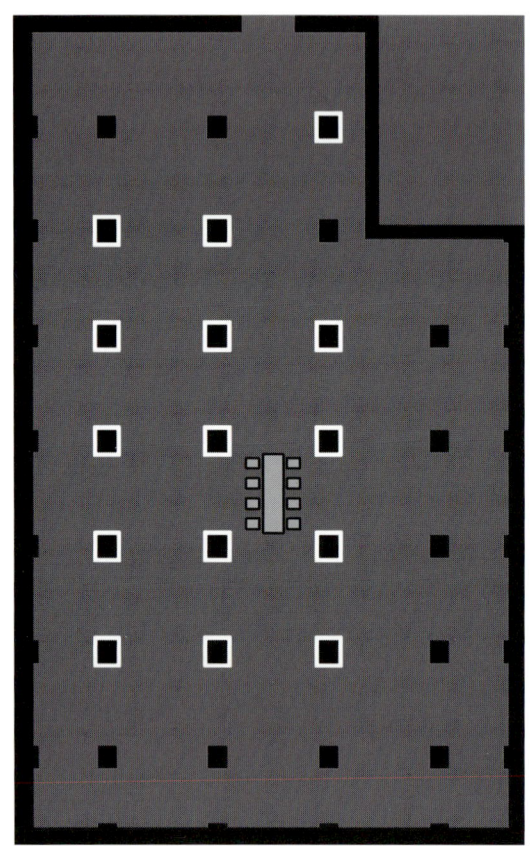

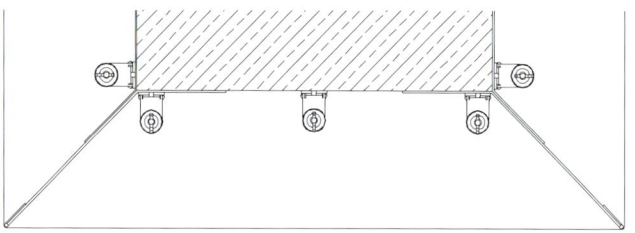

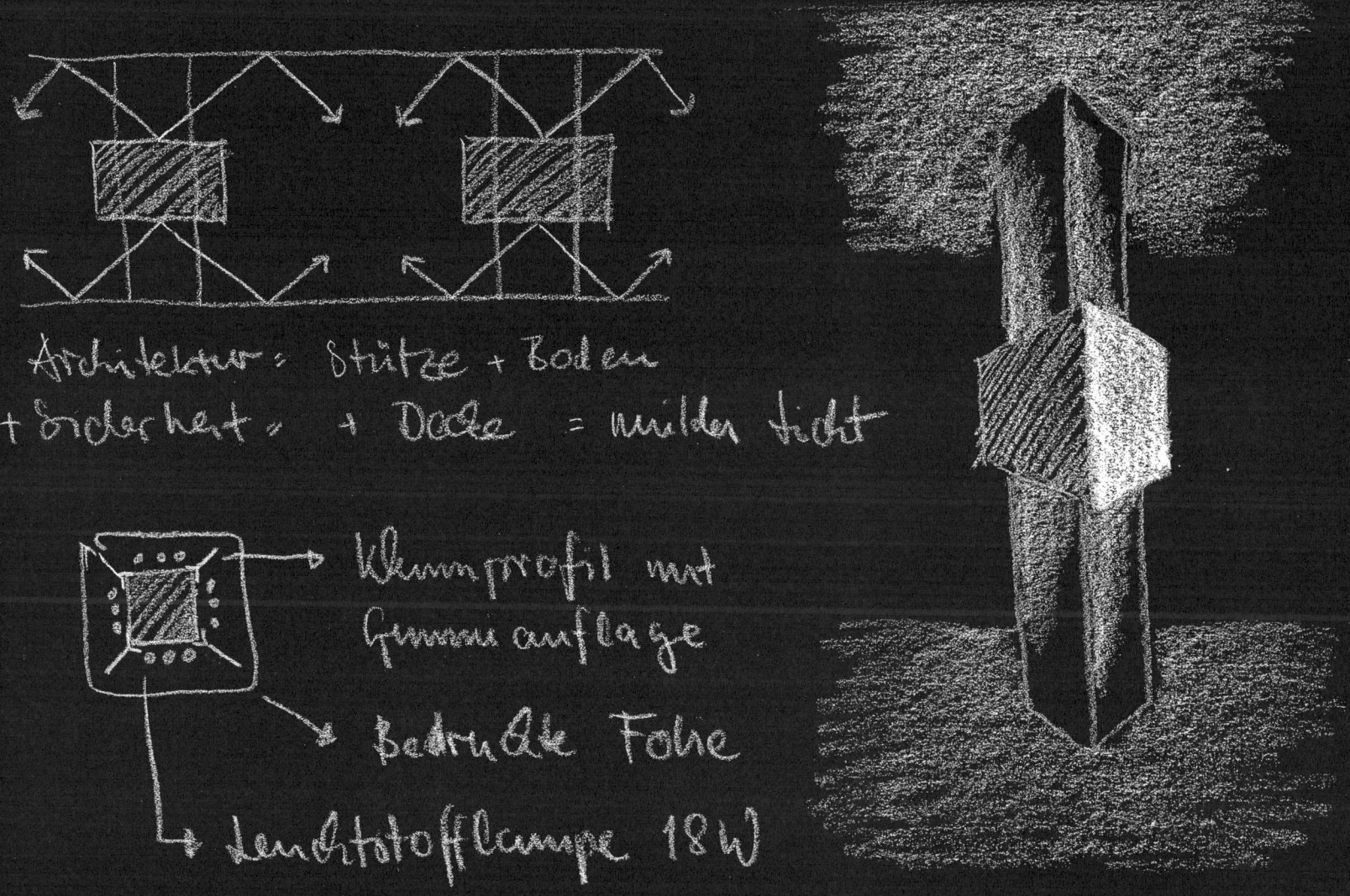

Architektur = Stütze + Boden
+ Sicherheit = + Decke = milder Licht

→ Klemmprofil mit Gummiauflage

→ Bedruckte Folie

→ Leuchtstofflampe 18 W

Ruppig, robust mit morbidem Charme stellen sich die großzügigen Räume in dem Gebäude des Rheinauhafens dar. Das passende ungeschminkte Ambiente, in dem architektonische Präsentationen einen adäquaten Rahmen finden. In einem Brainstorming zwischen Johannes Schilling und Günter Adams wurde dann die Idee geboren. Die Architekten liefern die Fotoaufnahmen ihrer Projekte auf Folien und diese werden mit simplen Lichtleisten, d.h. nackten Leuchtstofflampen, hinterleuchtet. Die symmetrische, klare Ordnung der voluminösen Stützen im Raum bot sich an, in der gleichen klaren Ordnung die transluzenten Fotoflächen in einer wohlproportionierten Höhe zu postieren. Der Raum und die Architekturfotos werden gleichermaßen inszeniert. Auf diesem Gestaltungsweg entsteht ein spannungsreiches, bühnenhaftes Raumerlebnis, dessen Hauptaugenmerk auf die Ausstellung gerichtet ist.

< Grundriss mit Beleuchtungskonzept, Detail

< Ausstellung

The generously proportioned rooms in the building of the Rheinauhafen present themselves as rough and tough and with a certain degenerate charm. A suitably plain ambience providing an adequate setting for architectural presentations. The idea was born in a brainstorming session between Johannes Schilling and Günter Adams. The architects submitted the photos of their projects on transparencies that were illuminated by simple strips of light in the form of naked fluorescent lights. The symmetrical, clear order of the voluminous physical supports served as a basis to give well-proportioned positioning to the translucent photo areas in the same clear structure. The space and the photos of architecture are given equal staging. A simple means of design creates a fascinating, stage-like experience of space, which has the exhibition as its focus.

< Ground plan with lighting concept, detail

< Exhibition

Römische Badruinen, Baden-Baden
Ruins of Roman Baths

Nikolaus Kränzle, Christian Fischer-Wasels, Karlsruhe · voraussichtlich/probably 2004

Im Auftrag des römischen Kaisers Caracalla wurden die Kaiserbäder 213–217 n. Chr. in luxuriöser Weise ausgebaut. 1847 sind die Bäder bei Bauarbeiten an der Stiftskirche entdeckt worden. In einiger Entfernung zu den Kaiserbädern waren die wesentlich einfacher ausgestatteten Soldatenbäder eingerichtet. Symbolische Lichtinszenierungen sollen nun die Badruinen anschaulich dokumentieren und zu einem sinnlich wahrnehmbaren Erlebnis führen. Eine bewusste Differenzierung erfährt der Auskleideraum, das Apodyterium. Es sind diese die Bewegungszonen, die in ein kühles blaues Licht getaucht werden. Ein mystischer, zarter Lichtschleier wird mittels engstrahlender Downlighter auf die Ruine projiziert und somit werden die Steine und Bäderebenen konturiert. Die äußere amorphe, begrenzende Form der Badruine wird von akzentuierten Lichtmomenten räumlich nachgezeichnet. Der Zugangsbereich und das nahe Umfeld zur Ruine sollen ebenfalls an Attraktivität gewinnen und in die Umbaumaßnahme mit eingebezogen werden. Langgestreckte Glasvitrinen mit strukturell hinterleuchteten ablesbaren Lichtstreifen, die auch als Werbeträger genutzt werden können, entmaterialisieren die Wandflächen im Zugangsbereich. Frei eingestellte Vitrinen zeigen sich als Lichtkörper und verhindern störende Eingriffe im Deckenbereich. Als Zeichen der Hitze wird sich der Heizofen, das Hypokaustum, in tiefrotem Licht als ausdrucksvolle Determinante zeigen. Die tiefrote Farbe wird in einem gemilderten zartroten Lichtspiel im Vorheizraum, dem Praefurnium, weitergeführt. Weich fließende Rot-, Orange- bis hin zu Gelbtönen begleiten in zonierten Stufungen die Bäder, das Caldarium und das Tepidarium.

The imperial baths were expanded to luxury standards between 213 and 217 A.D. on the orders of Emperor Caracalla. The baths were discovered in 1847 during building work to the church. The far less opulent baths for soldiers were located some way from the imperial baths. Symbolic lighting scenarios are now planned to document the character of the baths and provide an experience for the senses. The apodyterium, the changing area, is deliberately differentiated. The areas of activity such as these are immersed in a cool blue light. A mystic, delicate haze of light is projected by narrow-beam downlights, tracing the outlines of stones and bathing levels. The outer amorphous form, delimiting the ruins of the baths is traced spatially by accentuated lighting elements. The entrance area and immediate surroundings of the ruins are also to be made attractive and included in the conversion. Long, low glass display cases with backlit readable strips of light – also usable as advertising means – dematerialise the wall surfaces in the access area. Free-standing glass cases function as bodies of light and prevent intrusive interventions in the ceiling area. As a sign of heat, the furnace, the hypocaustum, is presented in deep red light as a powerful determinant. The theme of red is continued in a toned-down pale red play of light in the ante-furnace area, the praefurnium. Gently flowing red, orange and yellow shades designate the different bathing zones, the caldarium and the tepidarium.

Badruinen im jetzigen Zustand

> Lichtkonzept

Ruins of the baths in their present condition

> Lighting plan

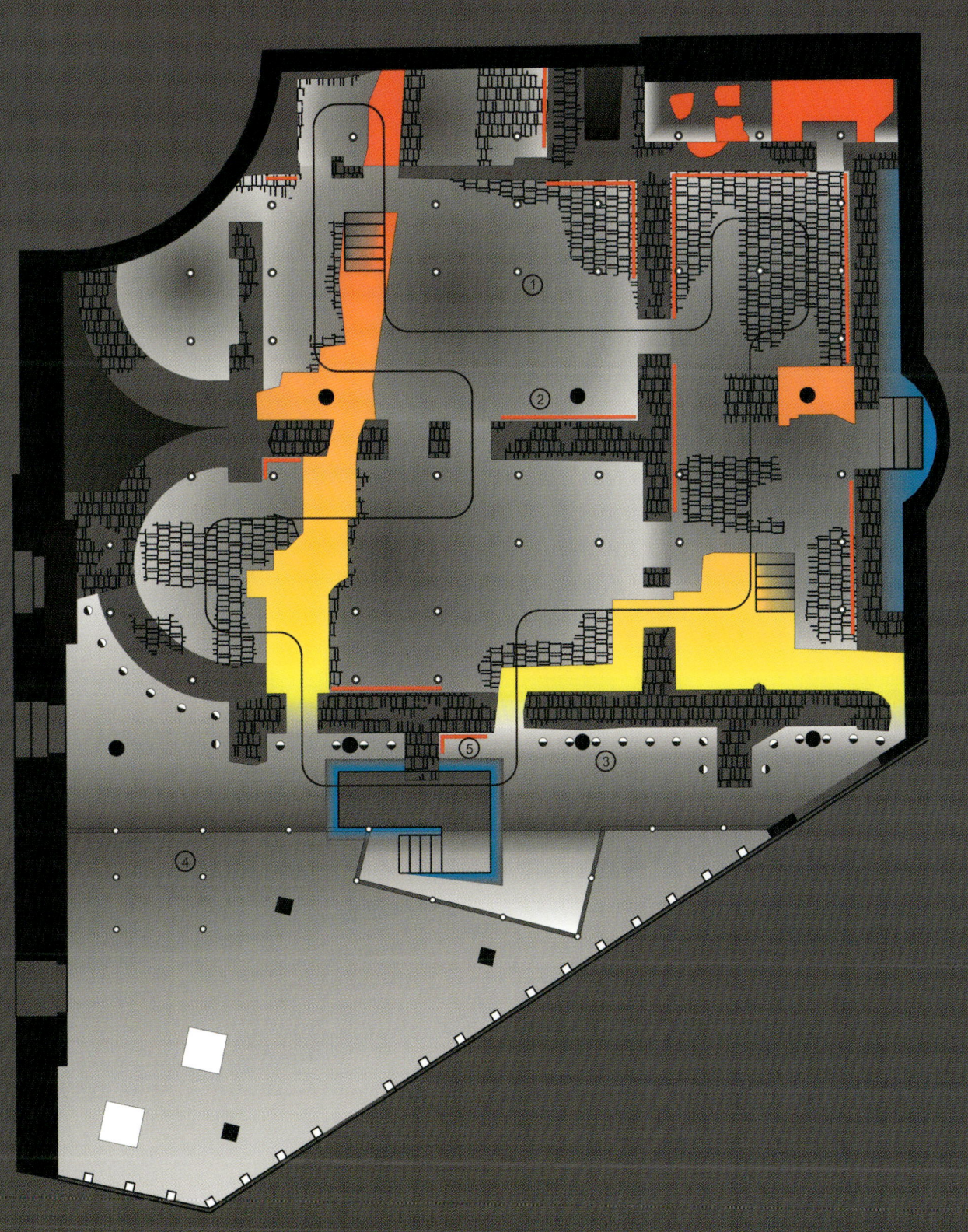

Biblioteca Vaticana, Köln

Walter von Lom & Partner, Köln · 1991

Es sind unverkennbar die guten Beziehungen des Erzbistums Köln zum Vatikan, die es ermöglicht haben, die bedeutendste Handschriftensammlung der Welt für einen befristeten Zeitraum von Rom nach Köln in das Diözesanmuseum zu holen. Eigentlich sollte auch New York in den Genuss dieser Ausstellung kommen, aber die mit großer konservatorischer Sorgfalt betreuten Exponate hätten wohl die weite Amerikareise nicht unbeschadet überstanden. So durften wir Kölner an der Einmaligkeit dieser Exposition teilhaben und für die Zeit von drei Monaten pilgerten Interessierte, Fachleute und Experten aus aller Welt in das Diözesanmuseum, um diesen ganz speziellen Kunstgenuss zu erleben. Das Ziel der Ausstellung war es, „Liturgie und Andacht im Mittelalter" anhand von Textzeugnissen und Bildern erfahrbar zu machen. Die Bibliothek ist annähernd fünfeinhalb Jahrhunderte alt, doch wurde die Sammlung von ca. 75.000 lateinischen, griechischen, hebräischen, arabischen, syrischen, persischen, koptischen und sonstigen Manuskripten – d.h. die Hälfte der in der Vaticana zusammengetragenen handschriftlichen Zeugnisse – zum ersten Mal im Rahmen einer solchen Ausstellung gezeigt. Es sind die größten Schätze der ehrwürdigen Bibliothek der Päpste, die in einer thematisch eng gefassten Exposition außerhalb des Vatikans präsentiert wurden. Eine außergewöhnliche Ausstellung braucht auch ein außergwöhnliches Gewand und dieses Gewand musste den extrem hohen konservatorischen Anforderungen gerecht werden. Walter von Lom konzipierte strenge, zurückhaltend wirkende Vitrinen, die jeweils das Ausstellen eines Handschriftenbuches zuließen. Die Beleuchtungsstärken mussten unter 50 Lux liegen und trotz dieser „Dunkelheit" mussten die Bücher gut lesbar sein.

It was undoubtedly the good relations of the archbishopric of Cologne to the Vatican that made it possible to bring the most important collection of manuscripts in the world from Rome to the diocese museum in Cologne for a limited period. Actually, New York had been the intended location of the exhibition, but the exhibits that had been preserved with such great care would probably not have survived the journey to America unscathed. Therefore Cologne became the host of a unique exhibition. Over a three-month period, visitors, specialists and experts from all over the world made the pilgrimage to the diocese museum to enjoy this very special experience of art. The aim of the exhibition was to show liturgy and devotion in the Middle Ages by means of written testimony and illustrations. Although the library is nearly five hundred and fifty years old, the collection of approximately 75,000 Latin, Greek, Hebrew, Arabic, Syrian, Persian, Coptic, and further manuscripts – this constitutes one half of the handwritten documents in the Vaticana – was shown in such an exhibition for the first time. These are the most important treasures from the impressive library of the popes to be shown outside the Vatican in an exhibition with a specific theme. An exceptional exhibition requires exceptional apparel and this apparel had to fulfil very stringent preservation standards. Walter von Lom designed austere, understated display cases that each permitted exhibition of one handwritten book. Illumination had to be under 50 lux and despite this "darkness", it had still to be possible to read the texts.

Präsentation einer Handschrift in der Vitrine

> Ausdrucksstarke Lichtintensität auf den Handschriften; Glasvitrine mit dramatisch inszeniertem Kruzifix

Presentation of a manuscript in a display case

> Expressive intensity of light on the manuscripts; Glass display case with a crucifix given dramatic staging

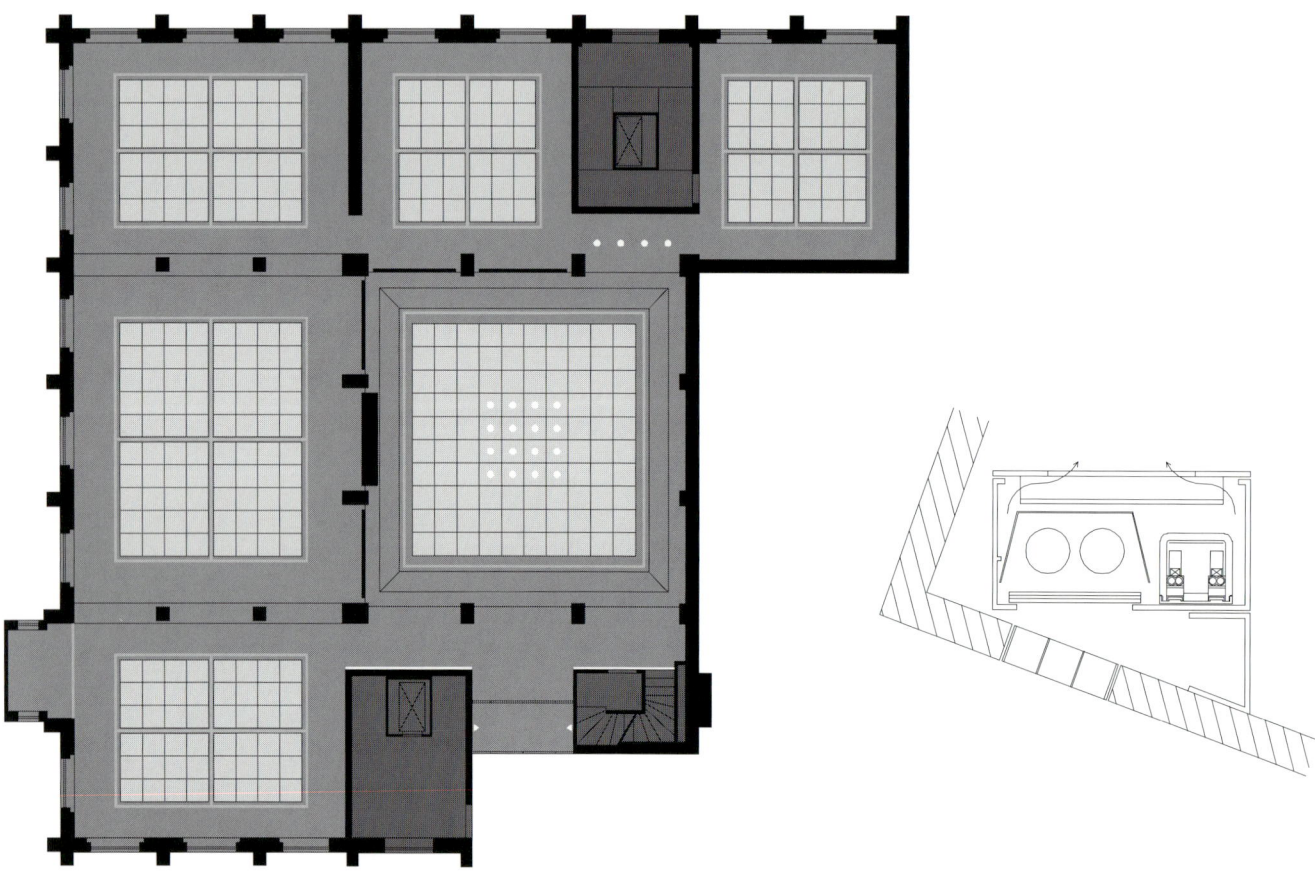

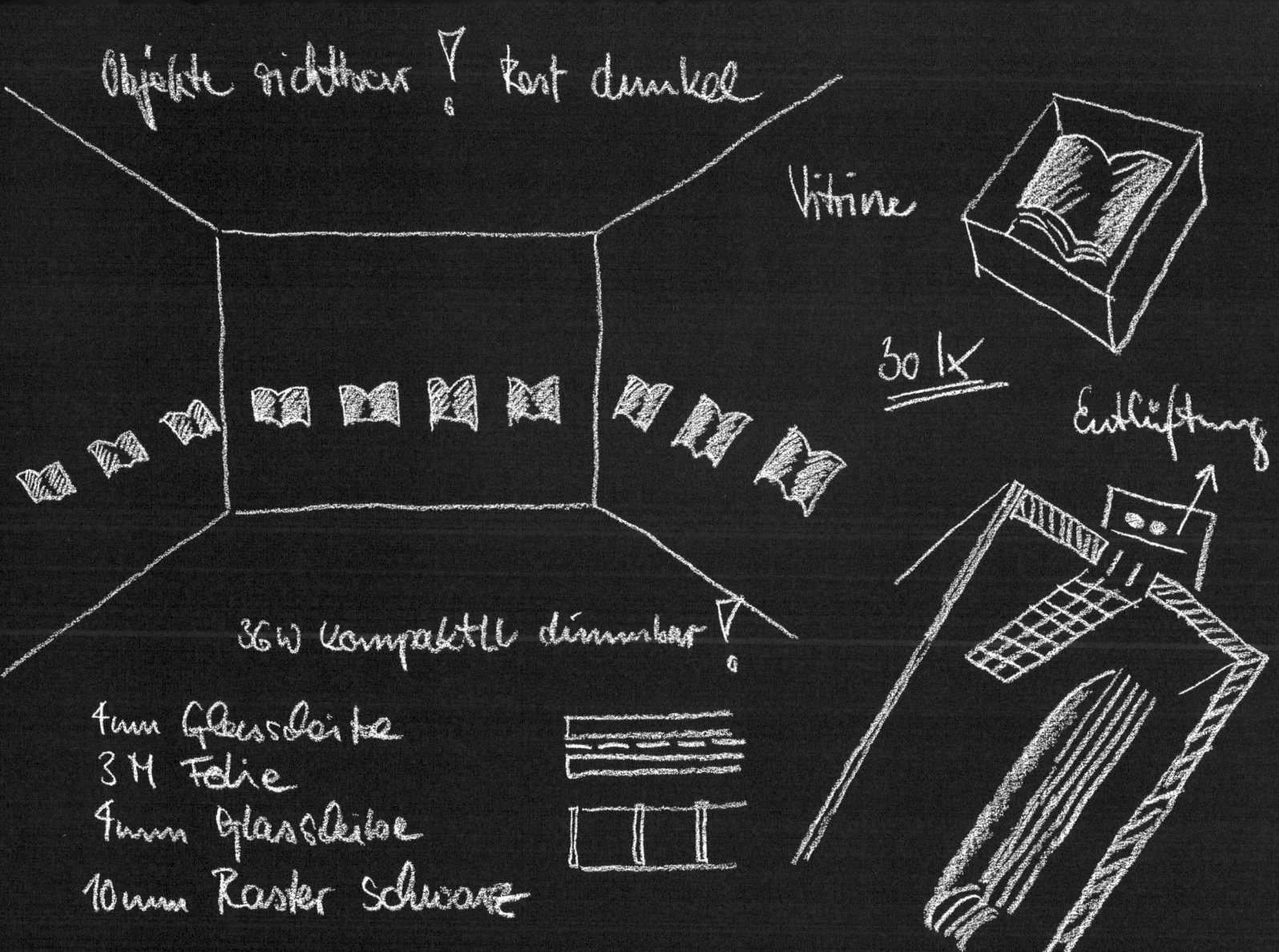

Objekte sichtbar ! fast dunkel

Vitrine

30 lx

Entlüftung

36 W Kompaktll dimmbar !

4 mm Glasscheibe
3 M Folie
4 mm Glasscheibe
10 mm Raster schwarz

Es war eine herausfordernde Aufgabenstellung zu einer Zeit, in der noch keine Glasfasertechnik, LEDs und technisch stabile elektronische, regelbare Geräte zur Verfügung standen. Wir wählten die Dunkelheit, die uns half, gerichtetes Licht auf dramatische Weise zu implantieren. Schmale Leuchten mit Kompaktleuchtstofflampen wurden mit schwarzen Rasterstegen abgeschirmt und entblendet. Über das eigentlich diffuse Leuchtmittel wurde ein gerichtetes Licht erreicht. Trotz der extrem niedrigen Beleuchtungsstärke wirkte das integrale Licht in den Vitrinen ausdrucksstark und verlieh den aufgeschlagenen Buchseiten eine präzise Lichtintensität. Der Besucher betrat einen mystischen Ausstellungsraum, der in spannend dramaturgischer Weise das Augenmerk auf die wertvollen Handschriftenexponate richtete. Die unspektakulären Räume des Diözesanmuseums formulierten sich zu einer Katakombe mit dargestellten „Juwelen", in der keinerlei Nebensächlichkeiten Platz fanden. Wenige aufgestellte Glasvitrinen zeigten liturgische Gegenstände, wie ein mit Edelsteinen besetztes goldenes Kruzifix, die eine brillante Lichtinszenierung erfahren haben.

It was a major challenge at a time when fibreglass technology, LEDs and technically stable electronic, adjustable equipment was not available. We chose darkness that helped us to implant directed light in a dramatic way. Slender lights with compact, non-dazzle fluorescent bulbs were provided with perforated black shades. Despite the extremely low degree of light, the effect of the integral light in the display cases was expressive and gave the opened book pages precise intensity of light. The visitor entered a mystical exhibition room that drew attention to the precious manuscripts on exhibit in a fascinating and dramatic way. The unspectacular rooms of the diocese museum were fashioned into a catacomb displaying "jewels" and having no place for anything beside the point. The few glass display cases showed liturgical objects – such as a golden crucifix studded with jewels – that were staged with superb lighting.

< Deckenspiegel Erdgeschoss, Detail

< Inszenierte Vitrinen im dunklen Ausstellungsraum

< Ceiling panels, ground floor, detail

< Staged display case in the dark exhibition room

Museum Schloss Rheydt, Mönchengladbach

Walter von Lom & Partner, Köln · Planungsbüro Schmitz GmbH, Aachen · 1994

Das Schloss Rheydt, so wie es sich heute dem Besucher darstellt, ist mit einer Torburg, der Vorburg, mit einem Herrenhaus, einem Wall und Gräben eine Anlage aus der zweiten Hälfte der 16. Jahrhunderts. Der Bauherr, Otto von Bylandt, schuf weitestgehend eine typische Anlage mit den Schmuckformen der Renaissance. Die Italiener waren führend zu dieser Epoche, deshalb stammen die architektonischen Anregungen nicht direkt aus der Antike, sondern aus ihrer Umformung durch die italienische Renaissance. Außerdem zeigt der Bau in den Fratzen, den Rahmen der Spruchtafeln und in den hohen Dächern auch niederländische und heimische Einflüsse. Im Jahr 1905 kaufte die Stadt das Schloss und brachte dort die Sammlung des Heimatmuseums unter. Ende der 30er Jahre baute die Reichsregierung unter Josef Goebbels die Schlossanlage zu einem Gästehaus um. Die Museumsgegenstände wurden magaziniert und gingen Ende des Zweiten Weltkriegs weitgehend verloren. 1953 eröffnete die Stadt ein konzipiertes Renaissance-Barockmuseum mit einer Sammlung zu höfischer Kunst und Kultur, die seitdem systematisch erweitert wurde. Der Architekt Walter von Lom wurde mit der sensiblen Planungsaufgabe betraut, das Schloss zu sanieren, zu restaurieren, zu erweitern, die Räume nach didaktischen Gesichtspunkten zu unterteilen, um dem heutigen Stadtmuseum einen adäquaten, zeitgemäßen Rahmen zu geben. Die historisch unter strenger Aufsicht der Denkmalpflege wiederhergestellten Räume lassen den Besucher eintauchen in die traditionsreiche Geschichte des Schlosses.

Visiitors to today's Castle Rheydt find a complex dating from the second half of the 16th century with a portal castle, a seond walling, a manor house, ramparts and a moat. Its builder, Otto von Bylandt, essentially created a typical complex with the decorative forms of the Renaissance. The dominance of Italy at the time explains why the architectural ideas were not taken directly from antiquity, but were reshaped by the Italian Renaissance. Furthermore, the building reveals Dutch and German influences in the gargoyles, the borders of the bibilical quotations and the pitched roofs. The city bought the castle in 1905 and used it to house the collection of the museum of local history. Josef Goebbels, the progaganda minister of the German National Socialist government, had the castle complex converted into a guest house at the end of the nineteen thirties. The museum collection was put into storage and by the end of World War II most objects had been lost. In 1953, the city devised and opened a Renaissance and Baroque museum containing a collection of court art and cultural objects that has since then been extended systematically. The architect Walter von Lom was commissioned to carry out the demanding planning work of restoring and extending the castle, dividing the areas up according to didactic considerations in order to provide the present museum with an adequate, modern setting. The rooms that were restored in strict accordance with the criteria for the preservation of historical monuments enable visitors to immerse themselves in the rich history of the castle.

Herrenhaus mit Arkade

> Arkade mit indirekter Ausleuchtung der Kreuzgewölbe

Manor house with arcade

> Arcade with indirect lighting of the vaulted ceiling

Im großräumigen ehemaligen Rittersaal, in dem wertvolle Gobelins ausgestellt werden, sind es archaisch ausgebildete, halbkreisförmige „Kronleuchter", die über indirekte Lichtanteile die historische Balkendecke erhellen und akzentuiert die Ausstellungsobjekte an den Wänden zeigen. Die Lichtsprache im Außenraum des Schlosses übt sich in gediegener Zurückhaltung. Es ist diese spielerische Renaissance, die den Betrachter einfängt, wenn er – begleitet von wunderschönen Pfauen – auf die Arkade des Herrenhauses zuschreitet. Die vorhandenen Zugstangen in den Kreuzgewölben nehmen zentrische Indirektleuchten auf. Das Licht bestreicht die historisch wiederhergestellten Farben des Gewölbes und interpretiert die elegante Raumproportion.

The indirect lighting elements of the archaic, semi-circular "chandeliers" shed indirect light on the historical beamed ceiling and provide lighting highlights for the exhibits on the walls of the spacious former "knights' hall", which include valuable Gobelins. The lighting language in the castle's outside space is an exercise in tasteful understatement. It is this playful renaissance that captures the beholder when – accompanied by the magnificent peacocks – he approaches the arcade of the mannor house. The existing rods in the vaulted ceiling house centric indirect lights. The lighting underlines the historical colours of the vaulting that have been restored and interprets the elegant spatial proportions.

51

Glasvitrinen mit minimalistisch ausgebildeten Niedervolt-Beleuchtungskörpern

< Räumliche Darstellung des Gewölbekellers durch indirekt abstrahlende Bodenleuchten

Glass display cases with minimalistic low-volt lights

< Spatial presentation of the vaulted cellar by floor lights providing indirect lighting

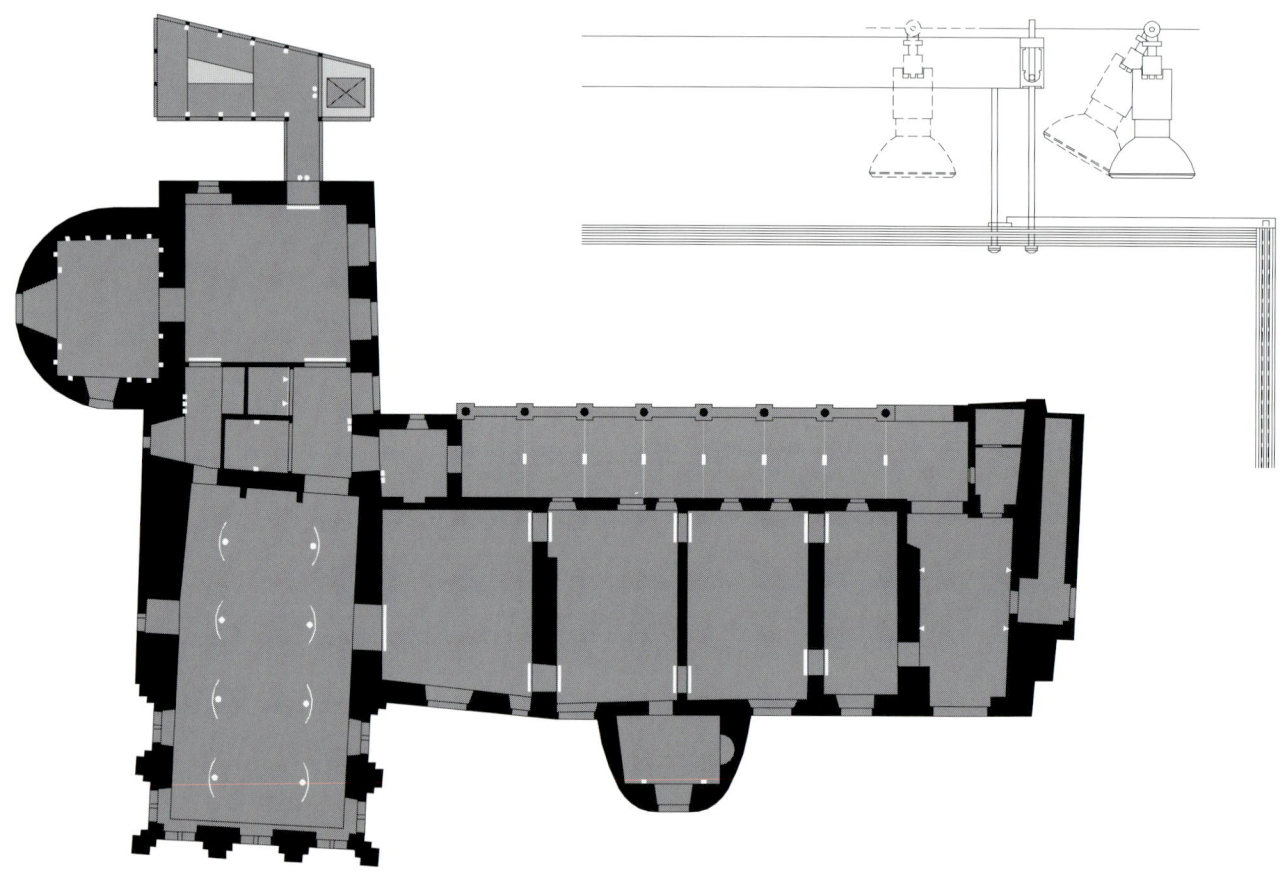

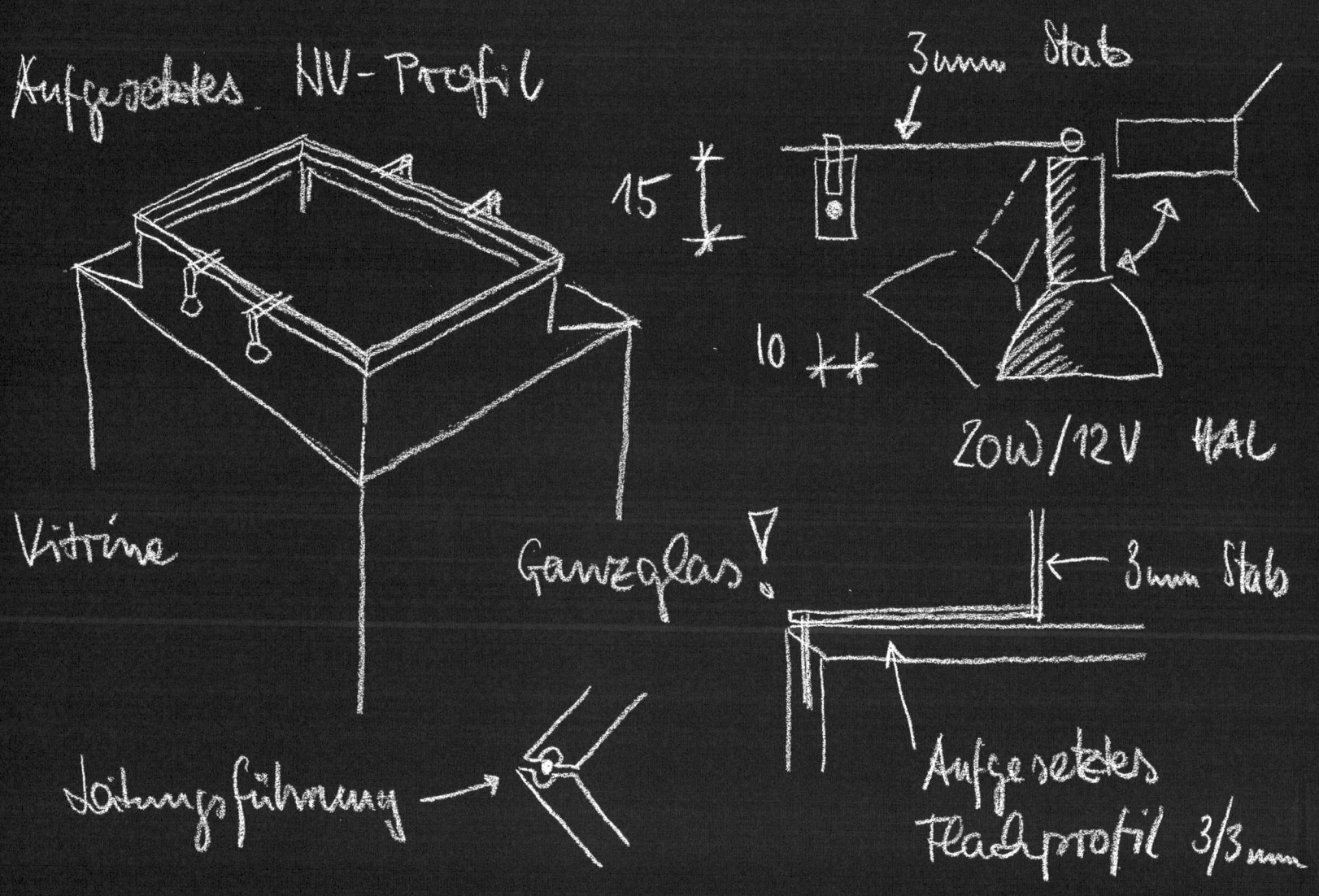

Aufgesetztes NV-Profil

3mm Stab

15

10 **

20W/12V HAL

Vitrine

Ganzglas!

← 3mm Stab

Leitungsführung →

Aufgesetztes
Flachprofil 3/3mm

Die Präsentation der Ausstellungsobjekte stellt sich als zeit-gemäße Antwort auf das historische Umfeld dar. Filigran detaillierte Glasvitrinen erhalten minimalistisch ausgebildete, aufgeständerte Niedervoltleuchten, die die Kleinobjekte brillant inszenieren. Die Vitrinen selbst werden zu Lichtobjekten im Raum und erlauben den Verzicht auf zusätzliche störende Beleuchtungselemente. Die räumliche Ausformulierung der Gewölbekeller mit ihrem Sichtmauerwerk erfolgt über boden-integrierte Leuchten. Die objekthaften, kubenförmigen Glas-vitrinen dominieren auch hier als leuchtende Körper.

< Deckenspiegel Erdgeschoss, Detail

< Kubenförmige Glasvitrinen im Gewölbekeller ausgebildet
als Lichtkörper

Presentation of the exhibits can be seen as a modern answer to the historical surroundings. Glass display cases – filigree in detail – have minimalistic low-volt lights on stands that provide brilliant lighting of small objects. The display cases themselves are transformed into spatial objects of light, dispensing with the need for additional, disruptive lighting elements. Spatial expression of the vaulted cellars with their exposed masonry takes the form of lights integrated in the ground. The cube-shaped glass display cases also dominate here as shining elements.

< Ceiling panelling, ground floor, detail

< Cube-shaped glass display cases in the vaulted cellar
serving as a lighting element

ORIENTIERUNG · ORIENTATION

Abtei Michaelsberg, Siegburg
Michaelsberg Abbey

Johannes Schilling, Köln · 1997

Jeder Autofahrer, der auf der Autobahn zwischen Köln und Frankfurt pendelt, kennt sie – die Abtei Michaelsberg. Unübersehbar, mächtig und stolz steht sie auf einem Hügel bei Siegburg. Im Jahre 1064 wurde sie von dem hl. Anno, dem Erzbischof von Köln, gegründet und bis zur Säkularisierung im Jahre 1803 spielte sich dort das klösterliche Leben der Benediktinermönche ab. Erst im Jahre 1914 konnte das Kloster wieder neu von Benediktinern aus den Niederlanden besiedelt werden. Nach der Zerstörung im Zweiten Weltkrieg kehrten die Mönche im Jahr 1945 aus der Gefangenschaft und dem Exil zurück und bauten das Kloster wieder auf. Ein Teil der großen Abteigebäude beherbergt seit 1997 das Diözesanexerzitienhaus (Edith-Stein-Exerzitienhaus) des Erzbistums Köln. Nach Entwürfen von Johannes Schilling wurde das Abteigebäude zu einem Ort des Schweigens, der Stille und der Sammlung umgebaut. Wer als Gast hierher kommt, ist eingeladen, sich auf die Atmosphäre des Hauses einzulassen und die einzigartige Chance wahrzunehmen, an dem Reichtum der spirituellen Erfahrung des Klosters teilzuhaben. Interpretiert man das Wort Exerzitien, dann bedeutet dies „das Vollziehen geistlicher Übung" nach dem Vorbild des hl. Ignatius von Loyola. Für Johannes Schilling war dies die Maßgabe, auf subtile Weise mit behutsam adaptierten Gestaltungsmomenten das Abteigebäude in ein Exerzitienhaus zu wandeln.

Every commuter taking the motorway between Cologne and Frankfurt is familiar with it – Michaelsberg Abbey. Conspicuous, mighty and proud, it stands on a hill near Siegburg. It was founded in 1604 by St. Anno, the archbishop of Cologne, and until secularisation in 1803 was a monastery of the Benedictine monks. It was not until 1914 that it was used again as a monastery – by Dutch Benedictine monks. Following destruction in World War II, it was rebuilt by monks after their return from imprisonment and exile in 1945. Part of the large abbey complex has housed the diocese spiritual centre (Edith Stein Centre for Spiritual Exercises) of the archbishopric of Cologne since 1997. Based on designs by Johannes Schilling, the abbey building was converted into a place of silence, stillness and congregation. Those who come as guests are invited to experience the atmosphere of the place and take advantage of this unique opportunity to share in the wealth of the spiritual experience of the monastery. "Spiritual exercises" are to be understood as spiritual practice modelled on the teachings of St. Ignatius Loyola. For Johannes Schilling this was the basis for conversion of the abbey building into a centre for spiritual exercises, using subtle and carefully adapted design elements.

Blick in den Innenhof der Abtei

> Tiefwandige Fensterleibungen mit bodenintegrierten Leuchten

> Blick in das zweigeschossige Foyer

View of the inner courtyard of the abbey

> Deep window recesses with lights set in the ground

> View of the two-storey foyer

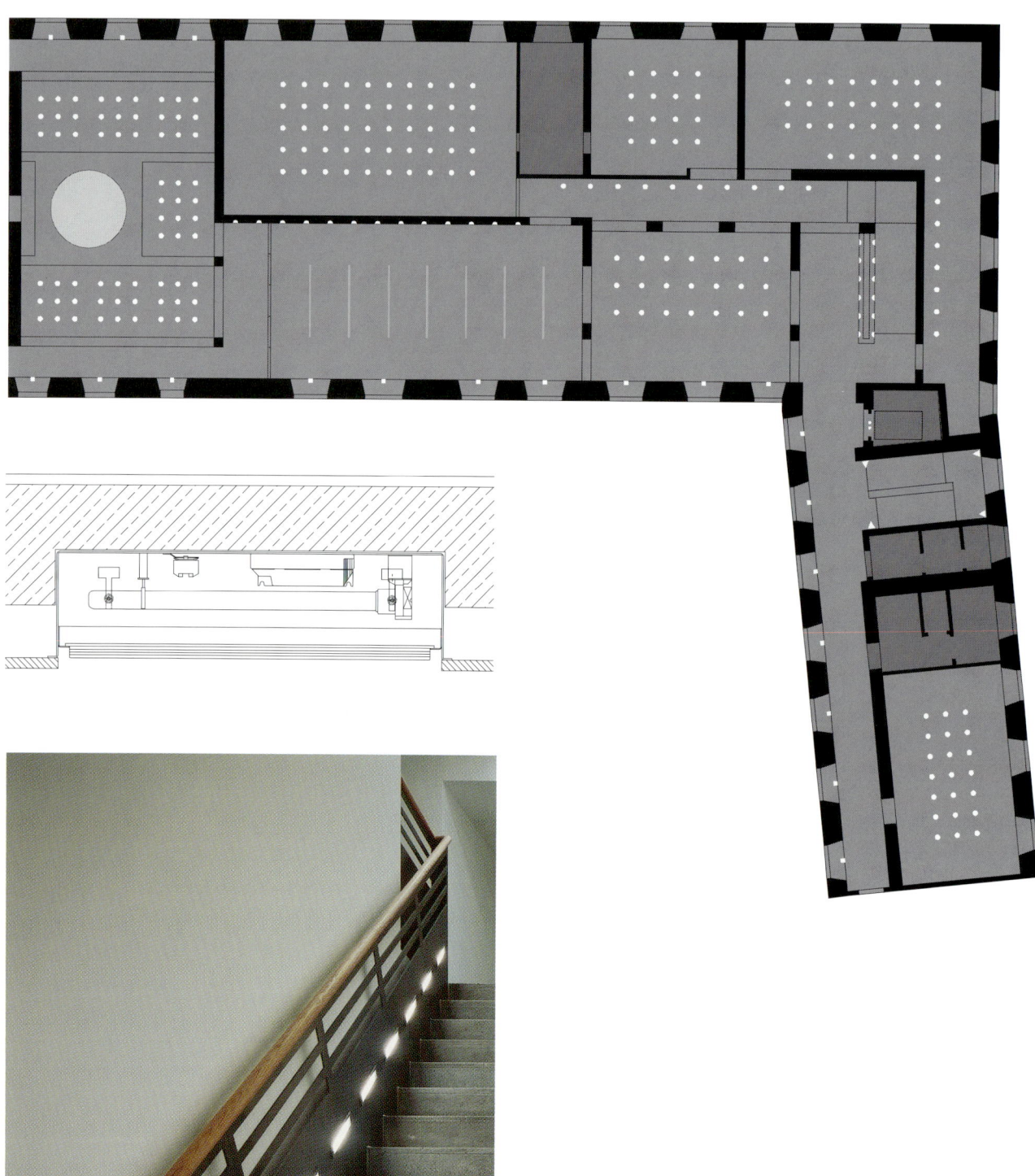

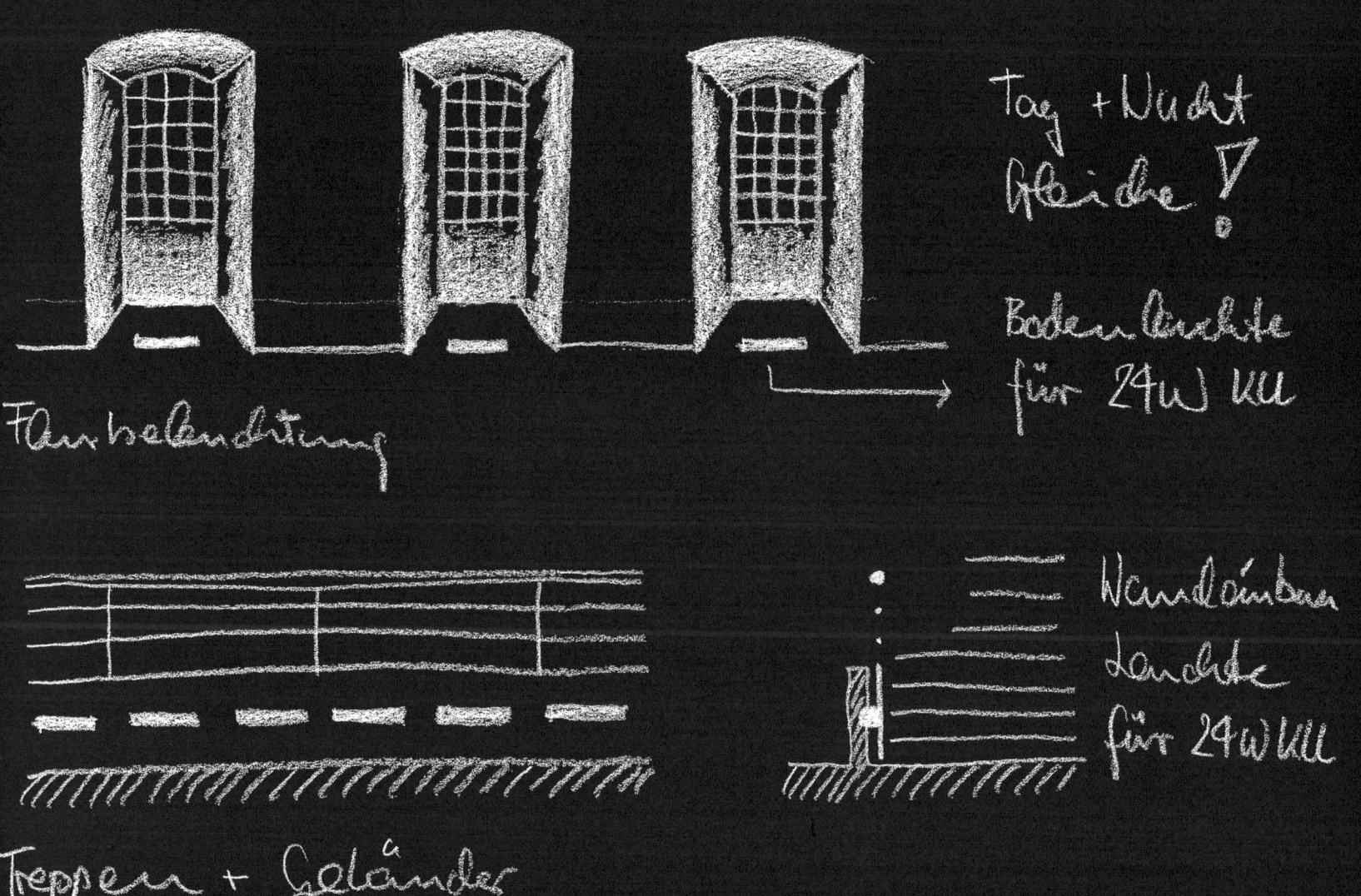

Fassadenbeleuchtung

Treppen + Geländer

Tag + Nacht Gleiche!

Bodenleuchte für 24W KLL

Wandeinbau Leuchte für 24W KLL

Es sind dicke Mauern, tiefwandige Fensterleibungen, die den Besucher von dem geschäftigen Treiben der Außenwelt abschirmen und auf die Exerzitientage einstimmen. Lichtthemen in Form von Reduktion und Sanftheit führen durch die trutzige Burg. Quadratisch eingeschnittene, dicke hinterleuchtete Gläser in den Brüstungspfeilern dominieren die tiefen, ausdrucksstarken Außenmauern und streuen weiches Licht in die Verkehrswege. Bodenintegrierte Leuchten illuminieren weiß gekalkte, ruppige Mauerflächen und dienen als Führungs- und Orientierungslinien. Eine ausdrucksstarke flächenhäfte Metallbrüstung steht als raumbildende Schale im Haupttreppenhaus. In symmetrischem Duktus ordnen sich schmale Lichtstreifen als begleitende Lichtelemente in die eingestellte Brüstung ein und führen den Gast in die einzelnen Ebenen. Nur sparsam sind engstrahlende Leuchten in die Decke der Eingangshalle eingesetzt. Sie erzeugen ein wohltuendes, ruhiges Lichtklima, um den Eintretenden auf adäquate Weise zu empfangen. Auch die Kapelle zeigt sich in neuem Gewand. Eine Tageslichtkuppel, die auch bei Dunkelheit mit Licht gefüllt wird, zeigt den Weg zum Firmament und prägt diesen ausgewiesenen Ort der Geborgenheit, der Ruhe und der Meditation.

< Deckenspiegel 1. Obergeschoss, Detail

< Haupttreppenhaus mit flächenhaft eingestellter Metallbrüstung und begleitenden schmalen Lichtlinien

Thick walls, deep window recesses cut the visitor off from the hustle and bustle of the outside world and create the right atmosphere for time devoted to spiritual exercises. Light themes reduced and subtle in their manifestation traverse this retreat. Square, illuminated, thick panes of glass set in the parapet supports dominate the thick, expressive outer walls and shed soft light on the access areas. Lights integrated into the ground illuminate rough, white-washed wall surfaces and serve as lines of orientation and direction. An expressive, sweeping metal balustrade forms a spatial element in the main stairwell. In a symmetrical flow, narrow strips of light accompany the balustrade and lead guests to the individual levels. There is sparing use of the concentrated lights in the ceiling of the entrance hall. They create agreeable, tranquil lighting which provides those entering the hall with a fitting reception. The chapel has also been refurbished. A cupola that lets in daylight and is also filled with light during darkness points the way to the firmament and characterises this place of security, tranquility and meditation.

< Ceiling panels, 1st floor, detail

< Main stairwell hall with sweeping metal balustrade and accompanying narrow lines of light

WDR Arkaden, Köln
WDR Arcades

Gottfried Böhm, Elisabeth und/and Peter Böhm, Köln · 1998

Niemand kann dieses Gebäude übersehen, gleich, wie er ihm begegnet, ob mit dem Automobil auf der sechsspurigen Nord-Süd-Fahrt, ob zu Fuß von einer Ampel gegenüber oder ob beim Eintritt in die geschäftige Breite Straße, deren Tor das neue Haus des Westdeutschen Rundfunks markiert. Es ist unübersehbar, weil die wandernde Sonne die gläserne Fassade mal hier, mal dort zum Leuchten bringt, weil die Architektur des Gebäudes mit ihren aus der Rechteck-Geometrie brechenden Bürocontainern die Augen provoziert. Für Prof. Gottfried Böhm war es besonders wichtig, eine Geschäftszone einzurichten, die die Öffentlichkeit in das Innere des Gebäudes leitet und internes Leben mit dem städtischen Leben der Straßen zu verknüpfen. Darüber hinaus war es ihm ein Anliegen, dem Haus durch die Wahl der Materialien sowie eine sichtbare und nachvollziehbare Konstruktion einen schlichten, unverkleidet echten Charakter zu verleihen. 1996 wurde das Büro- und Geschäftshaus WDR-Arkaden eröffnet. Zu Beginn der Planungszeit gab es die Überlegung, unser Büro mit der Lichtplanung zu beauftragen, aber aus Kostengründen wurde dieser Gedanke beiseite gelegt. Zwei Jahre nach der Eröffnung im Jahr 1998 wurde dann festgestellt, dass der Einkaufsmall etwas fehlt – man war sich einig: es war „mehr Licht". Endlich wurde Prof. Böhm der Wunsch erfüllt, sich an dieser Stelle nochmals einzuschalten, um mit uns gemeinsam ein lichtarchitektonisches, konzeptionelles Thema einzubringen. Da es sich natürlich bei „Böhm'scher Architektur" um reine Sichtbetonflächen handelt, durften keinerlei bauliche Eingriffe in die Decken vorgenommen werden.

This is a building that simply cannot be overlooked by anyone, no matter where his standpoint is, be he on the six-lane, north-south highway, a pedestrian waiting for "green" just across the road, or entering the busy Breite Strasse, whose gateway marks the new building of the Westdeutscher Rundfunk television channel. The building is conspicuous because the sun's progression casts its light on various aspects of the glass façade, because the building's architecture provokes the eye with its office containers protruding from its rectangular geometry. Prof. Gottfried Böhm attached particular importance to creating a business zone that draws the public into the interior of the building and links life inside the building with the life of the city streets. Another matter of importance to him was to give the building a simple and distinctive character by the choice of materials and a visible and comprehensible structure. The WDR Arcades consisting of office and commercial building were inaugurated in 1996. Our office was considered as lighting planners when planning commenced, but this idea was dropped for reasons of cost. Two years after the opening in 1998, it was established that something was lacking in the shopping mall, and this was – according to the consensus of opinion – "more light". Finally, Prof. Böhm had his way and was able to intervene at this point in order to collaborate with us to contribute a lighting concept for the architecture. As "Böhm's architecture" entirely consists of exposed concrete surfaces, it was not possible to make any structural interventions in the ceilings.

Eingangsbereich Mall

> Blick vom Atrium in die Mall mit transluzenten Lichtstegen

Mall entrance areal

> View of the mall from the atrium with the translucent light bridges

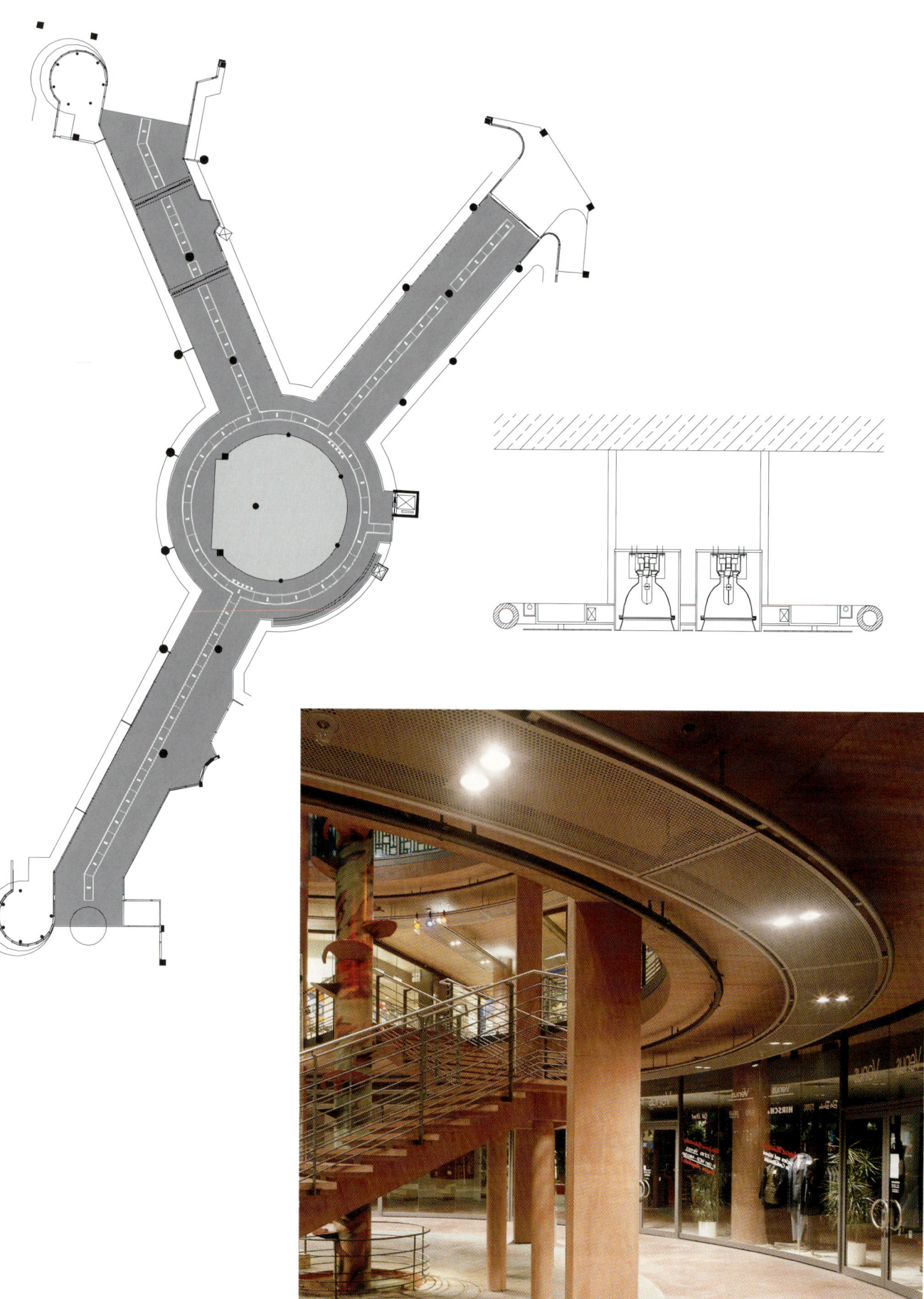

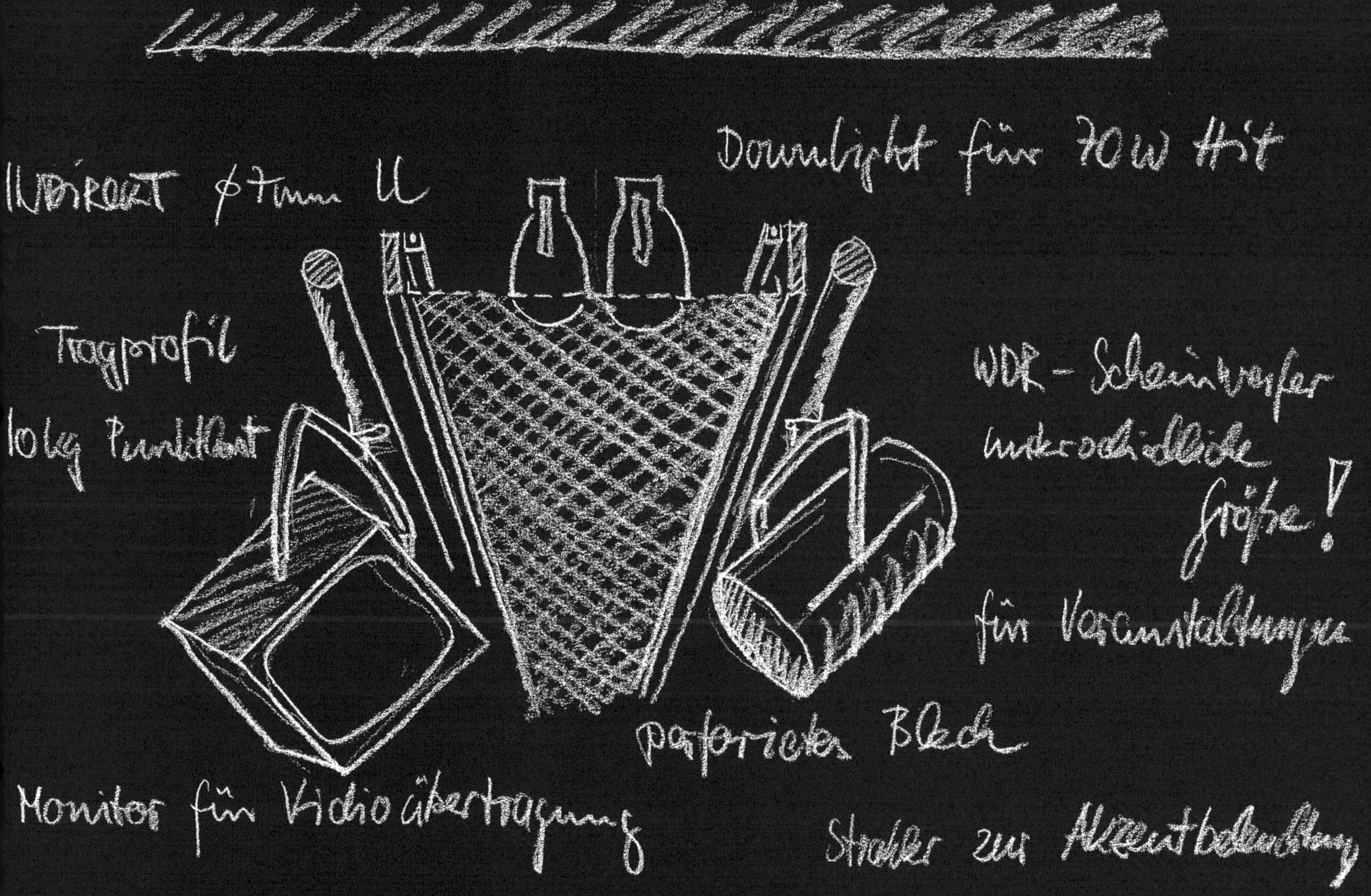

INDIREKT ∅ 7mm LL

Downlight für 70 W Hit

Tragprofil
10 kg Punktlast

WDR – Scheinwerfer
unterschiedliche
Größe!

für Veranstaltungen

perforiertes Blech

Monitor für Video übertragung

Strahler zur Akzentbeleuchtung

Es konnten lediglich bestehende Stromanschlüsse in das zu entwickelnde Lichtkonzept mit eingebunden werden. Des weiteren gab es noch die Anforderung, Möglichkeiten zum Einsatz von Strahlerleuchten für Fernsehaufnahmen zu schaffen. Dem rot eingefärbten Beton wurden schmale Zungen aus einem technoiden perforierten Metall entgegengesetzt, die auch das kreisförmige Atrium umschließen. Die ausgewogenen detaillierten, transluzent wirkenden Stege pendeln wie feine geflochtene Netze von den Decken, sie fangen gleißendes Licht durch zierlich integrierte lineare Leuchtenelemente und schlucken Reflexionslicht über die paarigen eingebauten Downlightergruppen, die durch hohe begrenzte Lichtkonzentrationen den Besucher auf seinem Einkaufsbummel begleiten und die Verkehrswege engagiert, einprägsam markieren.

All that was possible was to incorporate existing electrical connections in the proposed lighting plan. A further requirement was to create possibilities for using spotlights for television recordings. The red-dyed concrete was contrasted by narrow tongues of a technoid, perforated metal that also surround the circular atrium. The balanced, detailed footbridges, translucent in their effect, are suspended from the ceilings like finely meshed nets; they capture glistening light by means of delicately integrated linear lighting elements and swallow reflected light via integrated groups of paired downlighters, which with their high light concentration accompany the visitor on his shopping trip and give the access routes their striking and distinctive character.

< Deckenspiegel Mall, Detail

< Mall ceiling panelling, detail

< Atrium mit kreisförmigem Lichtsteg

< Atrium with circular light bridge

PAN Praxisklinik am Neumarkt, Köln
PAN Medical Practice Clinic am Neumarkt

Gatermann + Schossig & Partner, Köln · 1999

Eine Atmosphäre ohne sterilen Krankenhauscharakter zu schaffen war das erklärte Ziel der Architekten Gatermann + Schossig bei den Planungen der Praxisklinik PAN. Die Klinik umfasst einzelne Praxen von Ärzten aus unterschiedlichen Fachrichtungen und ein operatives Zentrum mit einer Tagesklinik und einem stationären Bereich. Die Konzeption der Architekten basiert auf einem großen Foyer mit einem gemeinschaftlichen Informationszentrum und langen Mittelfluren, die zur einen Seite von den einzelnen Arztpraxen und zur anderen vom Klinikbereich begrenzt werden. Das Foyer stellt den Kommunikationsmittelpunkt der Praxis dar. Die Flure sind als „innere Straßen mit angrenzenden Häusern" gestaltet. In diesen „Häusern" sind die Einzelpraxen untergebracht. Um ihre Individualität bei gemeinschaftlichem Grundkonzept zu betonen, erhält jede von ihnen zur „Straße" ein anderes Gesicht. Die unterschiedliche Gestaltung eingestellter Boxen soll den Patienten eine Orientierungshilfe sein. Verschiedene Holzverkleidungen, Aluminiumbeläge und farbige Anstriche erinnern an die Reihung unterschiedlicher Fassadenfronten. Durch räumliche Vor- und Rücksprünge der Boxen entstehen entlang des Ganges einzelne Raumsequenzen, deren Aufgabe es ist, die Länge des Mittelflures optisch zu verkürzen.

In planning the PAN medical practice and clinic it was the declared goal of the Gatermann + Schossig firm of architects to create an atmosphere devoid of the sterile character of a hospital. The clinic is made up of the practices of physicians from a number of fields of medicine and also has an inpatient section. The idea of the architects is based on a large foyer with a communal information centre and long central corridors bounded on one side by the individual medical practices and on the other by the clinic area. The foyer forms the hub of the practice. The corridors are designed as "internal streets with adjacent houses". The "houses" accommodate the individual medical practices. In order to emphasize their individuality within an overall basic design, each has a different "face" on the street side. The differing design of the individual units is intended to help patients to find their bearings. Differing wooden claddings, aluminium fronts and coats of paint in distinct colours evoke a row of individual façades. The units either protrude or are recessed along the corridor to create individual spatial sequences, whose purpose it is to reduce the length of the central corridor optically.

Schmale hinterleuchtete Fugen lösen und signifizieren die einzelnen Raumboxen

> zweigeschossiges Foyer

Narrow, backlit joints break up and define the individual spatial units

>two-storey foyer

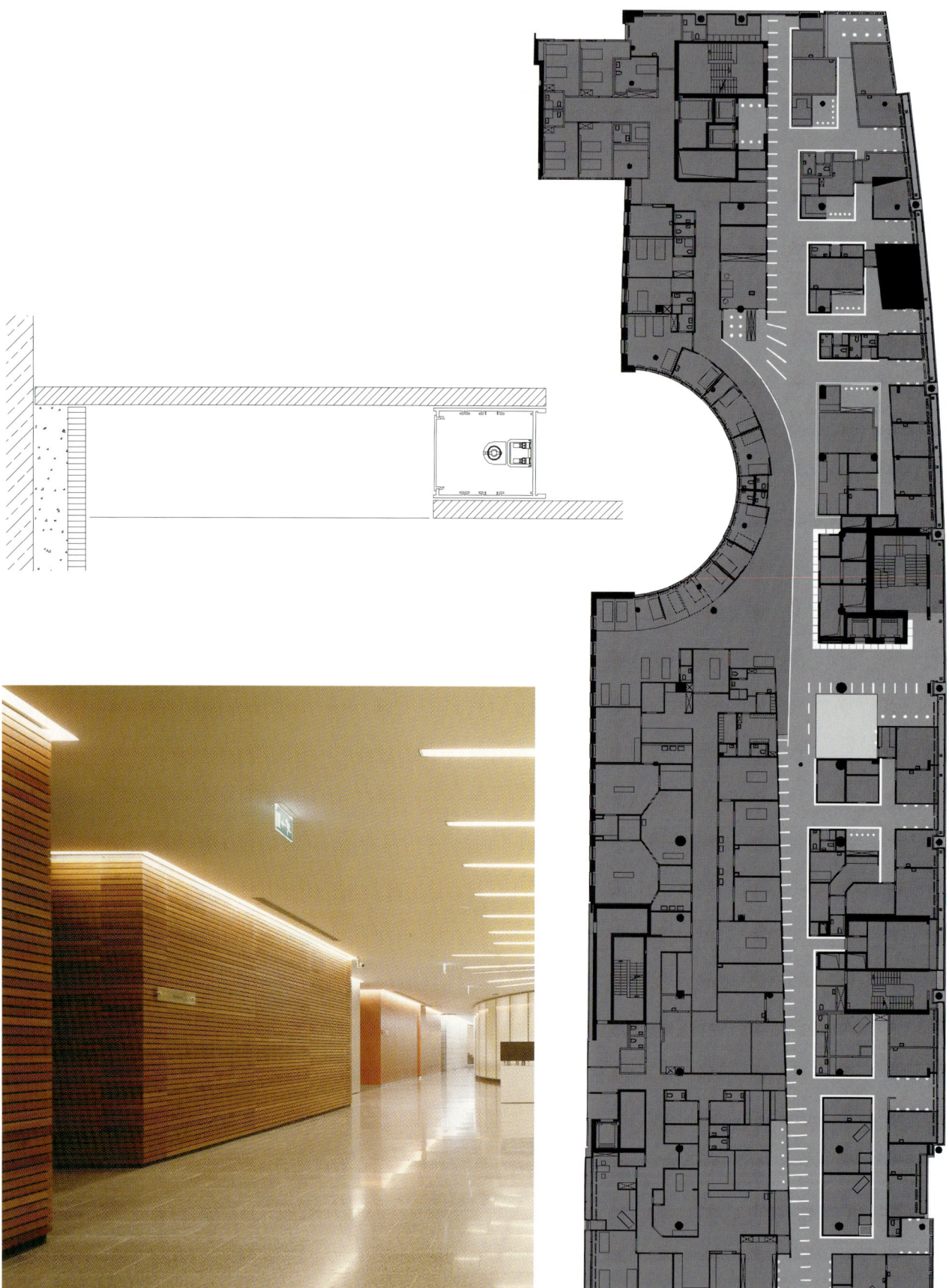

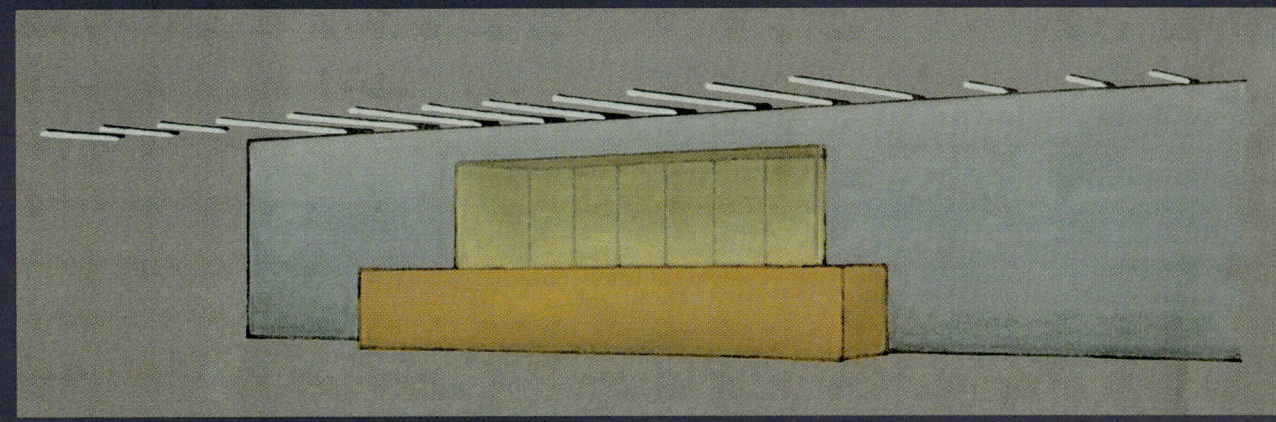

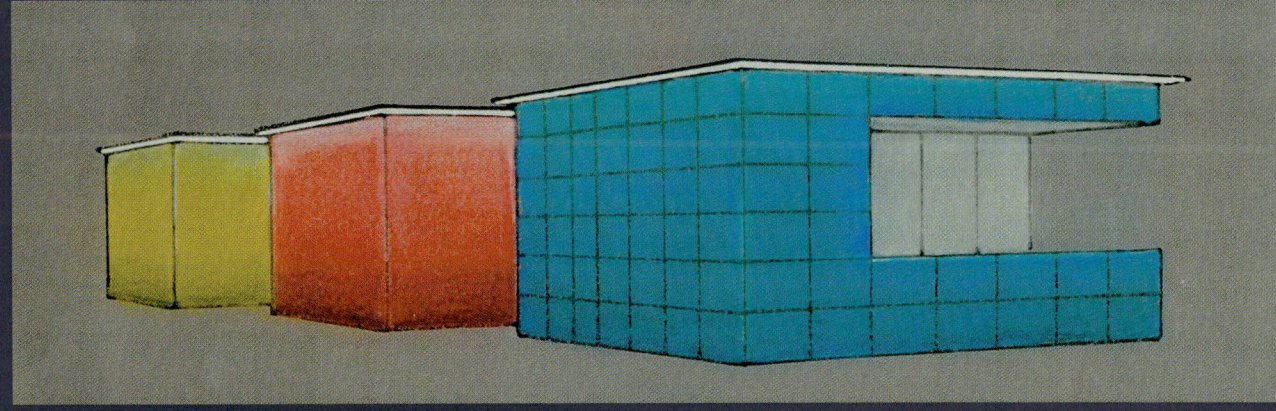

Die Lichtführung und Lichtkonzeption thematisiert die architektonische Idee. Die Raumboxen werden durch hinterleuchtete schmale Schattenfugen optisch gelöst; die langgestreckten Flure werden durch schlanke in Querrichtung eingebaute Lichtlinien rhythmisiert. Ein virtueller Dialog zwischen Raum und Licht basierend auf bewusst gewählten differenzierten Lichtfarben findet sich in ausgeglichener, stimulierender, wohltuender Atmospähre wieder. Die Empfangstheken der einzelnen Praxen sind in die jeweiligen „Häuser" integriert. Subtile Gestaltungsmerkmale und Farbgebungen werden über gebündeltes Halogenglühlampenlicht interpretiert.

< Deckenspiegel, Detail

< In Querrichtung eingebaute Lichtlinien rhythmisieren den langgestreckten Verkehrsweg

The design and use of lighting reflects the architectural idea. The individual units are defined optically by means of narrow, backlit, dark joints; the strung-out corridors are given rhythm by slender lines of light inserted widthways. A virtual dialogue - between space and light based on deliberately chosen, differentiated colours of light is repeated in a harmonious, stimulating, congenial atmosphere. The reception desks of the individual medical practices are integrated in the individual "houses". Subtle design features and colours are given interpretation by concentrated halogen lights.

< Ceiling panelling, detail

< Light-lines placed widthways provide the strung-out access corridor with rhythm

Sparkasse Aachen

Höhler & Partner, Aachen · Gerhard Marks, Celle · 1997

Die Hauptstelle der Sparkasse Aachen liegt im Herzen der Altstadt Aachens am Münsterplatz und umfasst mehrere, teilweise denkmalgeschützte Häuserzeilen. Die aus den 80er Jahren stammende Kundenhalle musste grundlegend saniert werden. Neben der Sanierung der Tragkonstruktion erhielt die große Kundenhalle eine neue aufwendige Innenraumgestaltung und Vollklimatisierung. Die Nutzung der Bereiche blieb erhalten, es erfolgte jedoch eine Neuorganisation der Verkehrswege und Servicebereiche sowie eine Ergänzung des automatisierten Serviceangebotes. Amorphe Raumstrukturen – keinesfalls schön –, technische Zwänge durch eine Strahlungskonvektionskühldecke mussten geordnet und zu einem funktionierenden Raumgefüge mit ästhetischen Gestaltungsansprüchen zusammengeführt werden. Die Gestaltung und Einbringung einer Sekundärdecke unterhalb der Konvektionskühldecke kristallisierte sich als besonders komplexe Aufgabenstellung heraus. In diesem speziellen Fall mussten Decke und Licht als ganzheitliches Objekt konzipiert werden. Dies führte zu der Entscheidung, dass der Bauherr beide Planungsbereiche in unsere Hände legte. Aus der Forderung, die aus der Klimatechnik resultierte, mit transluzenten Decken, die einen freien Querschnitt von 55% aufweisen, zu arbeiten, wurden unterschiedliche Materialien wie Streckmetall, kleinzellige Rasterflächen und perforierte Metallelemente ausgewählt. Die teilweise gestuften Deckenstrukturen schaffen innerhalb des Großraums analoge raumbegrenzende, abstrakte Trennungen und führen zu einer Ordnung innerhalb der ungeordneten Raumgeometrie.

The head office of the Aachen savings bank is located in the heart of the old district of Aachen at Münsterplatz and extends over a number of rows of houses, some of which are listed buildings. The banking hall dating from the nienteen eighties was in urgent need of refurbishing. In addition to renewal of the load-bearing structure, the large banking hall was redesigned extensively and provided with air-conditioning throughout. Use remained unchanged, however the access and service areas were restructured and additions made to the automated service facilities. Amorphous space – anything but aesthetic –, technical contraints in the form of a convection cooling ceiling had to be given structure to form an ensemble that was both functional and aesthetic. Designing and introducing a secondary ceiling underneath the convection cooling ceiling posed a particularly difficult challenge. In this special case, ceiling and light had to be conceived as a single object. In consequence, the client decided to commission us with both aspects of planning. Given the necessity – dictated by the air-conditioning technology – of having to work with translucent ceilings that have an exposed cross-section of 55%, a variety of materials such as metals grids, narrow grids, and perforated metal elements were chosen. The ceiling structures, which are partly stepped, create analogous abstracts partitions, segmenting space within the large area and giving order to the amorphous space.

Eingangsbereich Kleinmarschierstraße mit Blick in die Kundenhalle

> Eingeschnittene Slimline-Röhre in perforierter Metalldecke

>> Verkehrsweg zwischen Münsterplatz und Kleinmarschierstraße mit blauer Slimline-Röhre und hinterleuchteter, künstlerisch gestalteter Glaswand

Entrance area from Kleinmarschierstraße with a view of the banking hall

> Slimline tubing let into the perforated metal ceiling

>> Access area between Münsterplatz and Kleinmarschierstrasse with blue slimline tube and backlit glass wall of artistic design

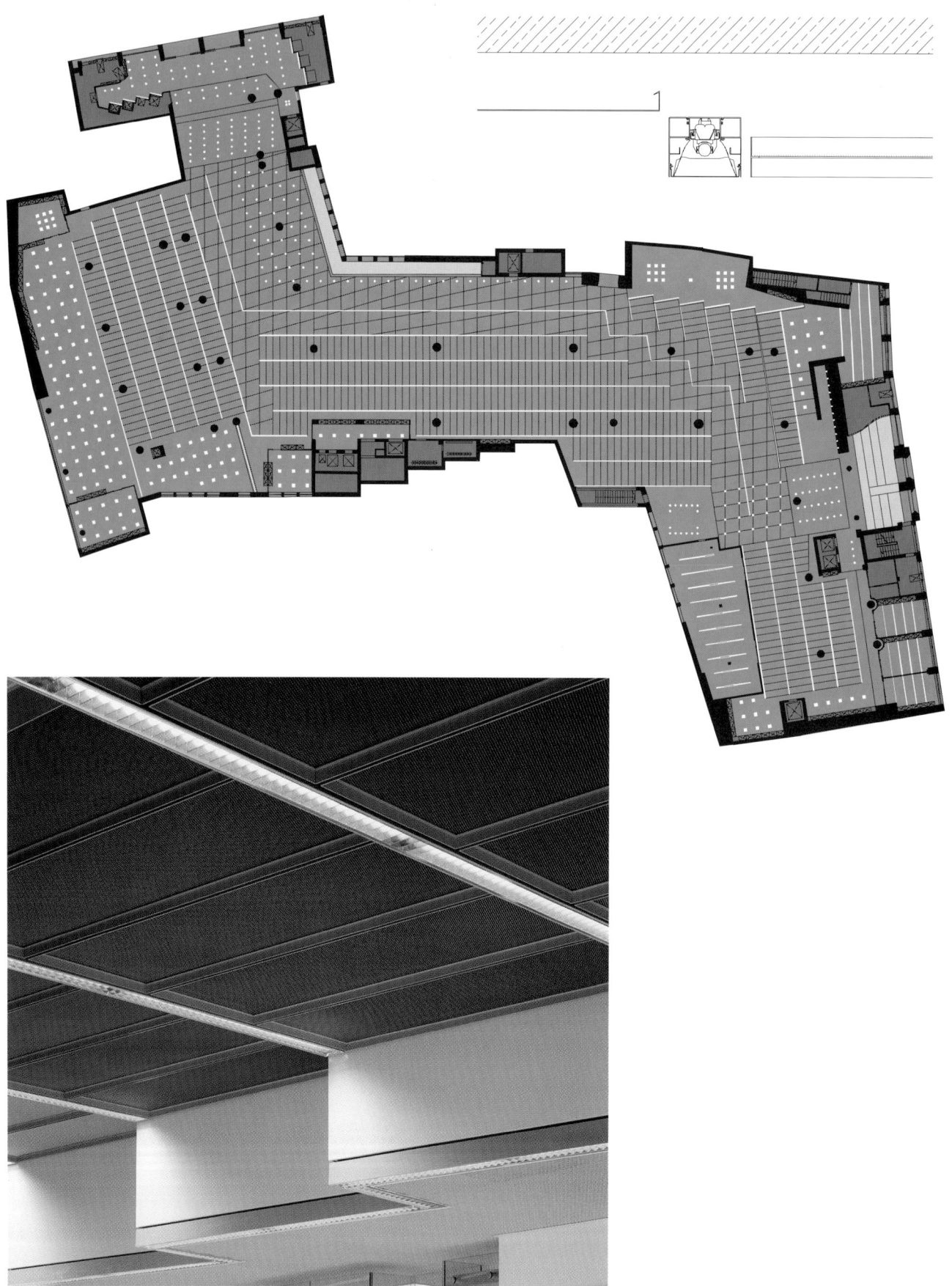

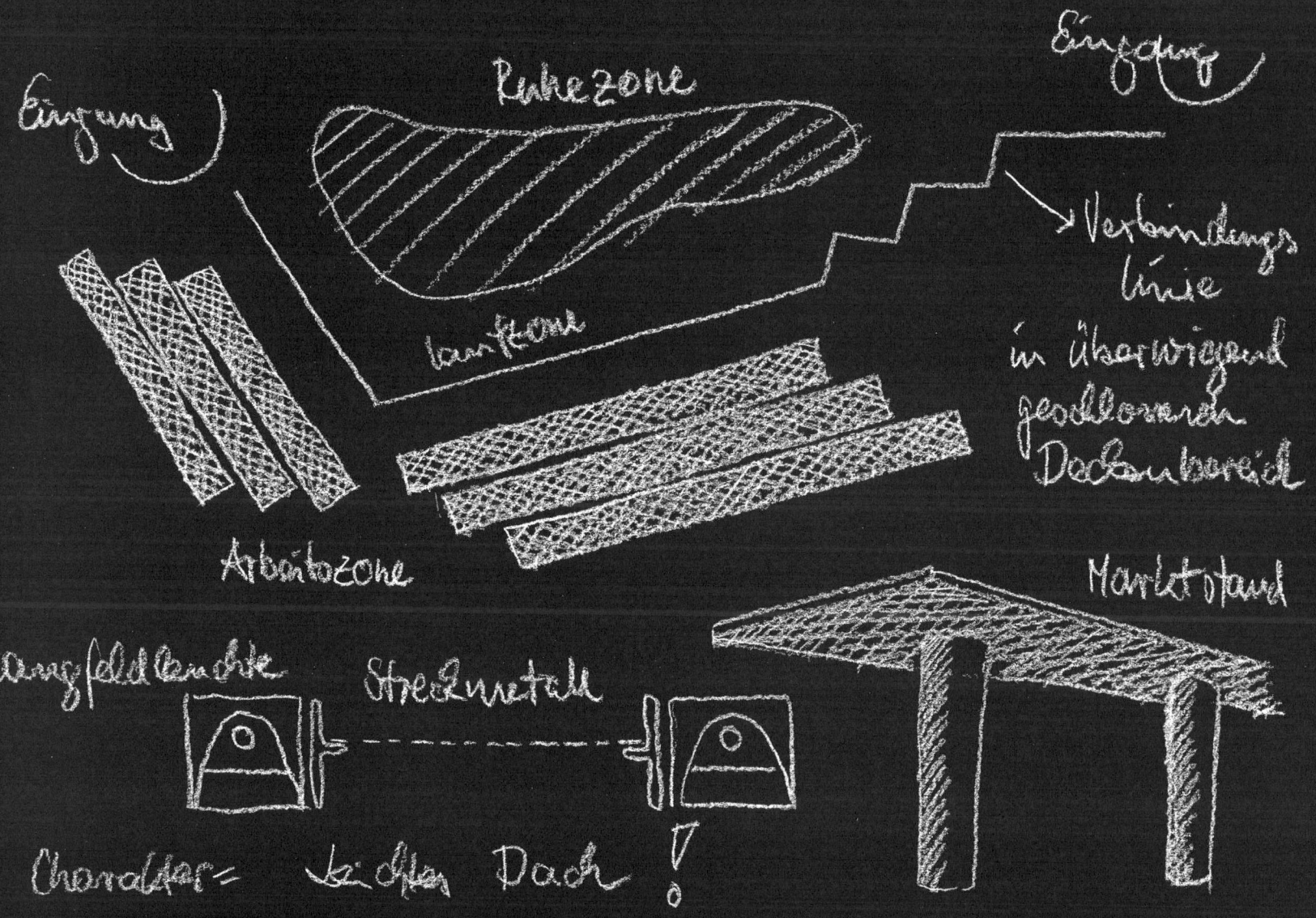

Eingang

Ruhezone

Eingang

kauf zone

Verbindungs
linie
in überwiegend
geschlossenen
Deckenbereich

Arbeitszone

Marktstand

Langfeldleuchte   Streckmetall

Charakter = leichtes Dach !

Die klare Wegbeschreibung für den Kunden zwischen dem Münsterplatz und der Kleinmarschierstraße erfolgt über eine markant in die Decke eingeschnittene blaue Slimline-Röhre als dramatisch inszenierte „Straße". Die Arbeitszonen, die den größten Raumanteil bestimmen, erhalten eine bildschirm-arbeitsplatzgerechte Beleuchtung, die wiederum einzelne Raumbereiche trotz hoher Beleuchtungsstärken differenziert darstellt. Zum einen sind dies quadratische Flächenleuchten, die im Zusammenspiel mit einer weißen Rasterfläche an eine groß-flächige Lichtdecke erinnern oder schmale lineare Darklight-leuchten, die eine deutliche Richtung vorgeben und gleichzeitig zur Deckenstufung eingesetzt werden. Gestuckte Abhangdecken in den beiden Haupteingängen setzen sich gegen die Nervosität der Service-Automaten durch. Deckensprünge und Vouten werden aufgehellt und vom Licht nachgezeichnet. Es wurde ein bewusst differenziertes Lichtklima zwischen den Arbeits- und Verkehrszonen geschaffen.

< Deckenspiegel, Detail

< Streckmetalldecken mit schmalen Darklight-Profilleuchten

Customers accessing the savings bank from Münsterplatz or Kleinmarschierstrasse are given clear directions in the form of a striking slimeline tube let into the ceiling and functioning as a stage-managed "street". The work zones, which occupy most of the space, have lighting that reflects the needs of a computer workstation and, at the same time, gives differentiated expression to individual areas despite a high concentration of lighting. On the one hand, this takes the form of square lighting surfaces which, in conjunction with a white grid surface, evoke an extensive ceiling of light and, on the other hand, there are slender, linear darklights which clearly point the way and also serve to give the ceiling graduation. Lowered ceiling elements in the two main entrances counterbalance the restlessness generated by the service machines. Ceiling lines and joints are emphasized and traced by light. Differentiated lighting between the work and access zones was created deliberately.

< Ceiling panels, detail

< Metal-grid ceilings with slender darklights

Neubau Domtreppe und Bahnhofsvorplatz Köln
New Domtreppe and Station Forecourt

Schaller/Theodor, Köln · Stadt Köln, Amt für Stadtsanierung und Baukoordination · Entwurf/project 2002

Der Reisende, der aus dem Bahnhof tritt, steht direkt am Fuße der Domtreppe. Ein solcher Platz, der in seiner ganzen Breite über eine dreifache Stufenanlage zum Dom aufsteigt als Entrée zur Innenstadt, ist unvergleichlich. Hauptbahnhof und Bahndamm haben das Vorfeld des Domes im Laufe ihrer stürmischen Entwicklung immer stärker eingeengt und somit die topographische Situation verwischt. Eine markante, prägende Lichtkonzeption des neu zu gestaltenden Bahnhofsvorplatzes und der Domtreppe kann als strenges Bindeglied verstanden werden. Neun Meter hohe schlanke Lichtsteelen ziehen sich vom Bahnhofsnebeneingang bis hin zur Freitreppe und determinieren den Platzraum. Sie zeigen eine hohe Eigenleuchtdichte und stellen sich bei Dunkelheit als immaterielle Lichtsäulen dar, die den freigeräumten Platz mit den angrenzenden Gebäudefassaden in einen spannenden Lichtraum verwandeln. Die Integration der Lichtsteelen beruht im Wesentlichen darauf, eine eindeutige Platzbegrenzung zu schaffen und den Passanten vom Bahnhofsnebeneingang auf den Platz zu führen. Den räumlichen Abschluss des Platzes bildet die angestrahlte, helle barocke Fassade der Kirche Maria Himmelfahrt. Zur Zeit liegt der „Alte Wartesaal" abseits vom Geschehen in einer untergeordneten Situation im städtebaulichen Kontext. Um eine erhöhte, visuell wahrnehmbare Aufmerksamkeit zu erreichen, werden die Fassaden sanft als kulissen-, theaterhaft inszenierter Raum bespielt.

Travellers emerging from the station find themselves directly at the foot of the Domtreppe. Such a square, ascending over its entire width towards the cathedral via a three-part series of steps, as a gateway to the city centre, is unique. The main railway station and the embankment have increasingly confined the approaches to the cathedral in the course of their rapid development, thereby blurring the contours of the topography. A striking lighting concept for redesign of the station forecourt and the Domtreppe can be understood as an austere connecting link. Nine-metre-high, slender light steles are to be placed between the side entrance to the station and the flight of steps and determine the space of the square. They have a high density of light and present themselves as incorporeal columns of light in darkness that transform the empty square and the adjacent façades into a fascinating light space. The integration of the light steles is essentially intended to create clear definition of the boundaries of the square and show passers-by the way to the square from the side entrance of the station. The space of the square is to be bounded by the illuminated, light, Baroque façade of the Church of the Assumption. At present, the "Old Waiting Room" is sidelined and occupies a subordinate position in the urban design concept. In order to heighten awareness of the building in visual terms, freely chosen motifs are used to give the façades gentle emphasis as backdrop, stage-like space.

74

Computersimulation mit neuer Domtreppe

> Lageplan/Lichtkonzept

>> Lichtkonzept/Ansichten

Computer simulation with the new cathedral steps

> Site plan/lighting concept

>> Lighting concept/views

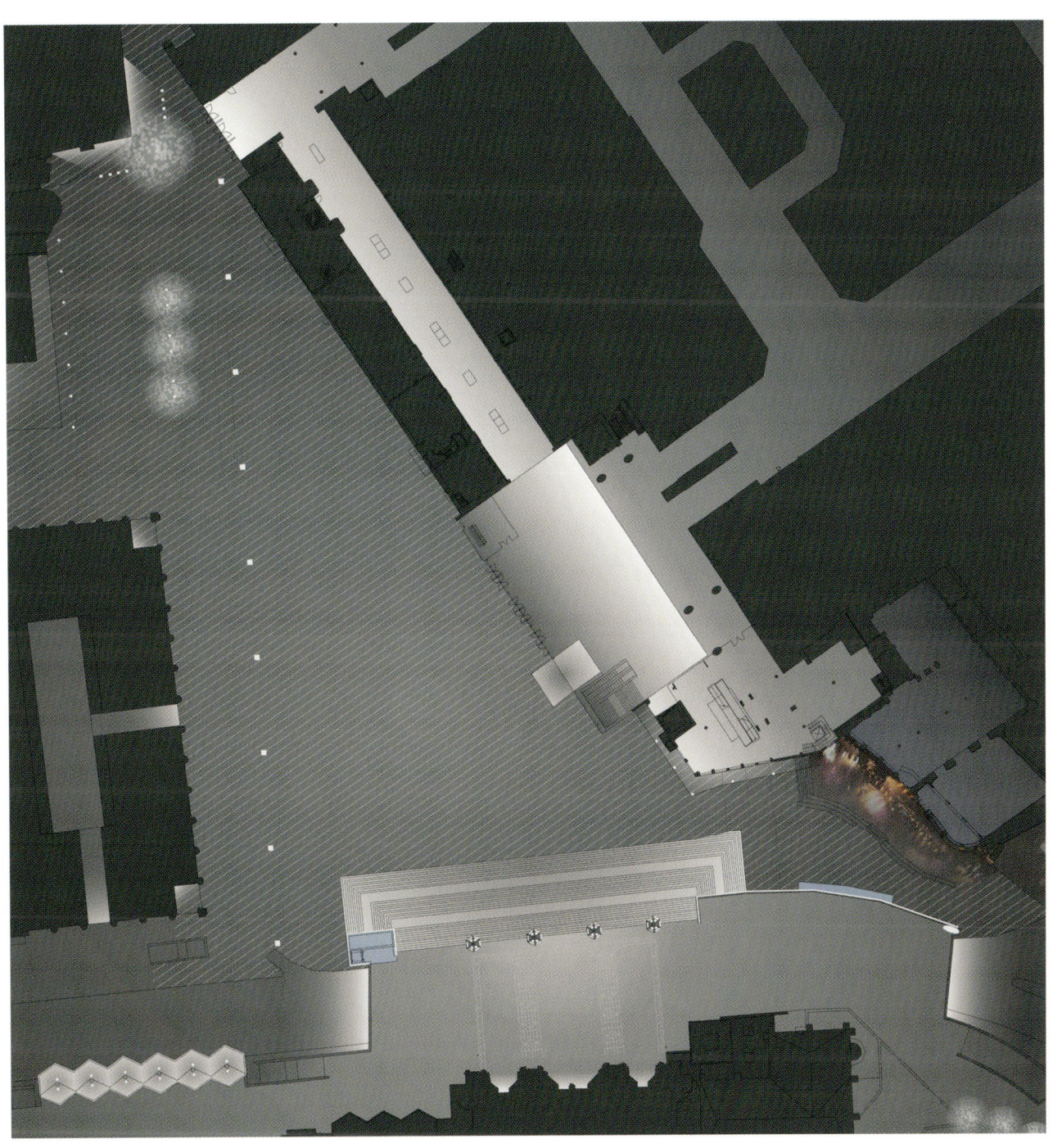

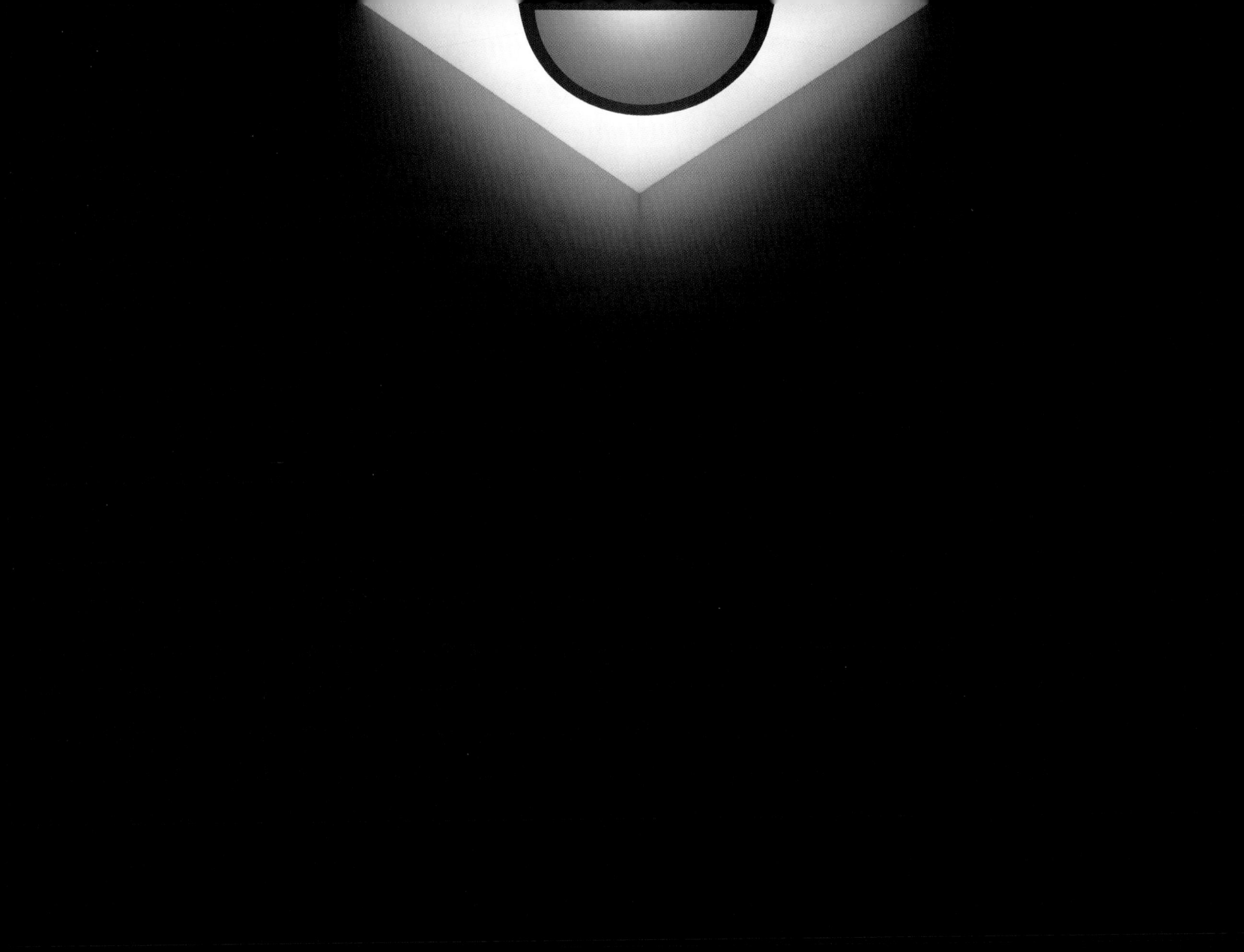

VARIABILITÄT · VARIABILITY

MuseumsQuartier Wien

Ortner & Ortner, Wien · Manfred Wehdorn, Wien · 2001

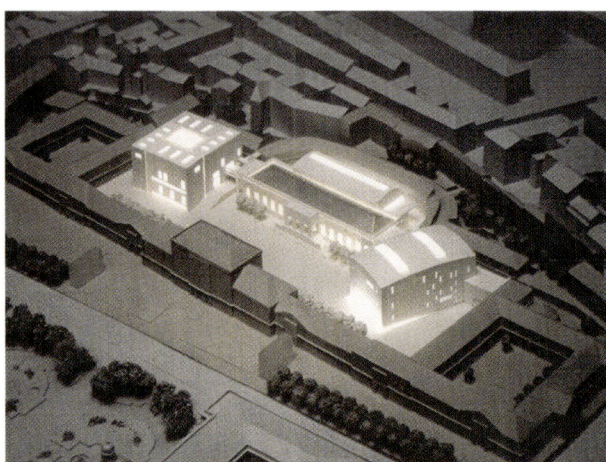

Nach 15 Jahren Konzept-, Planungs- und Bauzeit wurde das MuseumsQuartier als österreichisches Jahrhundertprojekt im Juni 2001 eröffnet. Den Rahmen für das neue Kulturareal bilden die ehemaligen kaiserlichen Hofstallungen, die von dem Barockbaumeister Johann Fischer von Erlach Anfang des 18. Jahrhunderts erbaut wurden. In Bezug auf seine Funktion entzieht sich das MuseumsQuartier sämtlichen bisherigen Klassifizierungen. Der Komplex ist zugleich experimentelles Kulturlabor, Museum und zeitgenössischer Veranstaltungsort. Für die Architekten Ortner & Ortner war es wichtig, die drei Museumsneubauten – das Leopold Museum, das Museum Moderner Kunst und die Kunsthalle Wien – in zurückhaltende, aber kraftbetonte Baukörper zu packen. Architektonische Gesten sind daher rar und ordnen sich stets der musealen Aufgabenstellungen unter. Die ästhetische Inszenierung der Museen, die nach außen Zurückhaltung demonstrieren, findet weitestgehend im Inneren der Gebäude statt – dort entfaltet sich ein üppiges Spiel der Räume. Sowohl die differenzierte gestalterische Sprache der Baukörper und deren Innenräume mit subtilen Materialwertigkeiten, die komplexen Anforderungen, die durch einen außergewöhnlichen Kulturbetrieb formuliert wurden, sowie inhaltlich unterschiedliche Kunstsammlungen und mögliche Wechselausstellungen waren die Grundlage zur Findung adäquater Kunstlichtlösungen.

Following fifteen years of designing, planning and building, the MuseumsQuartier was opened in June 2001 as a major Austrian project. The setting of the new cultural centre is provided by the former imperial stables built by the Baroque architect Johann Fischer von Erlach at the beginning of the 18th century. The architects Ortner & Ortner and Manfred Wehdorn created the architectural setting for this unique experiment. In terms of its function, the MuseumsQuartier defies all existing classifications. The complex is a laboratory of culture, a museum and event location all in one. For the architects Ortner & Ortner it was important to house the three museum buildings – the Leopold Museum, the Museum Moderner Kunst and the Kunsthalle Wien – in understated, yet powerful volumes. Hence, architectural gestures are rare and always subordinate to the functions of the museums. The aesthetic staging of the museums, which express exterior soberness, largely takes place in the interior of the buildings – this is where an extravagant interplay of spaces unfolds. The prerequisites for finding appropriate artificial lighting solutions were the differentiated design languages of the volumes and their interiors with their subtle use of materials, the complex demands of an exceptional cultural undertaking, as well as the diversity of the art collections and the contingency of temporary exhibitions.

Modellaufnahme

> Blick vom Dach des Leopold Museums auf die Hofburg

Photograph of model

> View from the roof of the Leopold Museum on the Hofburg

Kunsthalle und Veranstaltungshalle
Kunsthalle and Events Hall

Ortner & Ortner, Wien · Manfred Wehdorn, Wien

Im Schatten der ehemaligen kaiserlichen Winterreithalle liegt die Kunsthalle mit ihren Klinkerfassaden. Das Schaffen aktueller zeitgenössischer Kunst, alles Neuartige und noch unbekannt Zukünftige muss hier demonstriert und dargestellt werden können. Symmetrische Deckenteilungen, interpretiert durch Lichtöffnungen, zeugen von Ruhe und Distanz verbunden mit einem gleichmäßigen Lichtmilieu und variablen Lichtszenarien. Im Foyerbereich der Veranstaltungshalle der „Wiener Festwochen" stellt Ortner & Ortner eine futuristische Ästhetik den weichen Ornamenten der Winterreithalle entgegen. Satinierte, hart und cool wirkende hinterleuchtete Glasflächen an den Wänden tragen einen gebogenen „Aluminiumbauch". Es entsteht ein bewusst fremdartig wirkendes, gewagtes Ensemble als Balanceakt zwischen der Historie und der Moderne.

The Kunsthalle with its clinker-brick façades is situated in the shadow of the former imperial winter riding hall. Its purpose is to demonstrate and present contemporary works of art, as well as developments new and yet unknown. Symmetrical ceiling panel, interpreted by light openings, provide tranquility and distance combined with even lighting and variable light scenarios. Ortner & Ortner contrasts a futuristic aesthetic with the flowing lines of the ornamentation of the winter riding hall in the foyer areas of the events hall. Satin-coated, backlit areas of glass on the walls, hard and cool in their effect, bear a curved "aluminium belly". The result is a bold ensemble, deliberately exotic in its effect, as a balancing act between historical and modern.

Kunsthalle, rückwärtige Ansicht

> Garderobe, Kunsthalle

Kunsthalle, rear view

> Cloakroom, Kunsthalle

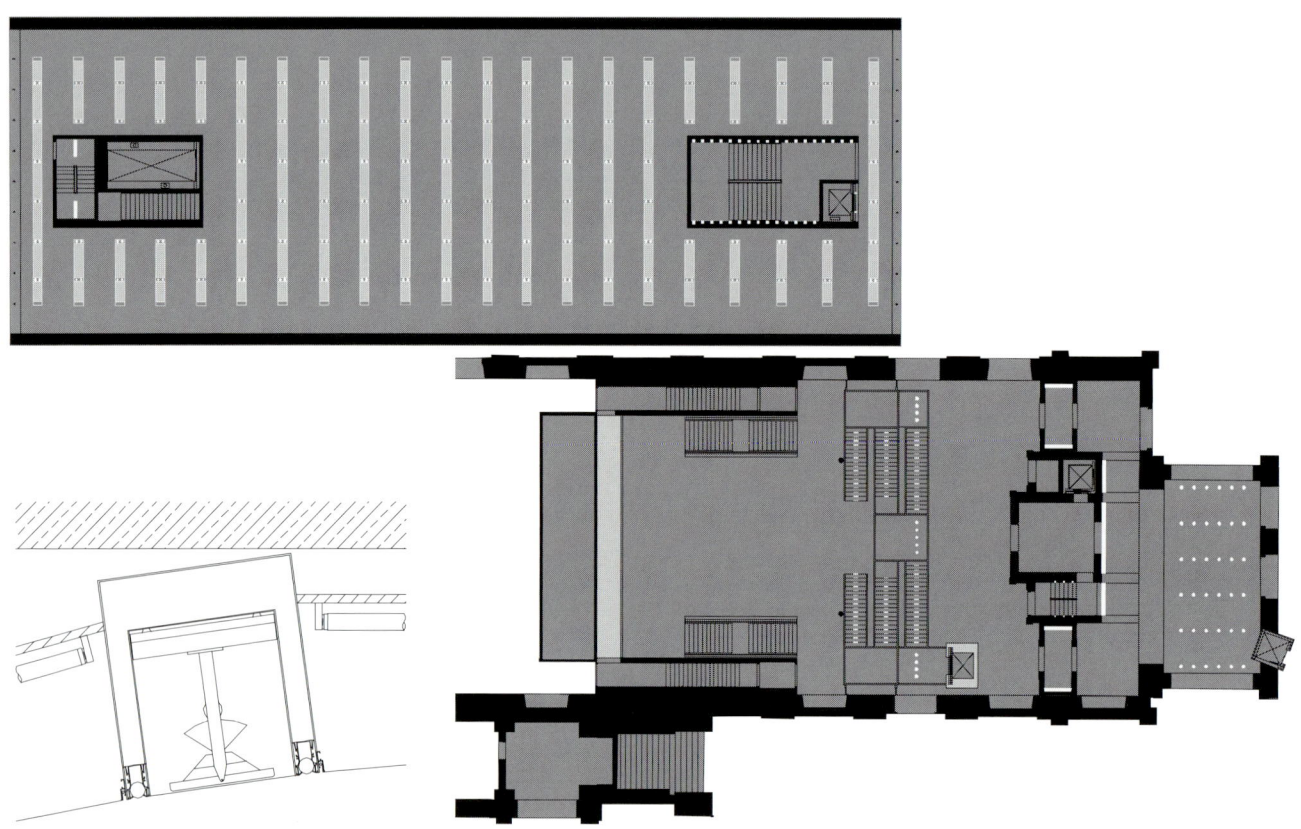

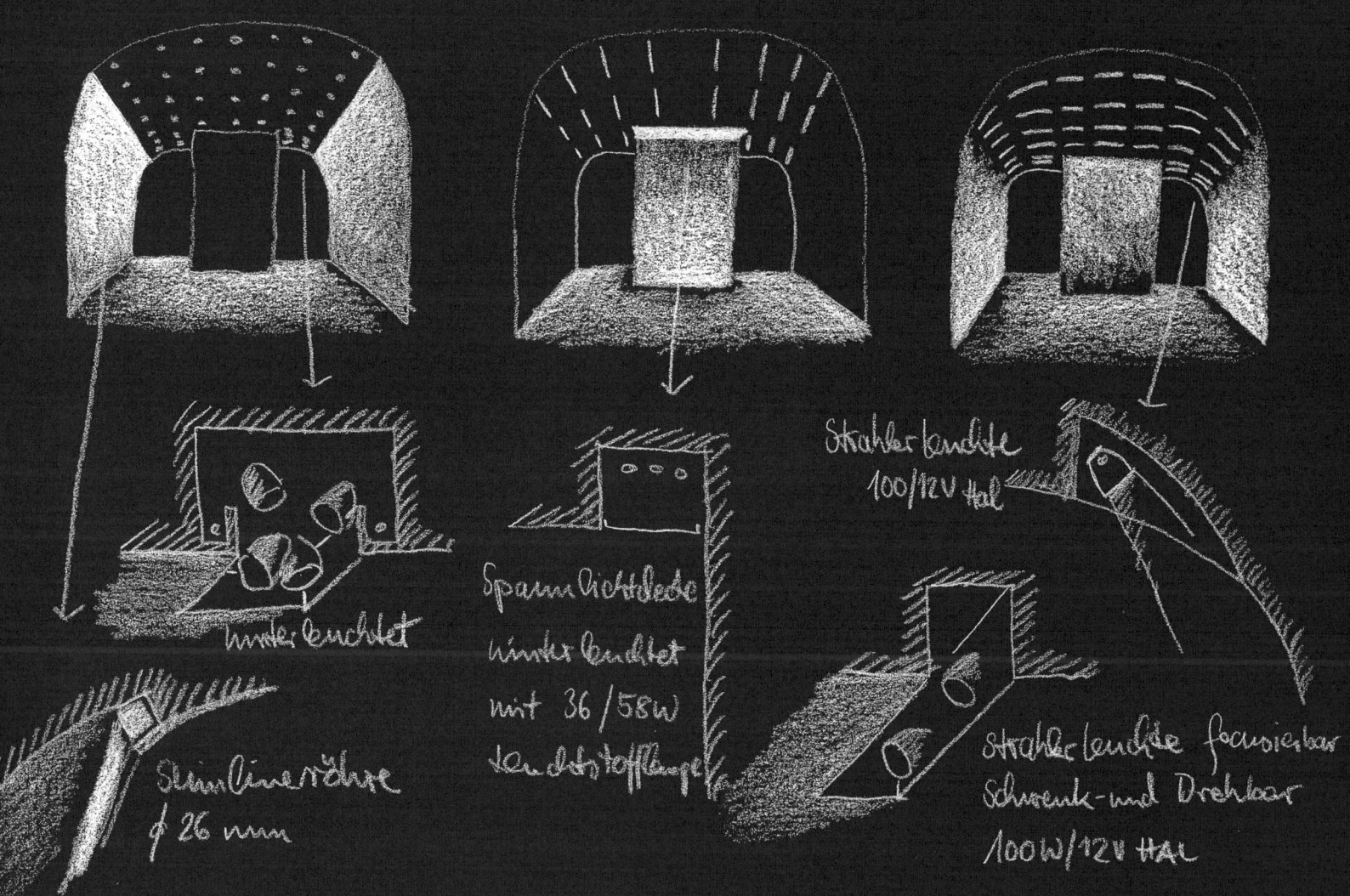

Strahlerleuchte
100/12V Hal

Spann lichtdecke
hinter leuchtet
mit 36/58W
Leuchtstofflampe

hinter leuchtet

Slimlinerohre
⌀ 26 mm

Strahlerleuchte focusierbar
Schwenk- und Drehbar
100W/12V HAL

Betont wird der flächenhafte Austritt durch die akkurate Niveaugleichheit der patinierten Leuchtflächen mit der rundum angrenzenden Deckenuntersicht in den Ausstellungsbereichen. Die eingewobenen, hinterleuchteten Leichtdecken mit einer weitmöglichst reduzierten Detailsprache – ausgedrückt im angestrebten Verzicht und der Minimierung der Randprofile – wirken geradezu wie aus der Decke ausgestanzt. Spezifisch auf die Belange der Kunsthalle ausgerichtet können versenkte Strahlerleuchten motorisch gedreht, geschwenkt, fokussiert und gedimmt werden. Der Ausrichtung des Akzentlichtes sind so gut wie keine Grenzen gesetzt. Geschaltet und geregelt werden alle Leuchten über eine programmierbare, digitale Lichtsteuerung. Die Regelbarkeit ermöglicht die maximierte Wahlfreiheit in der Präsentation.

< Deckenspiegel; Erdgeschoss und 1. Obergeschoss, Detail

< Ausstellungsebene mit gewölbter Decke; eingeschnittene hinterleuchtete Leichtdecken und motorisch dreh- und fokussierbare Strahlerleuchten

The extensive space is given emphasis by the precision in level of the patinated lighting surfaces with the bordering suffit in the exhibition areas. The backlit, lightweight ceilings that have been inserted and whose detail is reduced to a minimum – expressed in omission of anything superfluous and minimization of edge profiles – have the effect of being stamped out of the ceiling. Sunken spotlights can be turned, swivelled, focused, or dimmed depending on the particular needs of the Kunsthalle. There are virtually no limits to the way that accentuated light can be used. All lights can be switched on and off, and controlled by a programmable, digital lighting control unit, ensuring optimal choice of presentation.

< Ceiling planels, ground floor and first floor, detail

< Exhibition level with vaulted ceiling; inserted, backlit ceilings and spotlights that can be swivelled and focused by motor

Museum Moderner Kunst

Ortner & Ortner, Wien

Der schwarze Quader des Museums Moderner Kunst wirkt wie ein skulpturaler Block. Der dunkle Basalt, die nur wenigen eingeschnittenen Lichtschlitze verleihen dem Bau etwas Geheimnisvolles, das auch im Inneren fortwirkt. Beim Betreten des Eingangsfoyers wird ein sehr eigenes, außergewöhnliches Raumerlebnis dargestellt. Es ist wie das Einfahren in ein Bergwerk. Es herrscht eher Dunkelheit anstelle von Licht; fast alle Materialien wie Stein und Gusseisenplatten sind schwarz. Nackte, frei abstrahlende Leuchtstofflampen am Aufzugsschacht unterstützen diese Architektursprache. Wer aber die Kunst sucht, gelangt ins Licht, denn die Ausstellungsräume sind weit und hell – ein imposanter Platz für die Kunst der Gegenwart. Um die reale Größe zu verbergen, liegen drei Geschosse des Museums unter dem Eingangsniveau. Der wesentliche Aspekt in den Ausstellungsräumen ist die immanente Atmosphäre und das emotionale Erfassen des Raumes. Das Licht wurde als immaterielles Medium zielbewusst für Gestaltungszwecke eingesetzt. Seine Aufgabe ist es, die gefühlsbetonte Wahrnehmung der Architektur und der verschiedenen Raumqualitäten ebenso zu unterstützen wie auch den visuellen Genuss der ausgestellten Kunstobjekte.

The black cuboid of the Museum Moderner Kunst resembles a sculptured block. The dark basalt and the sparing light incisions give the building something of the mysterious, which is continued in its interior. The entrance foyer provides a very individual and exceptional spatial experience. It evokes a mine entrance. Darkness prevails over light; nearly all materials such as stone and sheets of cast-iron are black. Naked, broad-beam fluorescent lamps at the lift shaft underline the architectural language. But those seeking art find themselves in the light – the exhibition areas are spacious and well lit – an imposing setting for the present-day art on exhibition. Three of the museum's storeys are below the entrance level in order to conceal the building's true size. The essential aspect of the exhibition areas is its intrinsic atmosphere and the emotional experience of the space. Light as an immaterial medium was conscientiously used for design purposes. Its purpose is to heighten emotional experience of the architecture and the different spatial qualities, as well as visual appreciation of the works of art on exhibit.

Außenansicht, Museum Moderner Kunst

> Erschließungsbereich, gläserner Aufzugsschacht mit freistrahlenden Leuchtstofflampen

> Oberlicht Eingangshalle

Outside view, Museum Moderner Kunst

> Access area, glass lift shaft with broad-beam fluorescent lights

> Skylight, entrance hall

Gleichmäßig ausformulierte Räume, geprägt durch eine hohe Lichtfülle, thematisieren die Museen gleichermaßen. Eine solche räumliche, verschattungsfreie Wirkung ist am ehesten mit flächig abstrahlendem Licht zu erreichen.

Rooms of regular design and characterized by their lightness are a central feature common to each of the museums. Such a spatial, shadow-free effect is best achieved by extensive lighting surfaces. The range of lightweight ceiling has been interpreted in a way that includes adequate medium and small-scale lighting.

91

Zurückgesetzte Deckenspiegel indirekt beleuchtet;
Schaltung aller kassettierten Deckenfelder

Kassettierte Deckenfelder teilweise gedimmt oder ausgeschaltet

Kassettierte Deckenfelder teilweise gedimmt

< Foyer

Recessed ceiling panels with indirect lighting; coffered ceiling
lighting of all elements

Some of the coffered ceiling segments dimmed or switched off

Some of the coffered ceiling segments dimmed

< Foyer

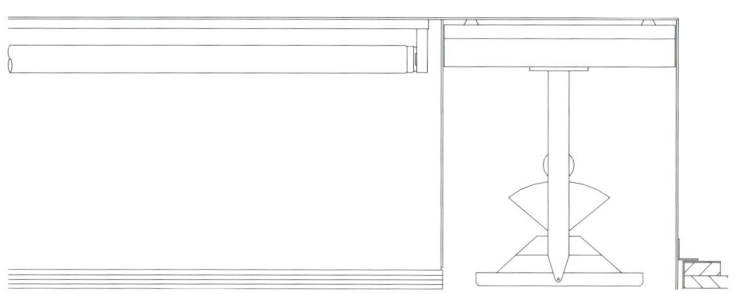

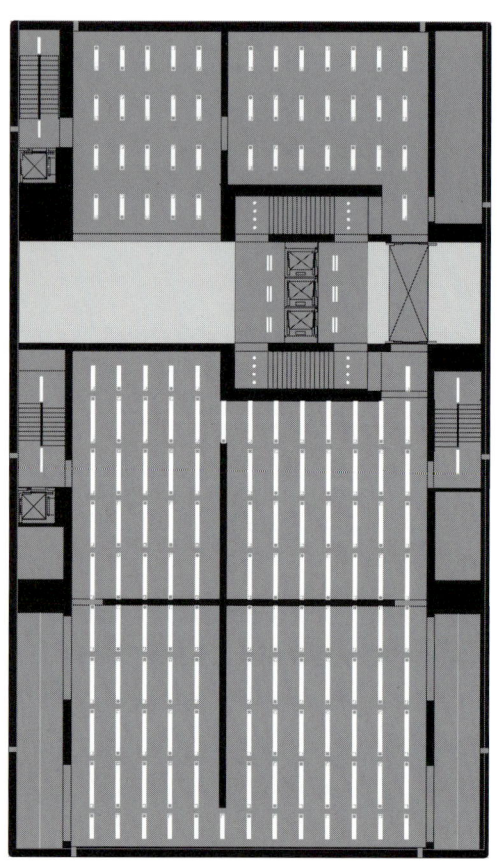

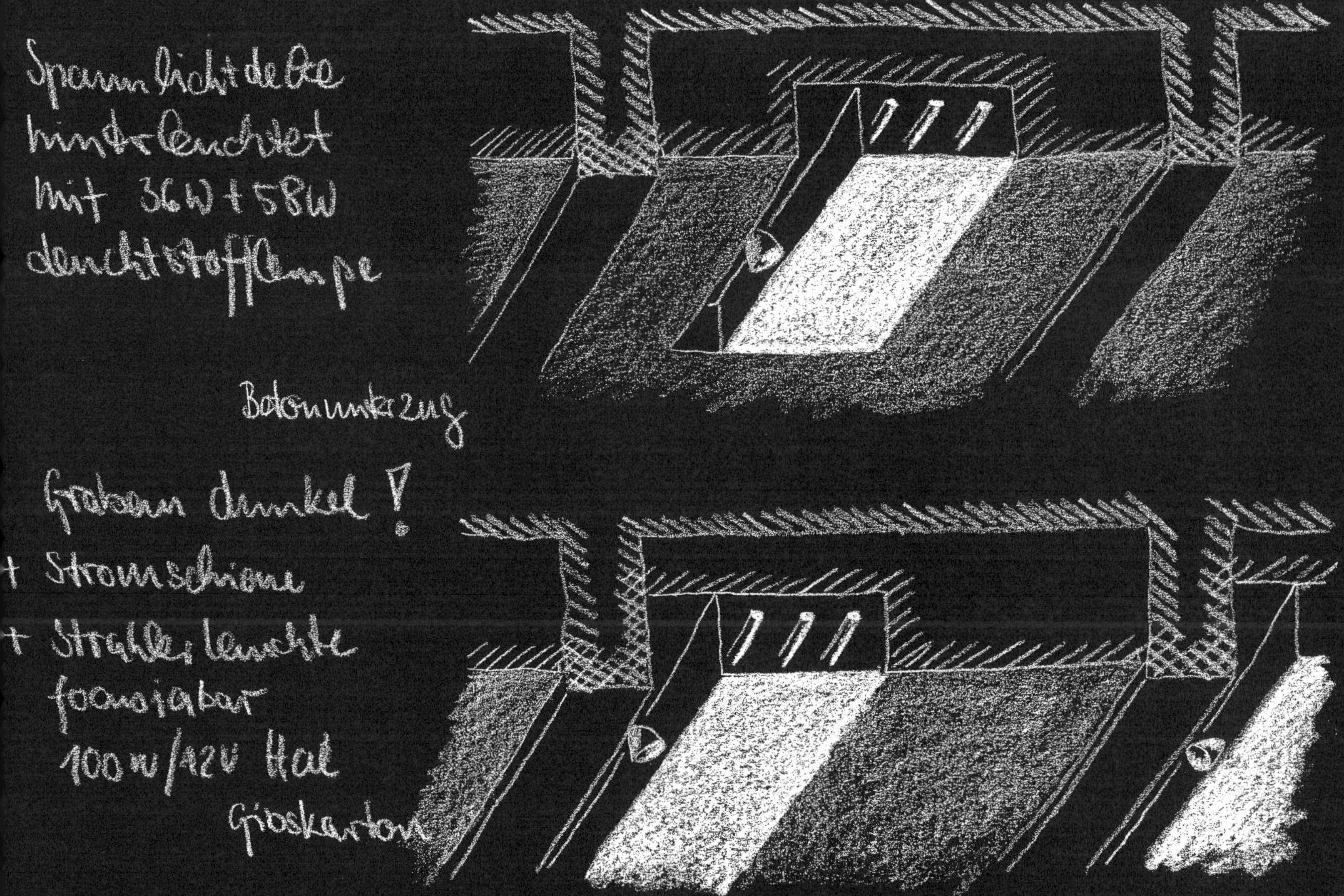

Spannlichtdecke
hinterleuchtet
mit 36W + 58W
Leuchtstofflampe

Betonunterzug

grobkörn dunkel!

+ Stromschiene

+ Strahlerleuchte
fokussierbar
100W/12V Hal

Gipskarton

Sichtbare Unterzüge aus Beton mit bündigen Gipskartondecken bestimmen die Deckenuntersichten in den Ausstellungsbereichen. Wie selbstverständlich eingeschnitten wirken die rechteckförmigen, diffus abstrahlenden Leuchten mit dicken, satinierten Glasblockscheiben, die einseitig Strahlerleuchtenelemente aufnehmen. Durch die proportionale Stimmigkeit des Lichtes und das große Volumen erhalten die Räume eine visuelle Weitung. Dabei reihen sich die Leuchten diszipliniert in die absolut dekorlose strenge Graphik der raumbegrenzenden Flächen ein. Hier wurde ein recht einmaliger Schritt in der europäischen Museumslandschaft vollzogen. Die versenkten Strahlerleuchten können mittels einer Fernbedienung oder einem PC motorisch gedreht, geschwenkt, fokussiert und gedimmt werden. Dies bedeutet Flexibilität in hohem Maße – angemessen an sich stetig wandelnden Ausstellungsereignissen und vielleicht noch nicht vorhersehbaren Anforderungen im Hinblick auf die Kunst des 21. Jahrhunderts.

< Deckenspiegel Regelgeschoss, Detail

< Ausstellungsraum

Exposed concrete beams and flush plasterboard ceilings determine the soffits in the exhibition areas. The diffuse lighting provided by rectangular lights of thick, opaque blocks of glass that contain broad-beam lighting elements on one side seem to have been incised as a matter of course. The proportional coherence of light and the large volume create the impression of greater space. The lights are subordinated to the plain, austere design of the areas bounding the space. A quite unusual step in the European museum landscape has taken place here. The sunken spotlights can be turned, swivelled, focused or dimmed by means of a remote control or a PC. The result is a high degree of flexibility that is able to do justice to an ever-changing sequence of exhibitions and requirements posed by 21st century art in forms that cannot yet be foreseen.

< Ceiling panels, standard storey, detail

< Exhibition room

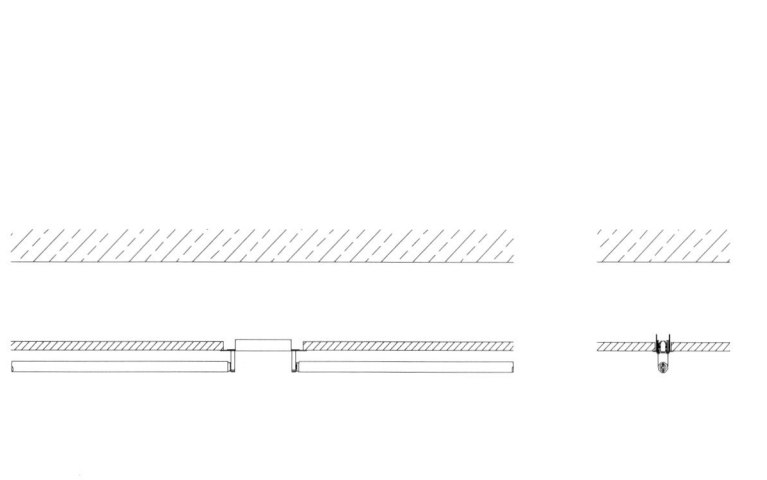

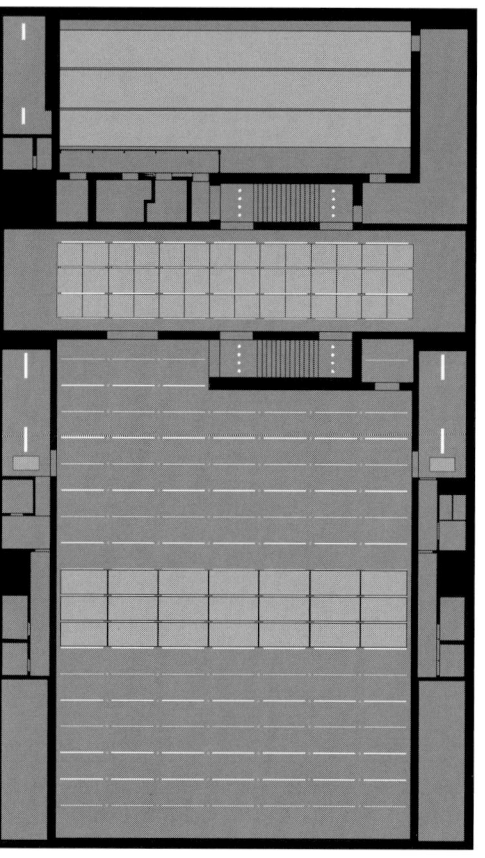

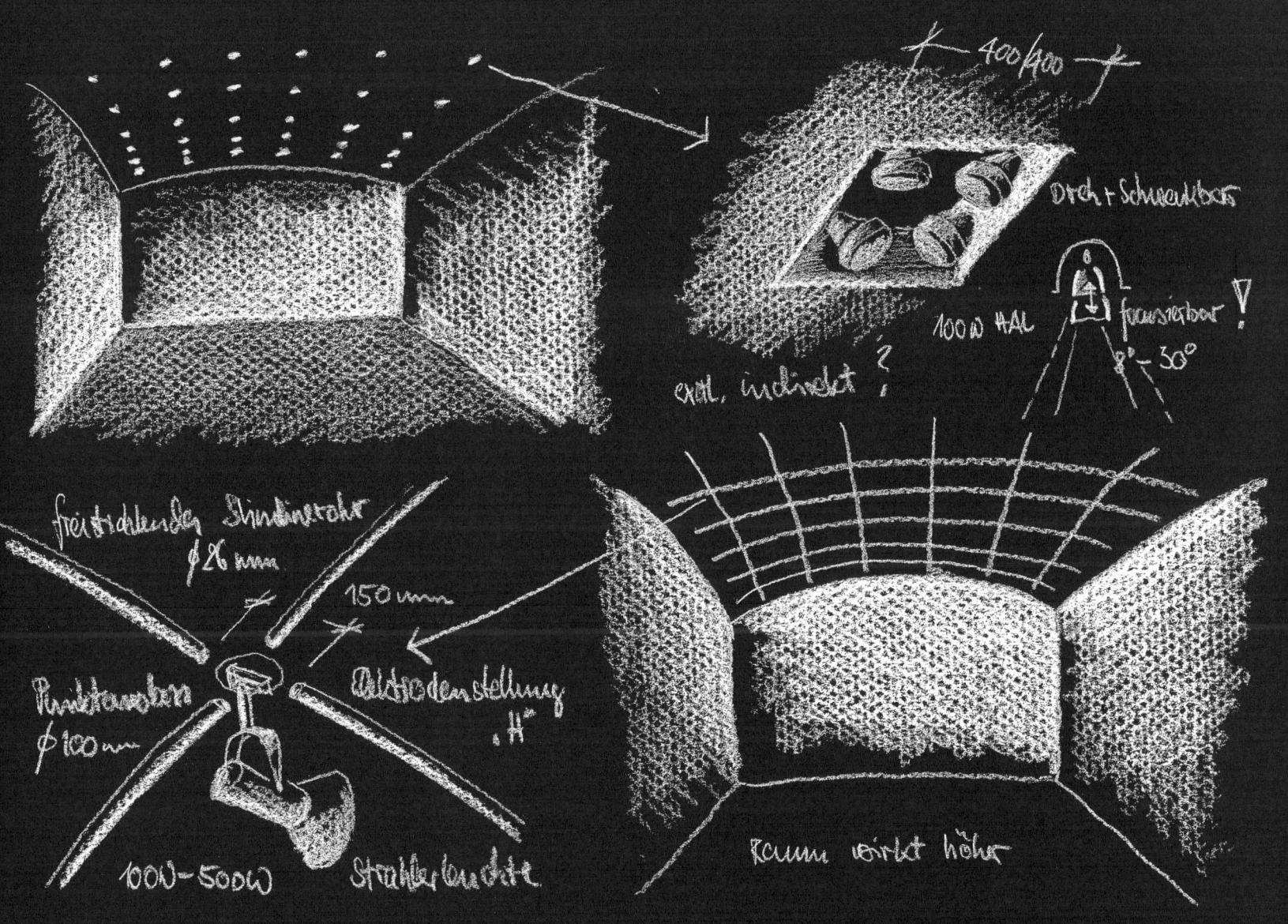

Der Ausstellungsraum unter dem gewölbten Dach trägt ein feingliedriges Skelett aus gebogenen Slimline-Röhren, die der Deckenkontur folgen. Eine archaische Lichtsprache, die sich auf das Wesentliche reduziert und ein räumliches Statement in Verbindung zu den eingeschnittenen horizontalen Tageslichtöffnungen schafft. Ein minimalistisches Lichtkonzept, das zur visuellen Raumästhetik beiträgt.

< Deckenspiegel Obergeschoss (Gewölberaum), Detail

< Ausstellungsebene; gewölbte Decke mit freistrahlenden Slimline-Röhren

The exhibition room under the vaulted roof has a slender skeleton of curved slimline tubes that trace the contours of the ceiling. An archaic lighting language that concentrates on the essential and creates a spatial statement in combination with the incised horizontal daylight openings. A minimalistic lighting concept that also contributes to the visual spatial aesthetic.

< Ceiling panels, upper storey (vaulted room), detail

< Exhibition level, vaulted ceiling with slimline tubes

Leopold Museum

Ortner & Ortner, Wien

Das Leopold Museum wird durch ein aristokratisch wirkendes Ambiente geprägt. Weite Fenster- und horizontale Tageslichtöffnungen im Obergeschoss schaffen Ausblicke und Bezug zum Außenraum, ohne die strengen, klassischen Raumfolgen zu stören. Die Räume wirken erhaben; die Wände und Decken in den Foyerbereichen und Verkehrswegen sowie die Fassaden sind mit bulgarischem Muschelkalk verkleidet – das Licht interpretiert hier das feine Material. Die Leuchten finden harmonisierte Plätze im Zusammenspiel mit den Innenraumgeometrien.

The Leopold Museum is characterized by an ambience that is aristocratic in its effect. Wide windows and daylight openings in the upper storey provide views of and a relationship to the outside space, without disrupting the austere, classical spatial sequences. The effect of the rooms is noble: the walls and ceilings in the foyer and access areas, and the façades are clad with Bulgarian shelly limestone – the fine material is given interpretation by the light. The lights are in harmony with the internal proportions.

Außenansicht, Leopold Museum

> Atrium mit Tageslichtshed

> Atrium mit Blick in die Ausstellungsräume

Outside view, Leopold Museum

> Atrium with daylight shed

> Atrium with view of the exhibition rooms

Dass Licht und Architektur eine untrennbare Einheit bilden, zeigt sich in der angestrebten Detailsprache. Jede formal eigenständig zu Tage tretende Leuchte stört den Raumeindruck und nicht minder seine Funktion. Daher zeigt sich das Leuchtendesign nicht als eigenständige, von Raum und der Funktion des Gebäudes losgelöste Angelegenheit – vielmehr wurde ein kongeniales Gestalten im Kontext mit der Architektur angestrebt. Funktional und gestalterisch optimierte Leuchten wurden in das baulich-räumliche Konzept hineinkomponiert. Es ist wichtig, dass die Augen auch bei näherem Hinsehen Neues entdecken und damit das Detail haften bleibt und in der Erinnerung einen Zusammenhang mit dem Bau behält.

The language of detail planning shows that light and architecture are indivisible. Every light that has an existence of its own disrupts the spatial impression and no less its function. Therefore, the lighting design does not present itself as being an end in itself, without any reference to the space or function of the building – instead, the intention is a congenial design in the context of the architecture. Lights that were optimal both in their function and design became an integral part of the structural and spatial concept. What matters is that the beholder discovers something new when he looks more closely, so that detail is remembered and in retrospect retains a context to the building.

Aufzugsturm

< Haupttreppenhaus mit eingeschnittenen Lichtschlitzen

Lift tower

< Main stairwell with incised light slits

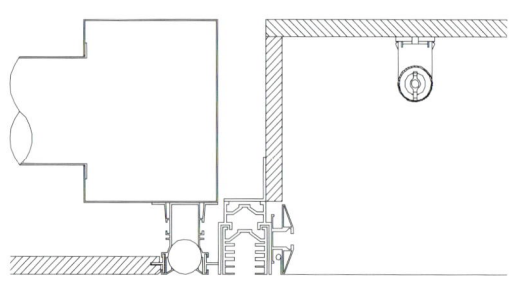

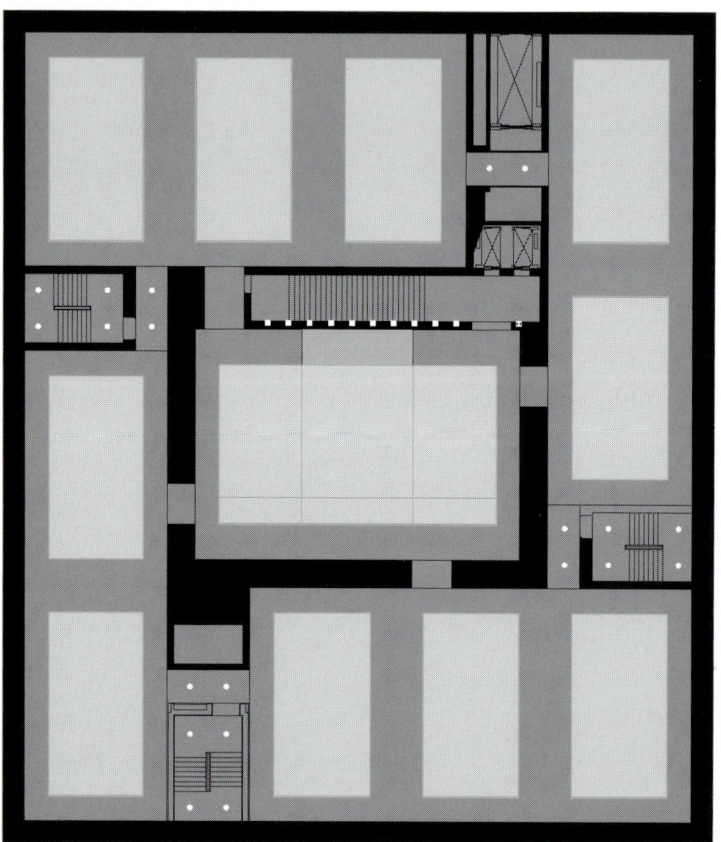

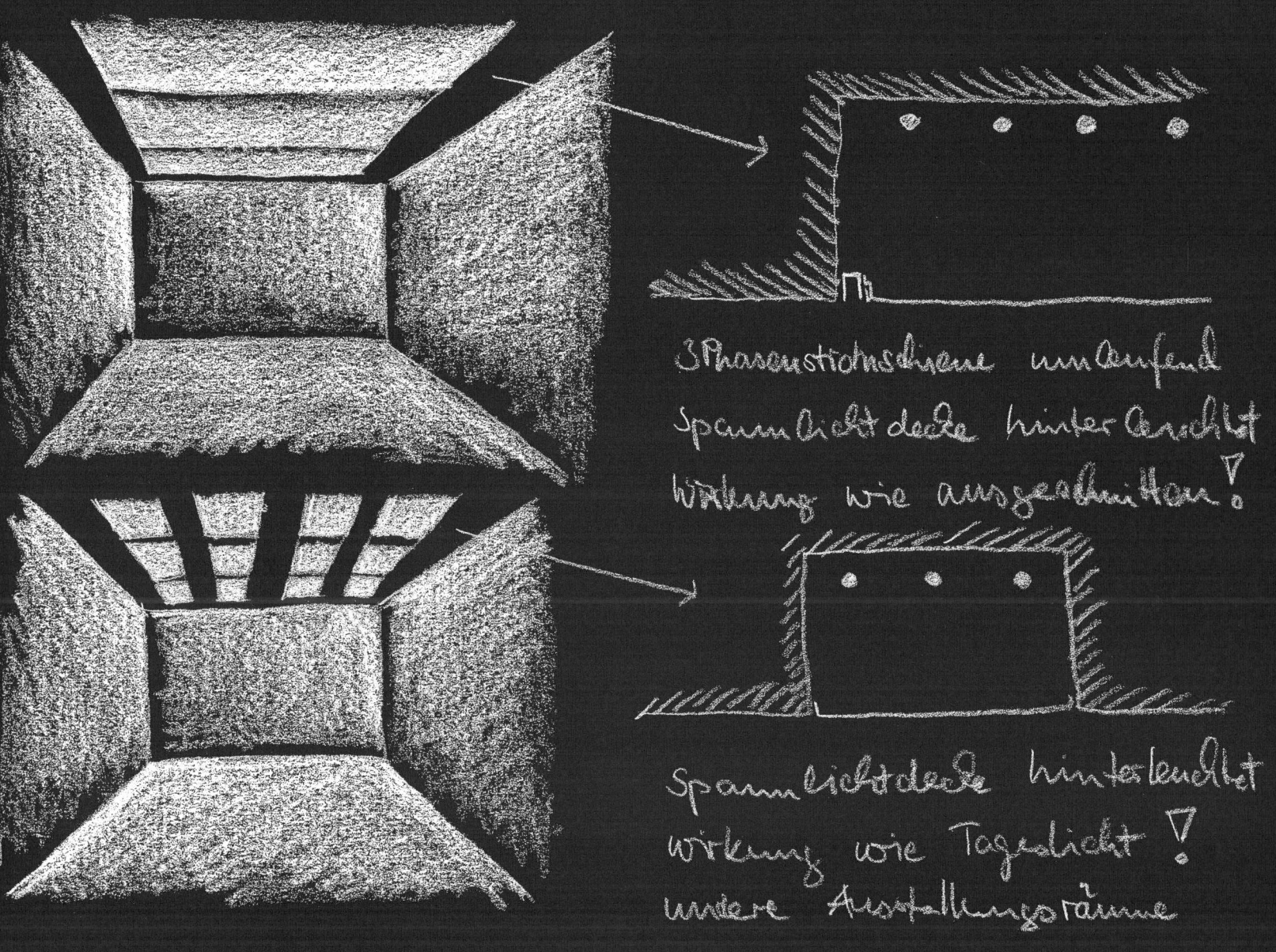

3Phasenstromschiene umlaufend
spannlichtdecke hinterleuchtet
Wirkung wie ausgeschnitten!

Spannlichtdecke hinterleuchtet
Wirkung wie Tageslicht!
untere Ausstellungsräume

Für die Ausstellungsbereiche in den tageslichtlosen Unterge-
schossen des Leopold Museums wurde ein subtiles Lichtthema
gewählt. Großflächige, hinterleuchtete Leichtdecken aus einem
Spannmaterial schaffen imaginäre, weite Raumeindrücke. Es
entsteht die raumprägende Assoziation von sehr hellen, zenit-
lichtgespeisten Oberlichtflächen.

< Deckenspiegel Ausstellung Untergeschoss, Detail

< Ausstellungsebene; räumliche Detailausschnitte mit
hinterleuchteter Leichtdecke

A subtle lighting theme was chosen for the subterranean floors
of the Leopold Museum that are lit entirely artificially. Extensive,
backlit lightweight ceilings made of a stretch material create
imaginative, spacious impressions. The effect created is that of
very brilliant upper lighting in the form of areas of zenith lights.

< Ceiling panels of the basement exhibition area, detail

< Exhibition level, spatial details with backlit lightweight
ceiling

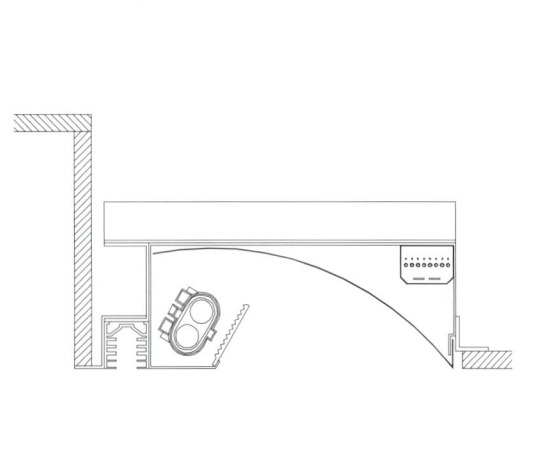

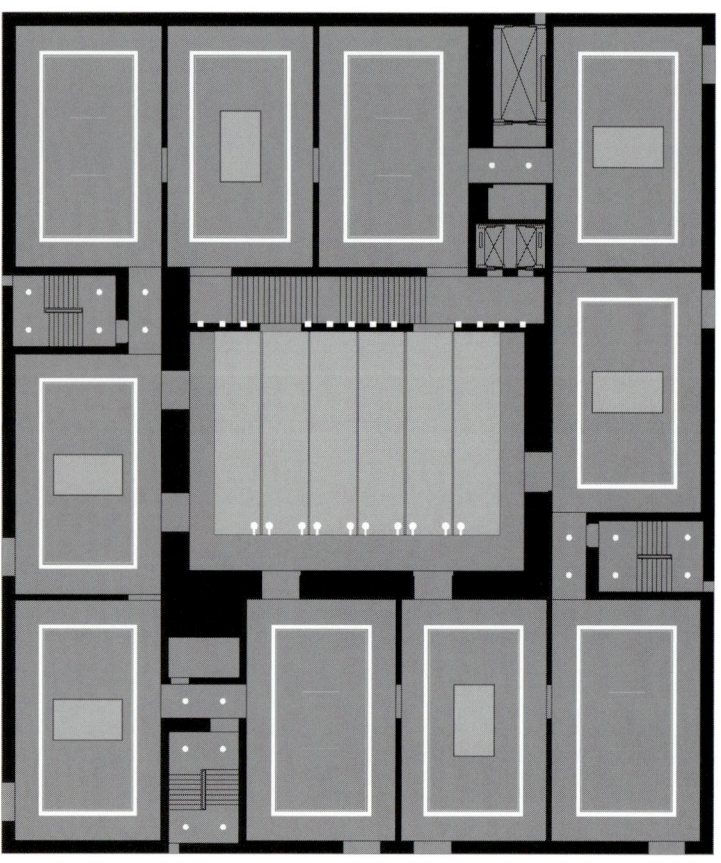

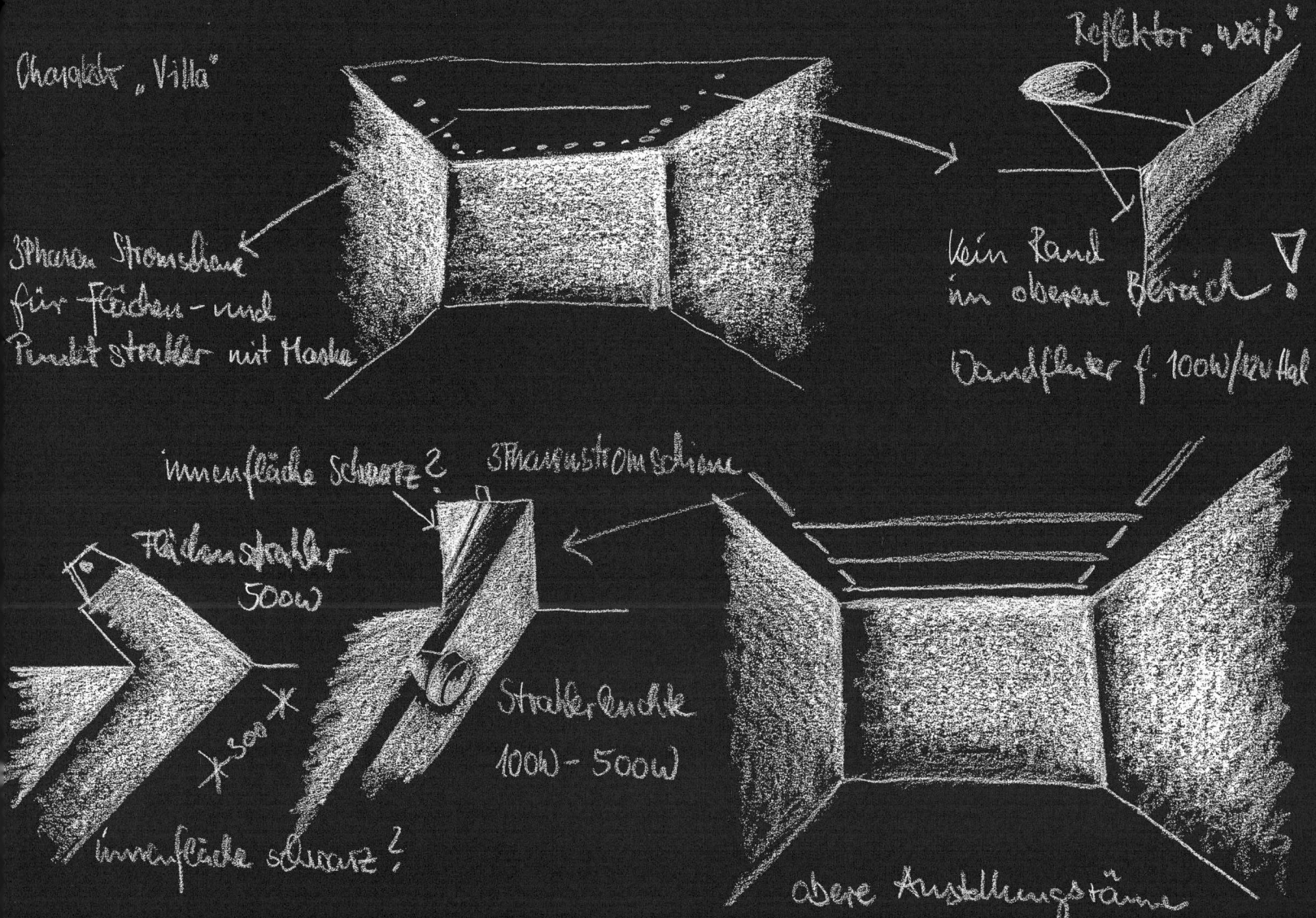

Charakter „Villa"

Reflektor „weiß"

3Pharen Stromschiene
für Flächen- und
Punkt strahler mit Maske

Kein Rand
im oberen Bereich!

Wandfluter f. 100W/12V Hal

innenfläche schwarz?

3Phasenstromschiene

Flächenstrahler
500W

Innenfläche schwarz?

x 30°

Strahlerleuchte
100W - 500W

obere Ausstellungsräume

Abgestimmt auf die Raumgeometrien sind in den Ausstellungs-bereichen der Obergeschosse rechteckförmige Wandfluter-elemente, die von 3-Phasen-Stromschienen begleitet werden, in die Deckenflächen integriert. Durch die gleichmäßige, schatten-freie vertikale Ausleuchtung der Wände erlebt der Besucher stark ausformulierte architektonische Lichträume und deren bestechende Raumproportionen. Die 2-Komponenten-Beleuch-tung, die auch die Adaption von Strahlerleuchten variierender Ausstrahlungswinkel ermöglicht, kann für eine akzentuierte Beleuchtung genutzt werden und schafft Raum für unterschied-liche Ausstellungsphilosophien. Durch die stufenlose Regelung der Wandfluter werden atmosphärisch bestimmende Raum-qualitäten erreicht.

Rectangular wall-streaming lights, based on three-phase conductor rails, are integrated in the ceilings of the upper exhibition areas in a way which is co-ordinated to the spatial proportions. The even, shadow-free, vertical lighting of the walls enables visitors to experience powerful architectural lighting spaces and their impressive spatial proportions. The two-component lighting also enabling the adapation of spot-lights with different angles of light can be used to highlight and creates space for varying exhibition philosophies. The wall streaming lights that are infinitely variable create atmospheric spatial qualities.

< Regelgeschoss Ausstellungsbereich, Detail

< Full storey of the exhibition area, detail

< Ausstellungsraum mit Wandflutern und Tageslichtshed

< Exhibition room with wall streaming lights and daylight shed

Westfälisches Landesmuseum für Kunst- und Kulturgeschichte, Münster

Landschaftsverband Westfalen-Lippe, Münster · 1997

Aufgrund eines Wettbewerbverfahrens wurde im Jahr 1902 der Architekt Hermann Schaedtler aus Hannover von der Stadt Münster mit dem Bau des „Landesmuseums für die Provinz Westfalen" beauftragt. Das Konzept des Architekten ging von einem glasüberdeckten, reich dekorierten, von Baumberger Sandstein geprägten Lichthof aus. Um den Lichthof herum gruppierten sich in zwei Ebenen Kreuzgänge, an die sich alle weiteren anschlossen. In allen Geschossen waren auch Ausstellungsräume angeordnet. Aber nicht nur im Inneren wurde Geschichte dargestellt, sondern das Gebäude an sich sollte Ausstellungsstück sein. Die vorherrschenden Stile Westfalens, wie Frührenaissance und Spätgotik, prägten die Schmuckgiebel der Fassade. Motive der Giebelhäuser des münsterschen Prinzipalmarktes dienten als Vorlage. „Als einige der wenigen, nach schweren Kriegszerstörungen noch erhaltenen historischen Großbauten am Domplatz und in der Altstadt, kommt dem Museum eine außerordentliche architekturgeschichtliche Bedeutung zu" (Zitat aus der Denkmalliste). Nach der Bauzeit von 1904 bis 1907 konnte das Museum im Frühjahr 1908 eröffnet werden. Der Zweite Weltkrieg veränderte das Erscheinungsbild des Gebäudes wesentlich. Ihm fielen die Giebeltürme und das komplette Dach zum Opfer. Weitere Veränderungen erfuhr der Bau Ende der 60er, Anfang der 70er Jahre. Im Jahr 1993 hat der Landschaftsverband Westfalen-Lippe mit der Planung des Museums, wie es sich heute darstellt, begonnen. Der Altbau wurde als reiner Ausstellungsbau konzipiert. Er wurde in wesentlichen Teilen erneuert und auf den Stand eines zeitgenössischen Museums gebracht.

Following a competition held in 1902, the Hanover-based architect Hermann Schaedtler was commissioned by the city of Münster to design and build the "Regional Museum for the Province of Westphalia". The architect's design was based on a glass-covered, elaborately decorated atrium, its essential being Baumberg sandstone. Intersections on two levels were grouped around the atrium and were the points of departure for all further access. All stories housed exhibition areas. However, it was not only the building's interior that presented history, the building in itself was conceived as an exhibit. The styles predominant in Westphalia, such as early Renaissance, late Gothic, characterised the ornamental gables of the façades. Motifs taken from the gabled houses of the Münster Prinzipalmarkt served as a model. "As one of the few major historical buildings at the Domplatz and old quarter still intact following the serious damage caused by war, the museum has an outstanding place in the history of architecture." (Quotation from the list of protected buildings) Following building work from 1904 to 1907, the museum was opened in the spring of 1908. World War II caused fundamental changes to the building's appearance, destroying the gables and the entire roof. The building underwent further changes at the end of the nineteen sixties and the beginning of the seventies. The Westphalia-Lippe Landscape Association began planning of the museum in its present form in 1993. The original building was conceived entirely as a place to house exhibits. It underwent extensive renewal to enable it to fulfil the standards of a contemporary museum.

104

Treppenhalle

> Treppenhalle mit Blick in den Innenhof

Entrance hall and stairs

> Entrance hall and stairs with a view of the courtyard

Die Baugeschichte des denkmalgeschützten Gebäudes und die städtebauliche Lage am Domplatz stellten für die Bauaufgabe eine besondere Herausforderung dar. Der imposante Lichthof, der in zwei Ebenen durch Kreuzgänge begleitet wird, variiert in seiner räumlichen Darstellung, die im Wesentlichen von der Lichtregie bestimmt wird. Zum einen ist es das Tageslicht, das durch Sonnenschutzlamellen reguliert werden kann und den Raum durchflutet. Zum anderen ist es das gleichmäßig hinterleuchtete Glasdach, das den Raum in eine kühle, unparteiische Atmosphäre taucht. Tief- oder breitstrahlende Doppelfokusleuchten schaffen eine einprägsame Raumdramaturgie, die auf eindrucksvolle Weise die theaterhaft wirkende Kulisse interpretiert. Die raumgestaltende, künstlerische Dimension des Lichtes wurde hier bewusst in den Gestaltungsprozess mit einbezogen. Die klassischen Ausstellungsräume stellen sich als „Lichträume" dar. Asymmetrisch ausgebildete Wandfluter erhellen die Wandflächen und sorgen für ein ausgewogenes Beleuchtungsniveau, in dem die Kunstwerke einen adäquaten Platz finden.

The history of the listed building and its urban setting at the Domplatz presented a special challenge. The imposing atrium, which has intersecting corridors on two levels, is differentiated spatially in a way which is essentially determined by the way light is used. This is, on the one hand, daylight that can be regulated by adjustable sunblinds and is capable of flooding the area with light. On the other hand, this is the evenly backlit glass roof that bathes the area in a cool, neutral atmosphere. Down or broad double-focus lights create memorable spatial dramaturgy that interprets the stage-like scenery in an impressive manner. The artistic dimension of light that shapes space was deliberately made part of the design process. The classic exhibition areas are presented as "spaces of light". Asymmetrical wall floodlights shed light on the walls and create balanced lighting that does justice to the works on display.

107

Innenhof; diffuse flächige Hinterleuchtung des gewölbten Glasdaches und Zuschaltung der Doppelfokusleuchten

Innenhof; diffuse flächige Hinterleuchtung des gewölbten Glasdaches

< Innenhof dramatisch inszeniert mit tief/breitstrahlenden Doppelfokusleuchten

Inner courtyard, diffuse and extensive backlighting of the vaulted glass roof, with the addition of double-focus lights

Inner courtyard, diffuse and extensive backlighting of the vaulted glass roof

< Dramatic staging of the courtyard with down or broad double-focus lights

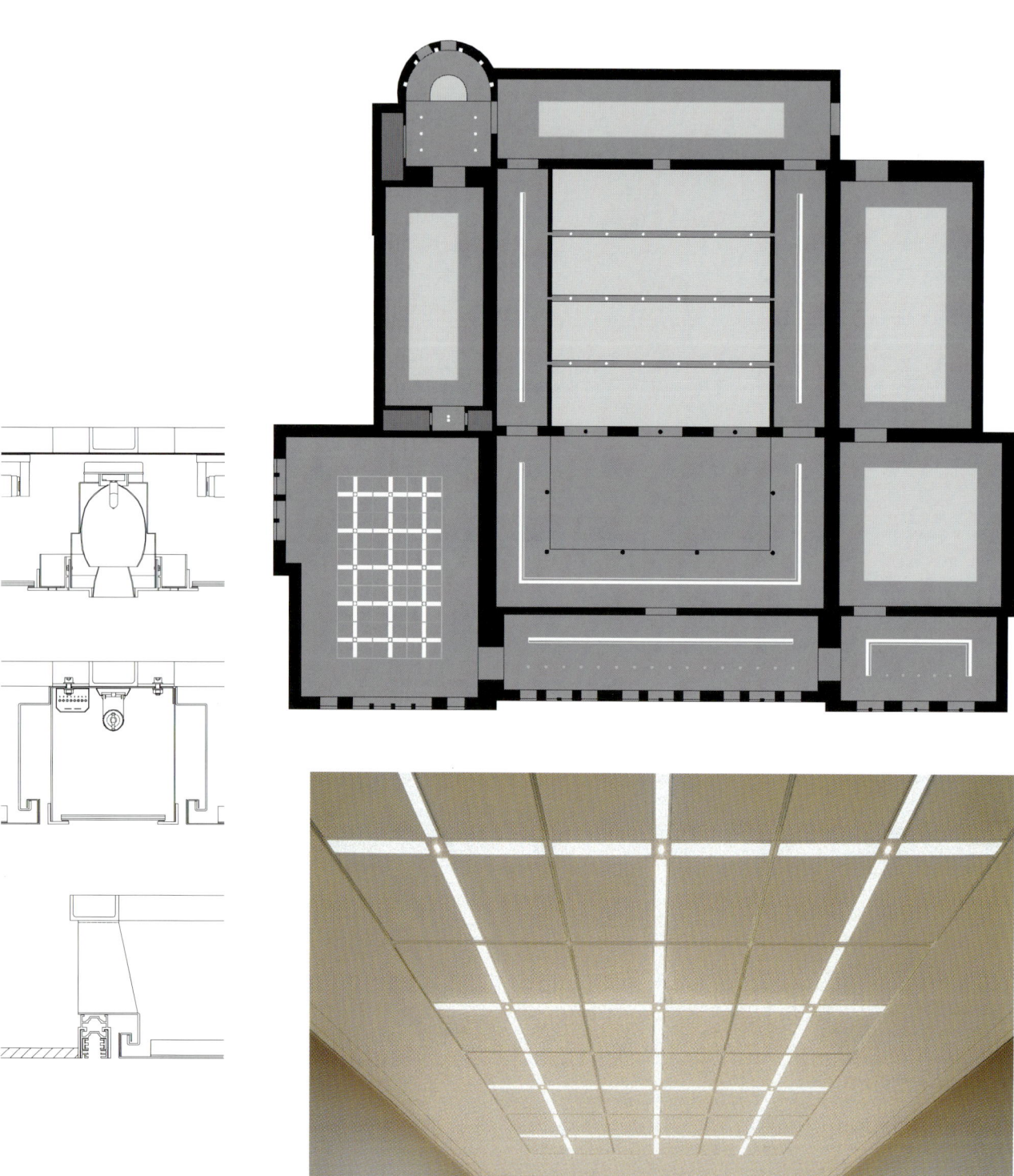

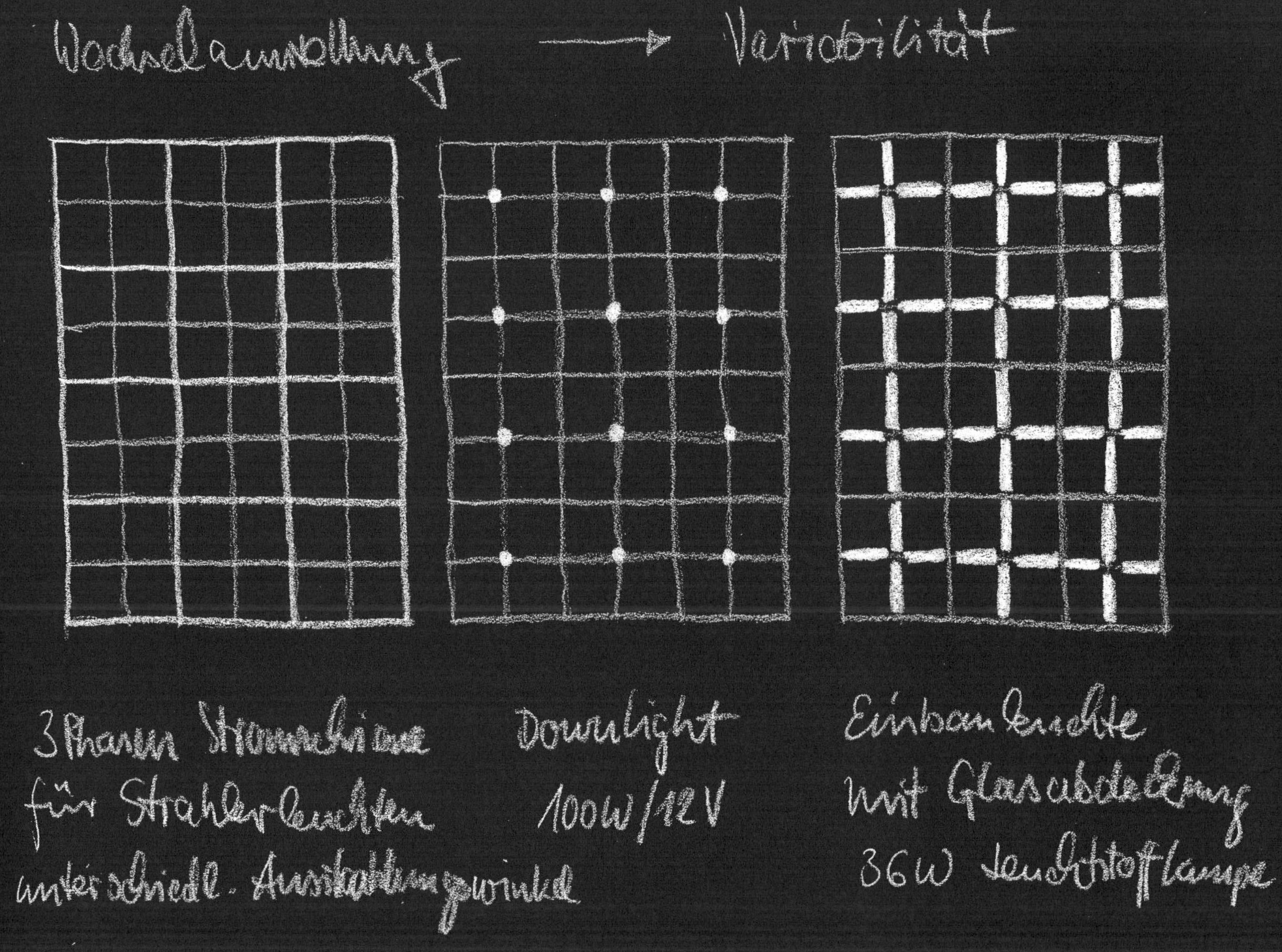

Wechselausstellung ——→ Variabilität

3 Phasen Stromschiene
für Strahlerleuchten
unterschiedl. Ausstrahlungswinkel

Downlight
100W/12 V

Einbauleuchte
mit Glasabdeckung
36 W Leuchtstofflampe

Mit Blick auf den Domplatz, eingebunden in münsteranische Renaissance, zeigt sich der für Wechselausstellungen konzipierte Raum von besonderer Bedeutung. Ein eigenständiger Raum, der sich durch seine Raumhöhe, Raumproportion und die Nutzungsanforderungen deutlich von den übrigen Museumsräumen unterscheidet. Ein diffuses Allgemeinlicht wird durch schmale Lichtbänder, die die Decke durchweben, geschaffen. Niedervolt-Doppelfokusleuchten erzeugen eine stimmungsvolle Raumatmosphäre – Kunstobjekte erhalten ausgewählte Lichtakzente.

< Deckenspiegel Obergeschoss, Detail

< Wechselausstellung mit schmalen opalen Lichtlinien; Niedervolt-Doppelfokusleuchten und 3-Phasen-Stromschienen

A feature of central significance is the space designed to house temporary exhibitions. This space, forming part of the Münster Renaissance and with a view of the Domplatz, is an independent area that stands apart from the other museum rooms in terms of its height, proportions and requirements. Diffuse general lighting is created through the narrow bands of light that are interwoven across the ceiling. Low-volt double-focus lights produce a congenial spatial atmosphere – art objects are highlighted by individual lighting.

< Ceiling panels, upper storey, detail

< Temporary exhibition with narrow, opalescent light lines; low-volt double-focus lights and three-phase conductor rails

Stadtmuseum Düsseldorf

Niklaus Fritschi, Düsseldorf · 1991

Das Stadtmuseum liegt in einem der historischen Bereiche der Düsseldorfer Innenstadt an der großräumigen Park-landschaft des Spee'schen Grabens. Ein transluzenter Baukörper mit dem Haupttreppenhaus bildet das Gelenk zwischen dem denkmalgeschützten bestehenden Museumsbau und dem Neubau und dient der Erschließung des gesamten Museums. Freistrahlende Leuchtstofflampen klettern an der Vertikalversprossung der Glasfassade oder bilden einen Licht-stern um die zentrische Raumstütze. Die Darstellung des Raumes erzählt von der materielosen Leichtigkeit des Lichtes und bildet gleichermaßen ein Spannungsfeld zwischen dem historischen und dem postmodernen Gebäude-ensemble. In den Ausstellungsräumen präsentiert das Stadtmuseum in aller Vielfalt die kulturgeschichtliche Entwick-lung der Stadt; es mischt sich hier Kunsthandwerk in Kombination mit bildnerischen, epochalen Darstellungen in Form von Gemälden, Fotoaufnahmen und gegenständlichen Dingen. Zu einem Großteil geht die Sammlung auf großzügige Schenkungen des Prinzen Georg von Preußen, der auch der offizielle Protektor des Museums war, zurück.

The Stadtmuseum is located in one of the historical parts of the Düsseldorf city centre adjacent to the extensive park landscape of the Spee valley. A translucent volume containing the main stairwell forms the hinge between the existing museum building, which is listed, and the new building, and provides access to the entire museum complex. Bare fluorescent lights climb along the mullions of the glass façade and form a star of light around the centric support. The space tells of the immaterial quality of light and forms, as it were, a dichotomy between the historical and the postmodern building ensemble. The exhibition areas of the Stadtmuseum present the wide diversity of the city's cultural history. Crafts are displayed alongside temporary exhibitions of works of art in the form of paintings, photographs and artefacts. The majority of the collection is made up of generous donations by Prince George of Prussia, who was also the official patron of the museum.

110

Transluzenter Baukörper als Gelenk zwischen dem Alt- und dem Neubau mit Haupttreppenhaus. Freistrahlende Leuchtstofflampen an den Vertikalsprossen der Fassaden entmaterialisieren die Raumstruktur.

> Zentrische Stütze im Haupttreppenhaus mit puristischem „Lichtstern" aus freistrahlenden Leuchtstofflampen

Translucent volume as a hinge between the old building and the new building with the main stairwell. Bare fluorescent lights placed on the mullions of the façades dematerialize the spatial structure.

> Centric support in the main stairwell with a puristic "star of light" of bare fluorescent lights

Der zweigeschossige schmale, hohe „Lichtdom" bildet einen architektonischen Höhepunkt in der Museumslandschaft. Indirektes Licht zeichnet die kreuzförmige Binderkonstruktion, welche die vier Tageslichtsheds zoniert, raumprägend nach. Tief/engstrahlende Downlighter bestimmen die ausgesprochene Vertikalität des Raumes. Eher unorthodox einge-streute Leuchten öffnen mit visuell wahrnehmbaren Lichtkonzentrationen dem Besucher die Foyerbereiche. Unberührt erscheint die glatt gestuckte, gewölbte Decke mit einem zentrisch erhabenen Deckenrücksprung im Veranstaltungssaal. Lediglich der erhöhte Raumbereich erhält eine ausdrucksstarke flächige Ausleuchtung über versteckt integriertes, indirekt abstrahlendes Halogenlicht.

The two-storey, narrow, high "Cathedral of light" forms an architectural highlight in the museum landscape. Indirect light traces the cruciform truss-beam structure that divides it into four daylight sheds. Low, narrow-beam downlighters give definition to the pronounced vertical nature of the space. Lights placed in a somewhat unorthodox arrangement but with clear concentration of light invite the visitor to experience the foyer areas. The vaulted ceiling with its plain stucco and a centric recessed ceiling in the events hall remains untouched. Only the heightened area has been given expressive, extensive illumination by means of concealed, integrated, indirect halogen light.

Blick von der Galerie in den Lichtdom

„Lichtdom" mit zentrischen engstrahlenden Downlightern

Veranstaltungssaal; erhöhter Raumbereich mit ausdrucksstarker indirekter Ausleuchtung

< „Lichtdom" mit Tageslichtshed

View of the cathedral of light from the gallery

"Cathedral of light" with centric, narrow-beam downlighters

Events hall; heightened area with bold, indirect illumination

< "Cathedral of light" with daylight shed

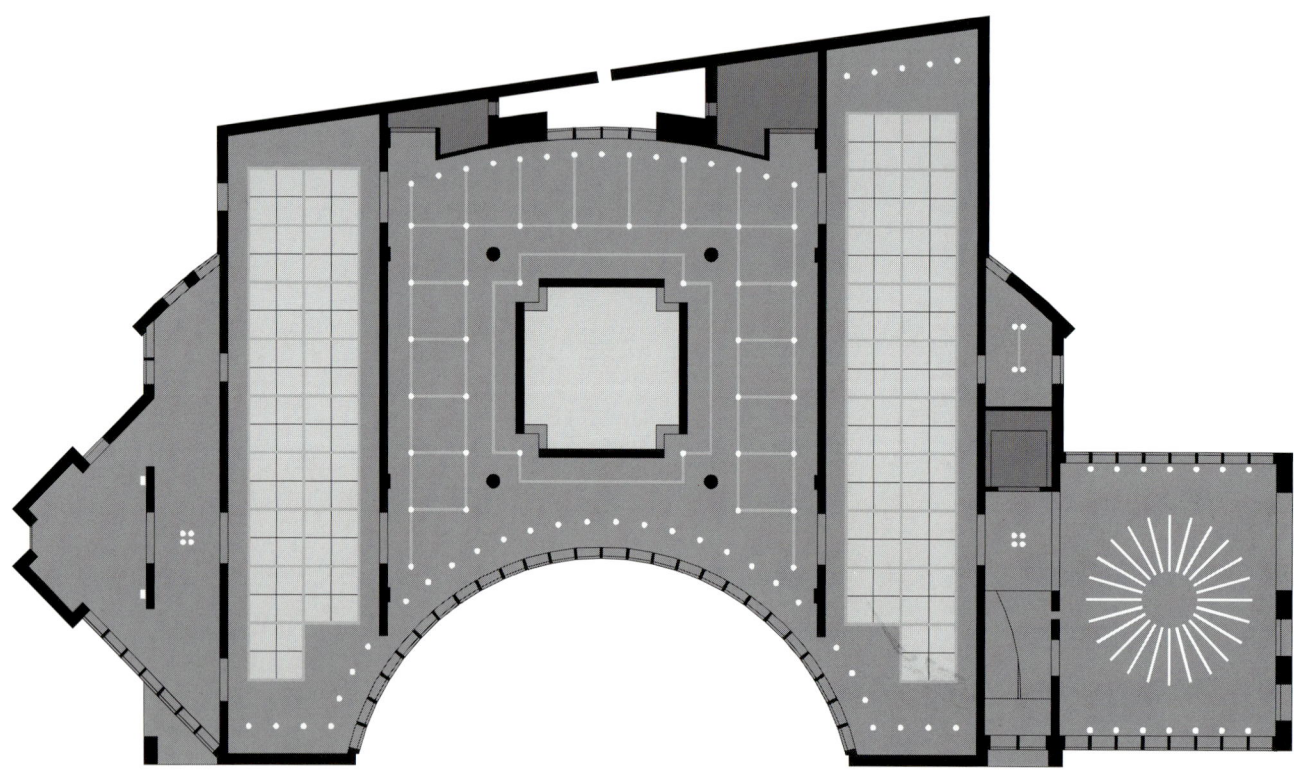

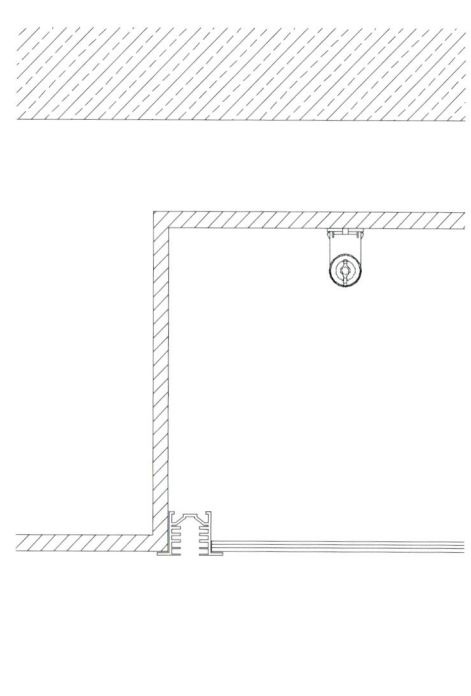

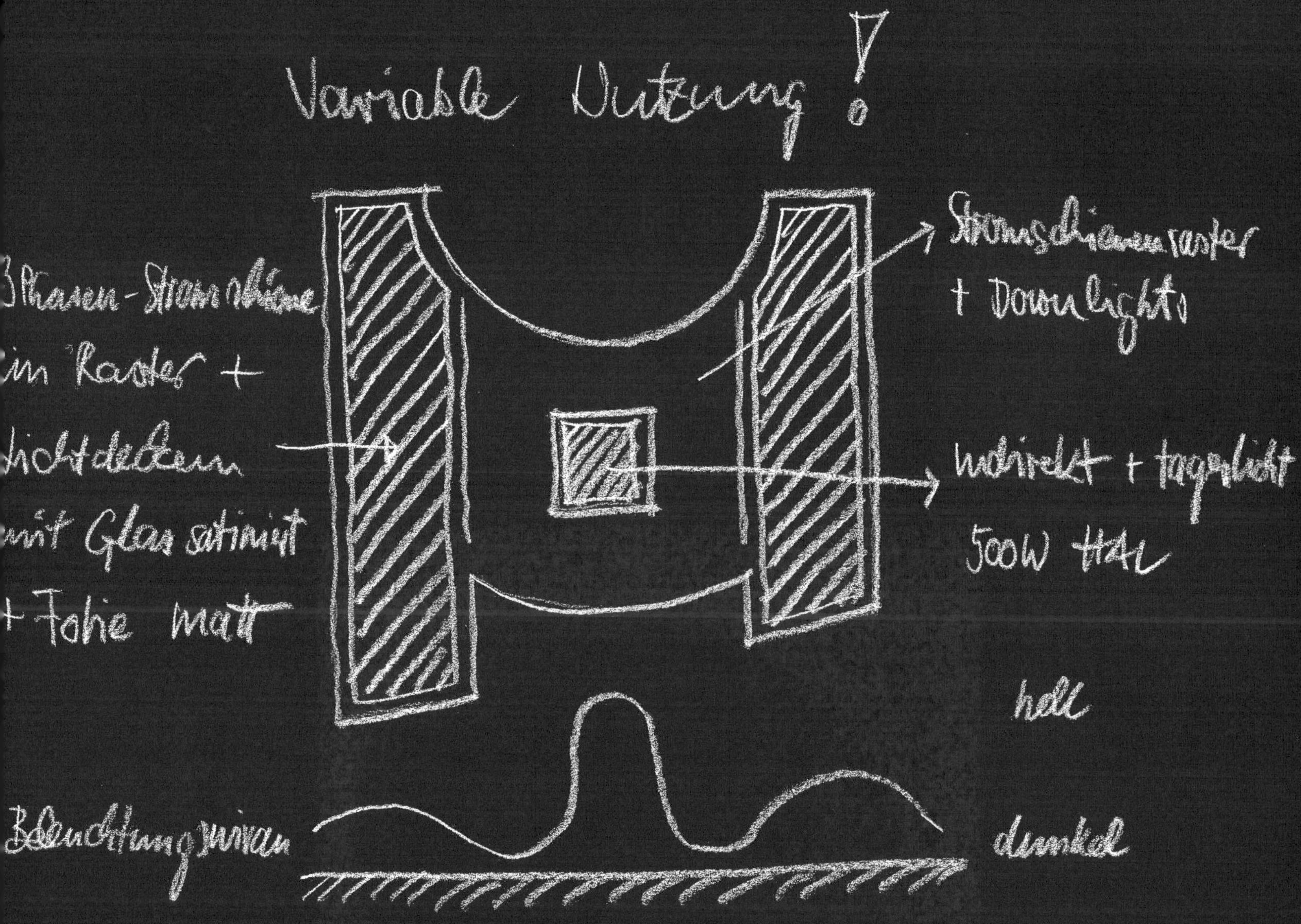

Variable Nutzung!

3 Phasen-Stromschiene
im Raster +
Lichtdecken
mit Glas satiniert
+ Folie matt

Stromschienenraster
+ Downlights

indirekt + tageslicht
500W HAL

hell

Beleuchtungsniveau

dunkel

Die Räume sind großflächig angelegt, lassen jedoch Teilbarkeiten zu; sie durchdringen sich und münden teilweise in kleinere Einzelräume. Flächig angelegte Lichtdecken dominieren diese Ausstellungsbereiche und erlauben verschiedenartige Möglichkeiten der Expositionen. Hinzu adaptierte Strahlerleuchten setzen Akzente auf den gegenständlichen Objekten.

The areas are spacious, but allow the possibility of partitioning; they interlock and, in part, end in smaller individual areas. Extensive surfaces of light dominate these exhibition areas and permit a variety of presentation forms. Adapted spotlights throw highlights on the objects on exhibit.

< Deckenspiegel Obergeschoss, Detail

< Ausstellungsbereich mit flächigen Lichtdecken

< Ceiling panels, upper storey, detail

< Exhibition area with extensive lighting surfaces

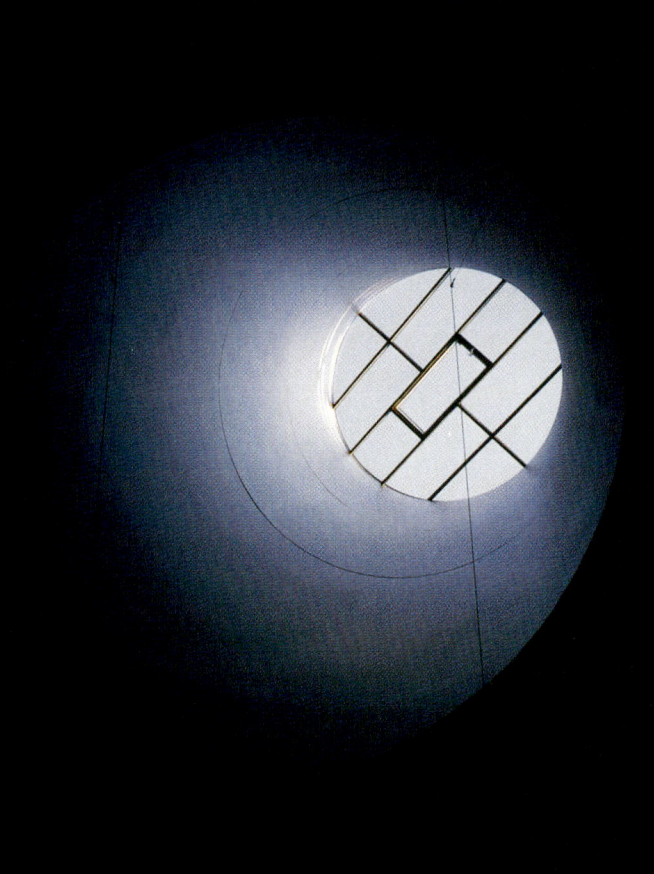

DYNAMIK · DYNAMISM

Showroom Zumtobel Staff, Wien

Hans Hollein, Wien · 1996

Im Frühjahr 1996 wurde in Wien in der Jasomirgottstraße, unweit des Stephansdoms, das repräsentative Zumtobel Staff-Forum eröffnet. Das Unternehmen will mit diesem Forum seine Kompetenz durch die Präsentation von High-Tech- und High-Quality-Produkten darstellen und hervorheben. Das Lichtforum ist ein Informationszentrum für Architekten, Lichtplaner und Bauherren. Mit Veranstaltungen und Ausstellungen werden sowohl kulturell Interessierte als auch Architekturtouristen angesprochen. In einjähriger Bauzeit realisierte der namhafte Wiener Architekt Prof. Hans Hollein ein Ambiente, das dem Anspruch des Bauherrn entspricht – „der Bedeutung des Lichtes für die Architektur eine Architektur für das Licht entgegenzustellen". Die Materialauswahl wurde auch im Hinblick auf die verschiedenen Licht-wirkungen ihrer Oberflächen vorgenommen. Ob Stein, Stahl, Stucco Lustro oder Holz – Hollein ging es darum, „Licht als Funktion, Licht als Erlebnis, Licht als Generator einer Atmosphäre erlebbar zu machen". Licht und Materie sind bei-de im konkreten Raum vorhanden; ihr polares Verhältnis ist für beide existenziell – das eine bringt das andere zum Le-ben. Licht ist das Elixier, mit dem Farben, Konturen und Oberflächen zum Leben erwachen; Licht verleiht den Gegen-ständen ihre Wirklichkeit als Gegenstände, es verbindet Raum und Form. Eine Kette bodenbündiger, zierlicher Lichtpunkte führt den Besucher vom Trottoir in den räumlich schmalen und langgestreckten Eingangsbereich des Forums, der von einer flächig hinterleuchteten Spannlichtdecke als raumweitendes Element begleitet wird.

The prestigious Zumtobel Staff Forum was opened in Jasomirgottstrasse, in the vicinity of St. Stephan's Cathedral, in the spring of 1996. The company sees this as a forum to demonstrate and underline its competence by presenting high-tech and high-quality products. The Light Forum is an information centre for architects, light planners and owners of buil-ding projects. The events and exhibitions address both those interested in culture as well as architecture tourists. In a one-year construction period, the leading Viennese architect Prof. Hans Hollein realized an ambience which fulfilled the expectations of the clients – "to juxtapose the significance of light for architecture with an architecture for light." The choice of materials was made with a view to the differing effects of light on their surfaces. Whether stone, steel, stucco, lustro, or wood, – what mattered to Hollein was "to convey light as a function, light as an experience, light as genera-tor of an atmosphere." Light and matter are both present in physical space; their polar relationship is existential for both – each provides the other with life. Light is the elixir that gives life to colours, contures and surfaces. Light gives objects their reality as objects, it links space and form. A chain of ground-level, delicate points of light guides the visitor from the pavement to the narrow and elongated entrance to the forum; an area traced by an extensive, backlit ceiling that creates a feeling of space.

Blick von der Jasomirgottstraße in den Eingangsbereich

> Präsentation im Obergeschoss

> Eingangsbereich mit schmalen Lichtfugen und einer raumweitenden Spannlichtdecke

>> Hinterleuchtete Spannlichtdecke im Treppenhaus

View from Jasomirgottstrasse of the entrance area

> Presentation on the upper floor

> Entrance area with narrow light joints and a ceiling of light that gives the impression of space

>> Backlit ceiling in the strairwell

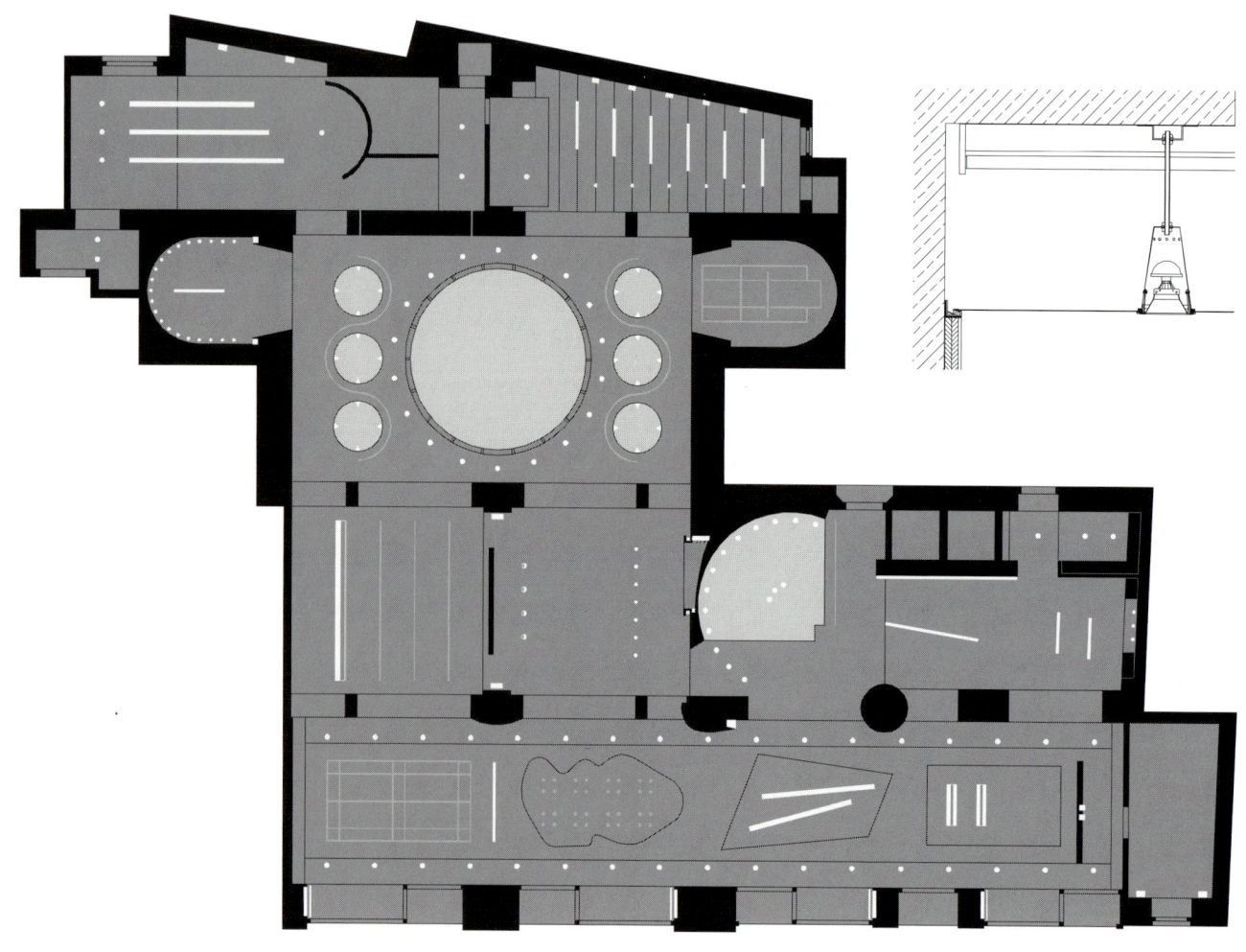

Die Erschließung des eigentlichen Ausstellungsraumes im Obergeschoss erfolgt über eine aufwendig gestaltete Marmortreppe. Dieser Treppenraum wird zum zentralen Erlebnisraum. Ein Lichtspiel aus blauem und weißem Licht, eingesetzt als dynamisches Environment, prägt den gewendelten Treppenraum und schafft eine weit sichtbare Verbindung zum Außenraum. Eine hinterleuchtete Spannlichtdecke projiziert die Wandelbarkeit des sich ständig bewegenden Lichtes. Die Essenz ist die Vermeidung konstruierter Schattenbildung und – je nach Bewegungsablauf – zartblau bis tiefblau leuchtende Wände. Das Licht füllt den Raum, es akzentuiert Kehlen und Friese, es attackiert die scharfe Logik des rechten Winkels und schmiegt sich zugleich in seine klare Ordnung. Eine nicht unbedingt kalkulierbare Größe, die immer wieder Überraschungen bereithält. Man stellt fest, dass sich die Wirkung des Lichtes als „vibrierendes Element" verselbstständigt. Die Farbverläufe werden über computergesteuerte Bewegungsabläufe in Lichtszenarien umgesetzt. Diese verwandeln den Raum in eine bildhafte, inszenierte Welt, die Immaterialität wie Materialität gleichermaßen dokumentiert.

A marble staircase of elaborate design provides access to the actual exhibition rooms on the upper storey. This stair space is of central significance. An interplay of blue and white light, used as a dynamic environment, characterizes the spiral staircase area and creates a conspicuous link to the outside space. A backlit ceiling projects the changeability of light that is in perpetual motion. The essence is to avoid artificial formation of shadows and – depending on the sequence of movement – walls shimmering between pale and deep blue. Light fills the room, it accentuates mouldings and friezes, it challenges the undeniable logic of the right angle and, at the same time, accepts in its clear rules. A not intrinsic element that is always good for surprises. It can be seen that the effect of light as a "vibrating element" takes on a momentum of its own. The colour sequences are translated into light scenarios by means of computer-controlled processes. These scenarios transform the space into an allegorical, staged world that documents both materiality and immateriality.

< Deckenspiegel Obergeschoss, Detail

< Lichtinszenierung im Treppenhaus als dynamisches Envirement im kontinuierlichen Farbspiel von weiß nach blau

< Ceiling panels, upper storey, detail

< Light staged in the stairwell as a dynamic environment in a continuous colour interplay ranging from white to blue

Bürohaus am Barbarossaplatz, Köln
Office Building at Barbarossaplatz

HPP Hentrich – Petschnigg & Partner KG, Köln · 1994

In einem heterogenen städtebaulichen Umfeld in Köln wurde das Bürohaus am Barbarossaplatz von den Architekten HPP als schiffsähnlicher Baukörper entworfen. Eingestellt wurde das Gebäude in einen schmalen Wassergraben an der Trierer Straße, der das „Schiff" eindeutig artikuliert. Unterwasserleuchten, in einem progressiven Verlauf angeordnet, reflektieren Streiflicht auf die technoide, metallische Fassade. Im Kontext zwischen den sich permanent bewegenden Wasserflächen und den Streiflichtern wird die Fassade von gleißenden, spielerischen Effekten begleitet. Die horizontalen Fassadenbrüstungen, die „Reeling" im Bereich des „Schiffbugs" werden durch engbündelnde Lichtstreifen expressiv inszeniert. Der eigentliche Hauptzugang des Gebäudes erfolgt vom Barbarossaplatz über eine eingeschobene Passage in einem bestehenden Gebäudekomplex. Diese Passage, die den Innenhof mit einem wellenförmigen, filigranen Metalldach durchwebt, bildet das so genannte „Rückgrat" des Baukörpers. Bodenintegrierte Leuchten überzeichnen durch ihre Lichtreflexe die schwebende Wirkung des Daches und erzeugen Licht und Schatten auf den begrünten Rankgerüsten.

The office building at Barbarossaplatz, located in heterogeneous urban surroundings in Cologne, was designed as a ship-like volume by the HPP firm of architects. The building was placed in a narrow ditch on Trierer Strasse, giving clear articulation to the "ship". Underwater lights, arranged progressively, throw highlights on the technoid, metallic façade. The combination of the water surfaces in perpetual motion and the lighting highlights create glittering, playful effects on the façade. The horizontal façade balustrades, the "railing" in the area of the "ship's bow" are given expressive staging by highly concentrated strips of light. The actual main entrance to the building is from Barbarossaplatz via a passage inserted into an existing building complex. This passage, which traverses the inner courtyard with a wave-like, filigree metal roof, forms the "backbone" of the volume. Lights integrated into the ground provide light reflexes, heightening the floating effect of the roof and creating light and shade on the trellises covered in climbing plants.

124

Fassade an der Trierer Straße

> Screen mit gesteuertem blauen und weißen Licht mittels Glasfasertechnologie

Façade on Trierer Strasse

> Screen with blue and white light controlled by fibreglass technology

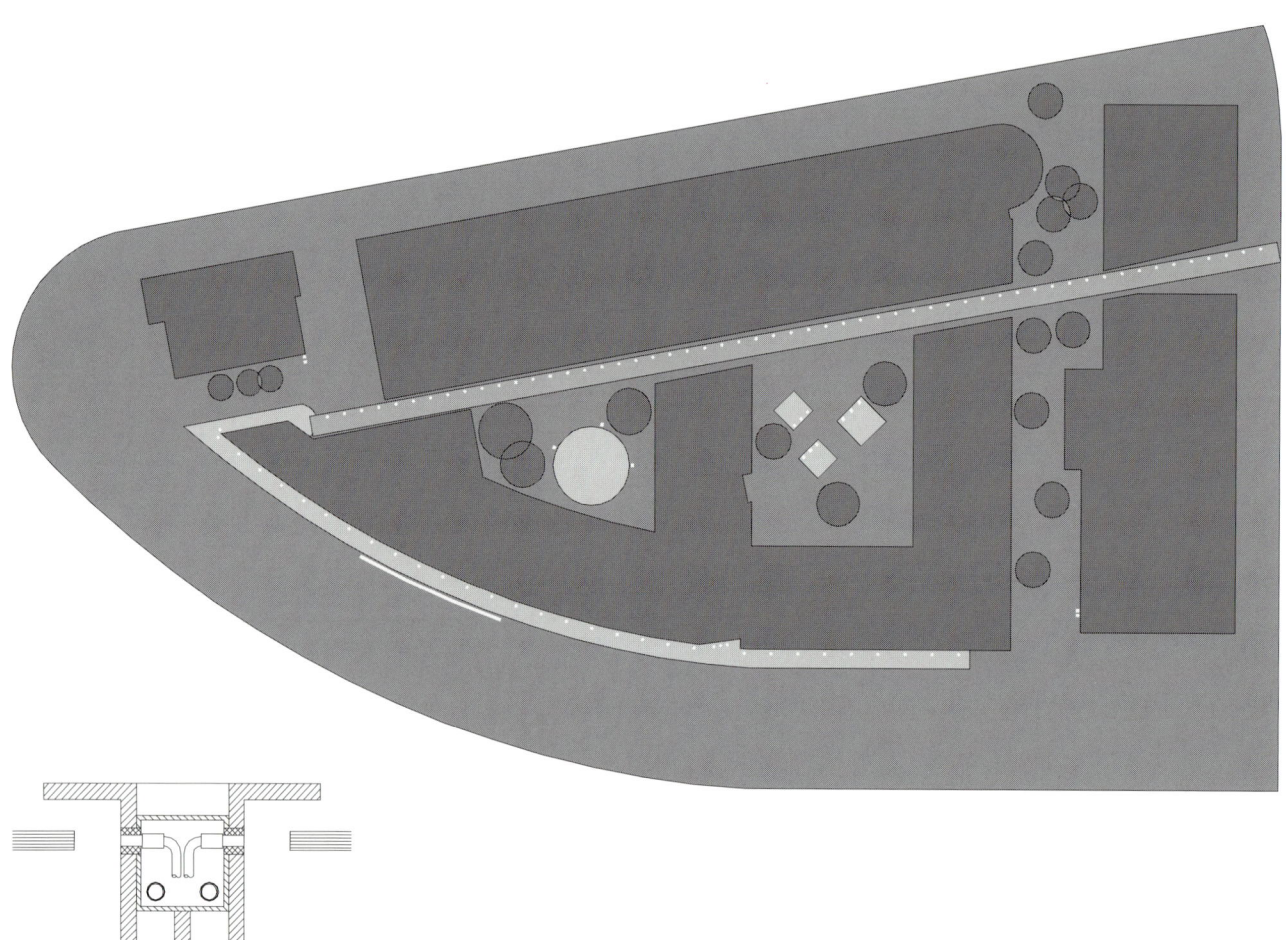

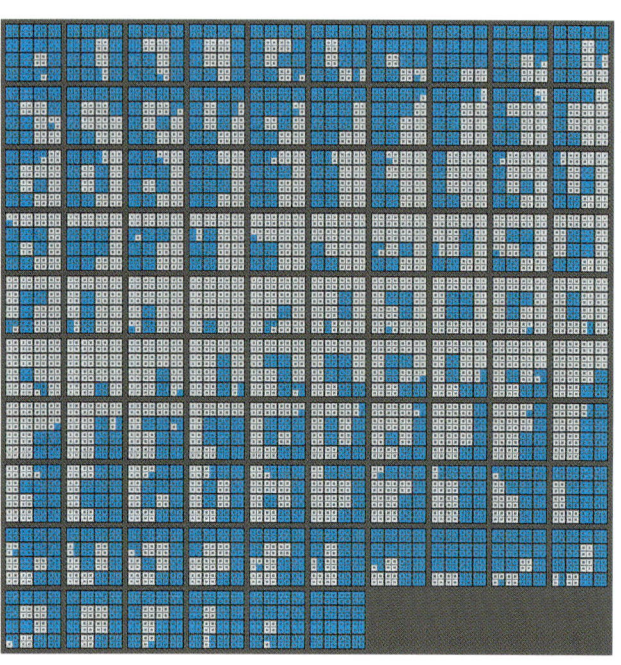

Den Höhepunkt der Fassade bildet ein partiell vorgesetzter 15 m x 15 m großer, aus 16 Einzelelementen bestehender „Glas-Screen", der eine außergewöhnliche lichtarchitektonische Darstellung erfahren sollte. Es entsteht eine Ikone als beschreibendes Moment, nicht im Sinne eines religiösen Objekts, sondern im Sinne einer hierarchischen Beziehung elektrischen Lichtes mit einem aus quadratischen Feldern bestehenden Gefüges, das gefüllt wird mit gezeichnetem Licht – als progressiver, struktureller Beitrag für dieses vibrierende Instrument des „Screens". Mittels Glasfasertechnologie wird das Licht zu minimierten Lichtaustrittsöffnungen geleitet, die jeweils die weiße Halogen-Lichtfarbe und die blaue Farbe streuen. Die mit optischen Linsen versehenen Lichtaustrittselemente mit einer engstrahlenden Brennweite bündeln das Licht auf die satinierten Glaskanten des „Screens". Lichtleitfasern transportieren eingestrahltes Licht nach dem Prinzip der Totalreflexion. Ein frei gewähltes Computerprogramm regelt zwei Lichtquellen eines jeden Elementes getrennt voneinander; ebenso ist die Regelung der einzelnen Elemente voneinander unabhängig.

The highlight of the façade is formed by a 15 m x 15 m glass screen consisting of 16 individual elements, with its exceptional lighting architecture. What has been created is an icon as a descriptive element, not in the sense of a religious object, but as a hierarchical relationship of electric light to a structure consisting of square areas and filled with light – as a progressive, structural contribution to this vibrating instrument of the screen. Fibre-glass technology directs the light to minimised openings which scatter the white of halogen light and the blue colour. The openings have optical lenses with a narrow focal length concentrate the light onto the glazed glass edges of the screen. Light-conducting fibres transport irradiated light in accordance with the principle of total reflexion. A freely chosen computer programme regulates two sources of light of each element independently of each other, the individual elements are also controlled separately.

< Lageplan, Detail

< Bewegungsablauf des weißen und blauen Lichtes (graphische Darstellung)

< Lichtkonzeption des Screens; Anordnung der weißen und blauen Lichtpunkte

< Site plan, detail

< Sequence of movement of the white and blue light (diagrammatic representation)

< Light concept of the screen; arrangement of the white and blue points of light

Stadtbahnhaltestelle Bensberg, Bergisch Gladbach
Bensberg Urban Railway Station

Schaller / Theodor, Köln · 2000

Stadtbahnhaltestellen oder U-Bahnstationen, wie immer sie auch bezeichnet werden, werfen unabhängig von der unterschiedlichen Typologie der Räume und der jeweiligen stadträumlichen Situation gestalterische Fragen auf, die beantwortet werden müssen. Dies bedeutet, ein Gestaltungsvokabular zu finden, das den Gegenstand überzeugend in Bilder fasst und dadurch dem sinnlichen Erleben zugänglich macht. Der Entwurf der Architekten Schaller/Theodor zielt auf eine exemplarische Lösung unter bewusstem Verzicht auf technische Einzelheiten und spielerische Accessoires. Der hohe Gewölberaum, der einen Hallencharakter aufweist, lädt den Reisenden zum Warten ein; er präsentiert sich hell und weit, ausformuliert durch eine hohe Lichtintensität. Es ist ein unterirdischer Raum zum „Atmen", geprägt von architektonischer Strenge und Klarheit, dem durch das Licht eine einprägsame erlebbare Gestalt verliehen wird. Im Treppenraum soll die Notwendigkeit des Lichtes erfüllt werden, dessen Aufgabe es hier im Besonderen ist, Platz zu lassen für die Erlebbarkeit des engagierten Lichtes in der Bahnsteigebene. Gobostrahler, die austauschbare Motivmöglichkeiten zulassen, projizieren ausgewählte Bilder und Schriften auf die satinierten Glaswände. Auf diese Weise erlebt der Besucher ein spannendes, dramatisches Umfeld als bewusst reduzierten Lichtraum.

No matter what they are actually called, urban railway and underground stations raise questions of design, irrespective of the specific typology of the spaces and the urban context that call for answers. This means finding a design vocabulary which gives convincing visual expression to the object in question and makes it accessible to experience by the senses. The design by the architects Schaller/Theodor aims at an exemplary solution with deliberate lack of technical details and playful accessories. The high, vaulted space that has the character of a hall invites the traveller to wait; it is light and spacious with a high degree of light intensity. It is a subterranean space, characterised by architectural austerity and clarity and given a distinctive form by its lighting. The functional lighting required for flights of steps is designed in a way that opens up space to experience the lighting design at the platform level. Gobo spotlights permitting differing motifs project selected images and lettering onto the softlight glass walls. This scenario enables the passenger to experience fascinating, dramatic surroundings as a deliberately reduced light space.

Eingangsbereich zur Stadtbahnhaltestelle

> Bahnsteigebene; hinterleuchtete, satinierte, schmale Lichtelemente mit blauen Lichtreflexen im Deckenhohlraum

Entrance area of the urban railway station

> Platform level; narrow, backlit, softlight elements with blue light reflections in the ceiling cavity

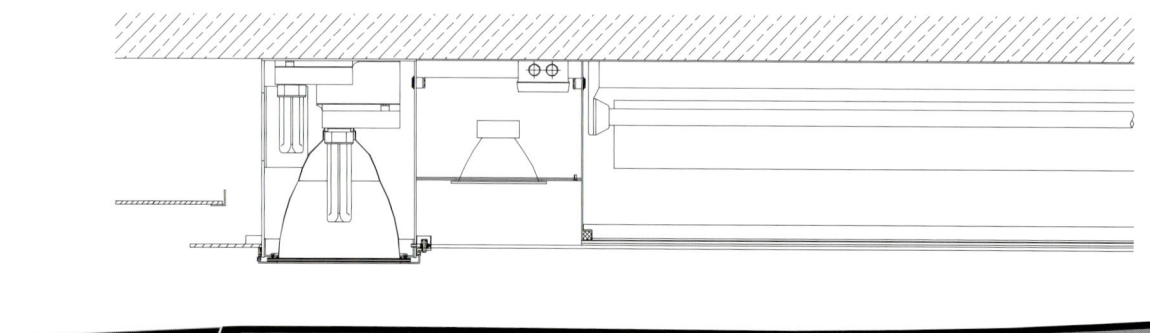

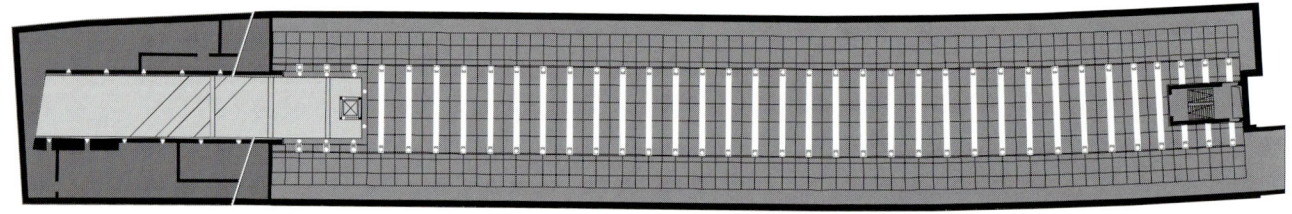

Jeweils in Querrichtung des Raumes sind lineare Leuchten-elemente mit satinierten, opalen Glasscheiben als Diffusor in eine perforierte Metalldecke implantiert. Eine Besonderheit erfahren die Leuchten durch blaue, vertikal eingestellte Acryl-glasscheiben im Deckenhohlraum. Blaue Lichtreflexe huschen über die transluzente Metalldecke – vom Betrachter deutlich wahrnehmbar, aber nicht wirklich erkennbar, woher sie kommen, wo sie ihren Ursprung haben. Die dichte Anordnung der linea-ren Leuchten visualisiert den Eindruck eines „Lichthimmels". In Verbindung mit den blauen, geordneten Lichtmomenten ent-schwindet der räumliche Abschluss in Endlosigkeit; deutlich wird die Essenz des blauen Lichtes, das zur Vermeidung jeglicher konstruierter Schattenbildungen führt; das Ergebnis ist eine hyperrealistische Raumtiefe, die eine irrationale, nicht greifba-re Komponente erreicht. Jeweils an den Enden der schlanken Lichtbänder im Bereich der Bahnsteigkanten werden kreisför-mige Downlighter dynamisch, progressiv verlaufend als visuell sichtbare Zeichen beim Einfahren der Züge geschaltet.

Linear lighting elements with softlight, opalescent panes of glass are implanted widthways as diffusors in a perforated metal ceiling. A special feature of the lights is their blue, vertical sheets of acrylic glass in the ceiling cavity. Blue light reflections flit across the transluscent metal ceiling – clearly visible to the observer -, without being obvious as to where they come from and where their origins lie. The close alignment of the linear lights gives visual expression to the impression of a "firmament of light". The spatial definition vanishes into infinity in the setting of the blue, orderly arrangement of lighting elements; the essence of the blue light that prevents any artificial shadows becomes clear; the result is hyperrealistic, spatial depth that has an irrational, intangible component. The ends of the slender strips of light are marked by circular downlighters in the area of the platform edges, a dynamic and progressive visual expres-sion of the train as it enters the station.

< Deckenspiegel Bahnsteigebene, Detail

< Treppenanlage, Verbindung zwischen Aussen- und Innenraum; Motivprojektionen auf den Glaswänden mittels Gobostrahlern

< Ceiling panels, platform level, detail

< Flight of steps, link between the outside and inside space; Projection of motifs onto the glass walls by means of Gobo spotlights

U-Bahnhöfe der Wehrhahnlinie Düsseldorf
Underground Stations of the "Wehrhahn" line

Schaller/Theodor · Schilling Architekten, Köln · Eva-Maria Joeressen, Düsseldorf
Wettbewerb/competition 2001

Die Stationen sind als Haltepunkt Teil des überörtlichen unterirdischen Verkehrssystems, aber ortsgebunden als Zielpunkt im Stadtraum. Hier endet der Transit und hier beginnt er. Hier verrinnt die Zeit für den Wartenden. Dabei ist die einzige authentische Botschaft von oben die wechselnde Intensität und Färbung des Tageslichtes. Bei den Stationen Jan-Wellem-Platz und Kirchplatz erfolgt der Aufstieg zur Oberfläche unmittelbar von den Bahnsteigen aus. Die beiden räumlichen Hauptthemen Transit und Verknüpfung verdichten sich zu einer Figur, bei der die Tunnelröhren die aufwärts führende Verbindungsebene durchstoßen. Sowohl die Relativität von Zeit als auch deren Unentrinnbarkeit sind grundlegende Aspekte modernen und menschlichen Lebens. Die Künstlerin Eva-Maria Joeressen hat diese Aspekte in „transIT" visualisiert. Entsprechend den acht geplanten U-Bahnstationen sollen jeweils bis zu acht Uhren installiert werden. Sie zeigen in digitalen Ziffern Minuten und Sekunden. Auf der jeweils mittleren Uhr ist die konkrete Ortszeit zu sehen. Diese wird von jenen Uhrzeiten flankiert, zu denen die U-Bahn die vorhergehenden Stationen passiert hat bzw. die nachfolgenden passieren wird. Aufgrund unterschiedlicher Organisationsweise und Struktur der acht geplanten U-Bahnstationen sowie der verschiedenen Erscheinungsmöglichkeiten der Uhren ergeben sich Erlebnisvariationen des Raum-Zeit-Phänomens.

As stopping points, the stations are part of the regional underground transport system, but are also local destinations in the urban space. This is where transit ends and where it begins. This is where time passes by for those who wait. Here, the only authentic message from above is the changing intensity and hue of daylight. Access to street level at the Jan-Wellem-Platz and Kirchplatz stations is directly from the station platforms. The two principal spatial themes of transit and link come together in a figure in which the tunnels penetrate the linking level leading upwards. Not only the relativity of time but also its inescapability are fundamental principles of modern and human life. The artist Eva-Maria Joeressen has given visual expression to these aspects in "transIT". Up to eight clocks are to be installed at each of the eight planned underground stations. They show minutes and seconds in digital form. The local time is shown on each middle clock. This is flanked by the times at which the underground train passed through the preceding stations and will reach the next ones. The differing modes of organisation and structure of the eight planned underground stations and the varying manifestations of the clocks allow experience of the phenomenon of space and time in different ways.

Bahnsteigebene Kirchplatz

> Bahnsteigebene Jan-Wellem-Platz

> U-Bahnhof Jan-Wellem-Platz

>> U-Bahnhof Kirchplatz

Kirchplatz platform level

> Jan-Wellem-Platz, platform level

> Jan-Wellem-Platz underground station

>> Kirchplatz underground station

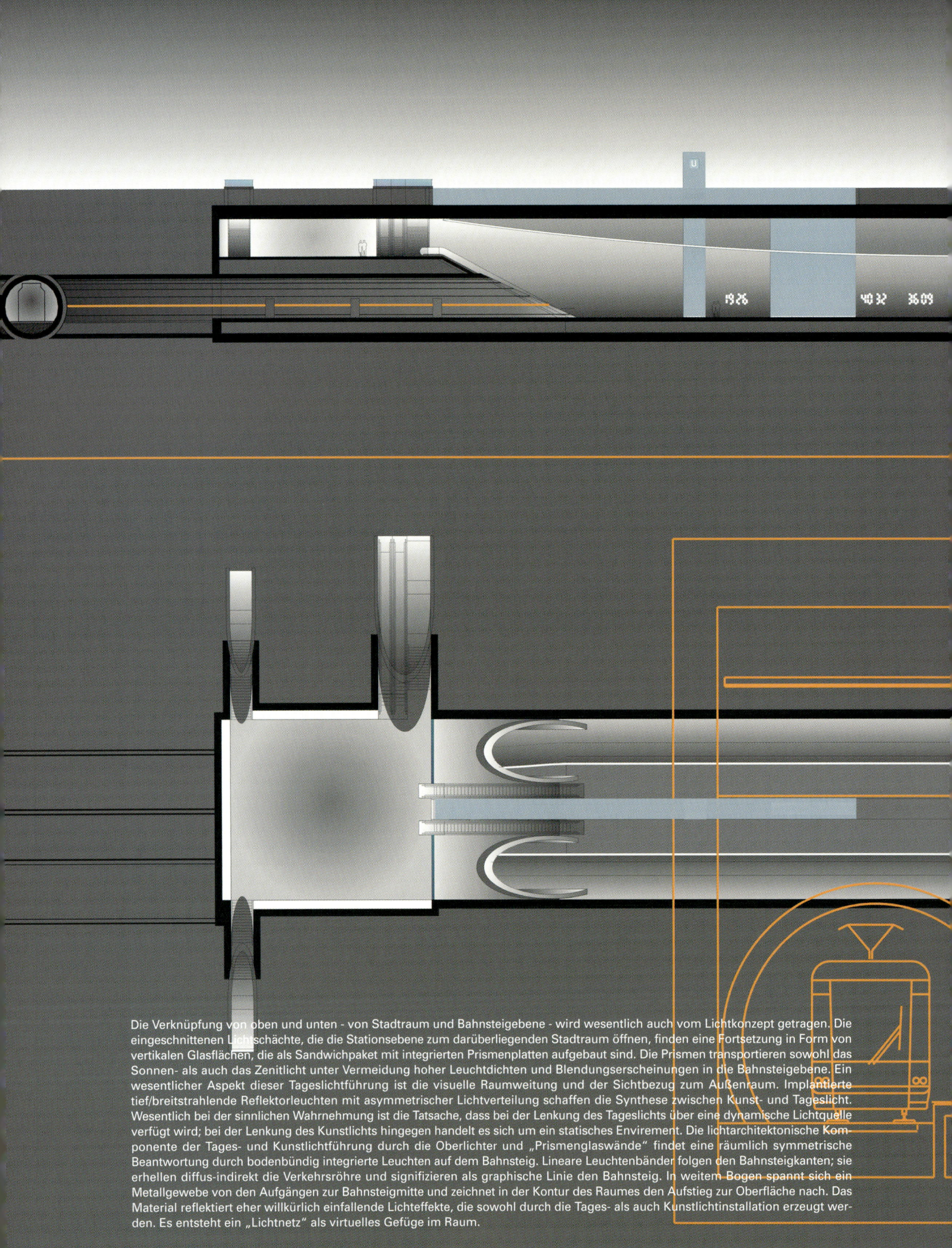

Die Verknüpfung von oben und unten - von Stadtraum und Bahnsteigebene - wird wesentlich auch vom Lichtkonzept getragen. Die eingeschnittenen Lichtschächte, die die Stationsebene zum darüberliegenden Stadtraum öffnen, finden eine Fortsetzung in Form von vertikalen Glasflächen, die als Sandwichpaket mit integrierten Prismenplatten aufgebaut sind. Die Prismen transportieren sowohl das Sonnen- als auch das Zenitlicht unter Vermeidung hoher Leuchtdichten und Blendungserscheinungen in die Bahnsteigebene. Ein wesentlicher Aspekt dieser Tageslichtführung ist die visuelle Raumweitung und der Sichtbezug zum Außenraum. Implantierte tief/breitstrahlende Reflektorleuchten mit asymmetrischer Lichtverteilung schaffen die Synthese zwischen Kunst- und Tageslicht. Wesentlich bei der sinnlichen Wahrnehmung ist die Tatsache, dass bei der Lenkung des Tageslichts über eine dynamische Lichtquelle verfügt wird; bei der Lenkung des Kunstlichts hingegen handelt es sich um ein statisches Envirement. Die lichtarchitektonische Komponente der Tages- und Kunstlichtführung durch die Oberlichter und „Prismenglaswände" findet eine räumlich symmetrische Beantwortung durch bodenbündig integrierte Leuchten auf dem Bahnsteig. Lineare Leuchtenbänder folgen den Bahnsteigkanten; sie erhellen diffus-indirekt die Verkehrsröhre und signifizieren als graphische Linie den Bahnsteig. In weitem Bogen spannt sich ein Metallgewebe von den Aufgängen zur Bahnsteigmitte und zeichnet in der Kontur des Raumes den Aufstieg zur Oberfläche nach. Das Material reflektiert eher willkürlich einfallende Lichteffekte, die sowohl durch die Tages- als auch Kunstlichtinstallation erzeugt werden. Es entsteht ein „Lichtnetz" als virtuelles Gefüge im Raum.

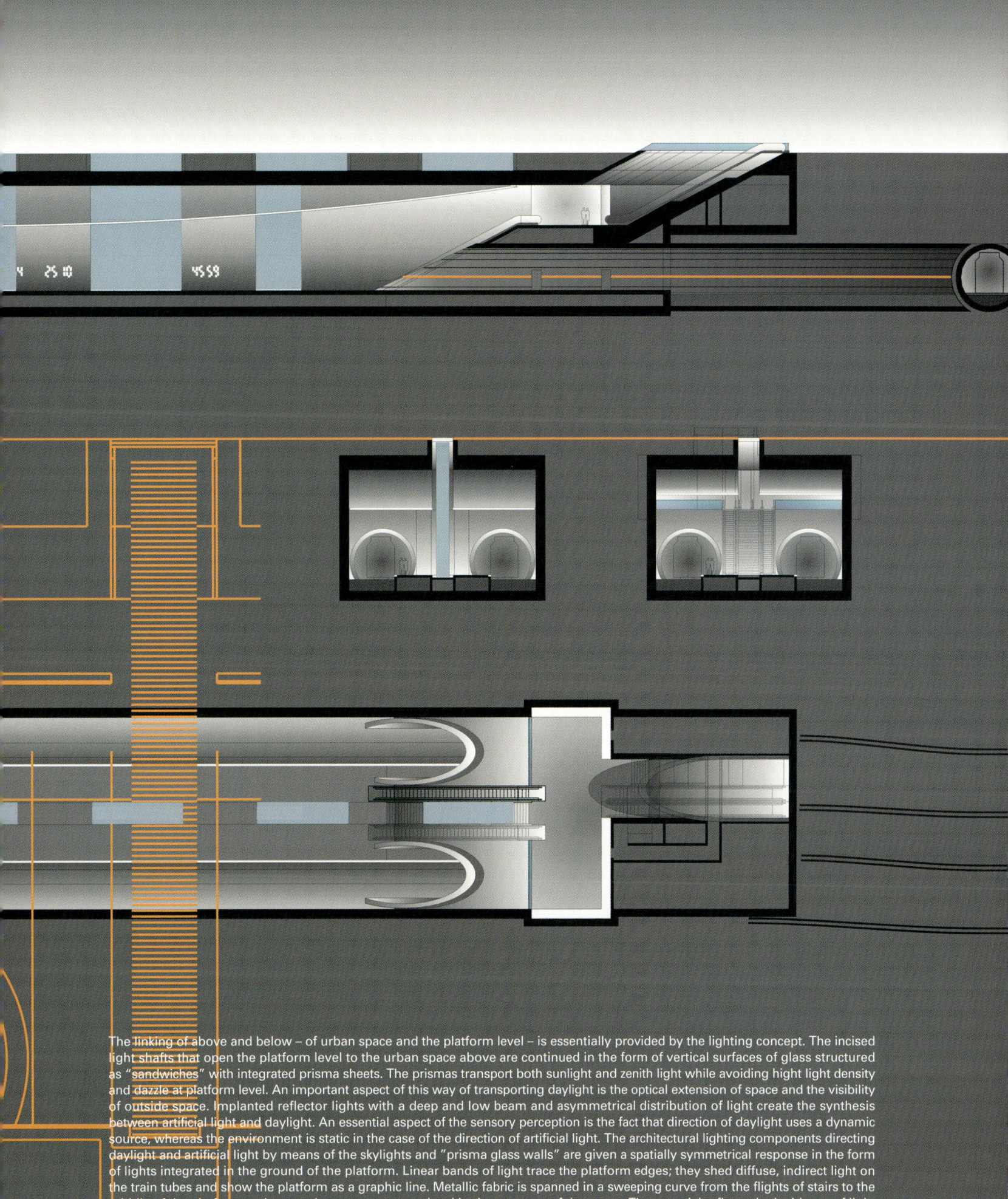

The linking of above and below – of urban space and the platform level – is essentially provided by the lighting concept. The incised light shafts that open the platform level to the urban space above are continued in the form of vertical surfaces of glass structured as "sandwiches" with integrated prisma sheets. The prismas transport both sunlight and zenith light while avoiding hight light density and dazzle at platform level. An important aspect of this way of transporting daylight is the optical extension of space and the visibility of outside space. Implanted reflector lights with a deep and low beam and asymmetrical distribution of light create the synthesis between artificial light and daylight. An essential aspect of the sensory perception is the fact that direction of daylight uses a dynamic source, whereas the environment is static in the case of the direction of artificial light. The architectural lighting components directing daylight and artificial light by means of the skylights and "prisma glass walls" are given a spatially symmetrical response in the form of lights integrated in the ground of the platform. Linear bands of light trace the platform edges; they shed diffuse, indirect light on the train tubes and show the platform as a graphic line. Metallic fabric is spanned in a sweeping curve from the flights of stairs to the middle of the platform and traces the ascent to street level in the contours of the space. The material reflects the incidence of light effects generated by the daylight as well as the artificial-light installations in a way which tends to be arbitrary. A "light network" is created as a virtual structure in the space.

REPRÄSENTATION · PRESTIGIOUSNESS

IKB Deutsche Industriebank AG, Düsseldorf

Siegfried Müller, Maja Djordjevic-Müller, Werner Krehl, Stuttgart · 1997

Die IKB Deutsche Industriebank AG hat einen Neubau für die Hauptverwaltung, die Niederlassungen und für die selbstständigen Tochtergesellschaften in Düsseldorf errichtet. Die Entwurfsidee der Architekten Siegfried Müller – Maja Djordjevic-Müller – Werner Krehl lag darin, ein introvertiertes Gebäude zu schaffen. Den Hauptbaukörper des sechsgeschossigen Verwaltungsgebäudes bildet ein Quadrat, das durch einen Innenhof, der zur zentralen Halle führt, erschlossen wird. Als Passant und Autofahrer erlebt man ein strenges, monolitisch anmutendes Gebäude mit einer klassischen Lochfassade – lediglich vier hohe Toreingänge öffnen das Gebäude zum Außenraum. Der von außen so statisch und streng wirkende Gebäudeblock entwickelt sich im Innenhof zu einem bewegten Architekturensemble mit einer schräg gestellten Glasfassade und einem eingestellten Gebäudekörper mit einem Flugdach, der einen großen Konferenz-/Veranstaltungssaal, das Mitarbeiterrestaurant und die Cafeteria beherbergt. Ein besonderes architektonisches Statement bilden zwei ovale, komplett verglaste, transparente Treppenhaustürme, die als Verbindungselement zwischen dem „Quadrat"und dem „Riegel" dienen. Maßgabe für die Beleuchtungsplanung war das Einbringen einer selbstverständlich wirkenden, integralen Lichtkonzeption. „Sichtbares Licht" in Gestalt von schmalen Linien, Quadraten, Flächen oder Kreisen bilden ein durchgängiges Gestaltungsthema, dargestellt in einer reduzierten Formensprache.

The IKB Deutsche Industriebank AG has a new building to house its head office, its branches, and independent subsidiaries in Düsseldorf. The design idea of the architects – Siegfried Müller, Maja Djordjevic-Müller, Werner Krehl – consists of creating an introverted building. The main volume of the six-storey administrative building is in the form of a quadrangle, with access via an inner courtyard that leads to the principal hall. Those walking or driving past experience an austere, monolithic building with a classic perforated façade – only four high portals open the building to the space beyond. The block that appears so static and austere from outside turns into a varied architectural ensemble in the inner courtyard with a slanted glass façade and an inserted cantilver-roof volume housing a large room for conferences and events, a staff restaurant and a cafeteria. A special architectural statement is formed by two oval, fully glazed, transparent stairwell towers that serve as a linking element between the "block" and the "slab". The criterion for lighting planning was provision of an integral lighting concept that appeared natural. "Visible light" in the form of narrow lines, squares, surfaces, and circles form a consistent design theme, realized in reduced use of forms.

138

Aussenansicht des Gebäudekomplexes

> Eingangsportale mit prägender Ausleuchtung über tiefstrahlende Reflektorleuchten

> Innenhof mit eingestelltem Pavillon des Veranstaltungssaales

>> Fassadenansicht der sechsgeschossigen Eingangshalle

Outside view of the building complex

> Entrance portal with distinctive lighting provided by down-beam reflector lights

> Inner courtyard with the pavilion housing the events room

>> Façade view of the six-storey entrance hall

Die großzügigen Hallen und Erschließungsbereiche werden in Raumtiefe von linsenförmigen Lichtlinien begleitet. Der Glasaufzug an der schräggestellten Glasfassade dominiert durch blaue Niederspannungsleuchtröhren, die gleichermaßen eine eindeutige Signifikanz für das IKB-Gebäude darstellen. Kreisförmige Betonsegel, die sich horizontal über die Geschosse addieren, werden durch weiße Slimline-Röhren nachgezeichnet, deren diffuse Strahlungseigenschaft räumlich begrenzte Lichtflächen schafft. In eine wellenförmige Betondeckenstruktur werden diffuse, hinterleuchtete „Lichtfenster" eingesetzt, die tageslichtähnlich wirkende Einschnitte simulieren. Die Gestaltungssprache des Lichts musste auch Raum für die ausgewogene und außergewöhnliche Sammlung moderner Kunst und Kunst am Bau lassen. So hat der zeitgenössische Künstler Daniel Buren einige Raumbereiche mit seinem eigenen künstlerischen Schaffen ganzheitlich geprägt. Dominante Farbwahl und expressive grafische Linien sind seine vorrangigen Elemente. Symmetrische, schmale Rasterlinien in Form von hinterleuchteten, opalen Glasleuchten fügen sich in die angewandte Kunst in kongenialer Weise ein. Wie lichtdurchflutete Skulpturen überragen die beiden weit sichtbaren Treppenhaustürme den Gebäudekomplex.

The entire depth of the spacious halls and access areas is traced by lines of oval lights. The glass lift on the slanted glass façade dominates with its low-volt, blue fluorescent tubes that, as it were, give the IKB building its distinctiveness. Circular concrete sails that accumulate horizontally over the stories are traced by white slimline tubes whose diffuse radiation property creates spatially demarcated areas of light. Backlit "light windows", simulating openings to let in daylight, have been inserted in a wave-like concrete ceiling structure. The design language of the light also had to create space for the balanced and exceptional collection of modern art and art on buildings. For example, Daniel Buren, a contemporary artist, has given an integrated appearance to a number of areas with his own artistic work. He principally works with dominant colours and expressive, graphic lines. Symmetrical, narrow lines in the form of backlit, opalescent glass lights complement the applied art in a congenial way. The two stairwell towers that can be seen from afar jut out from the building complex like light-flooded sculptures.

Kreisförmige Deckensegel aus Beton mit Slimline-Röhren

Foyer mit wellenförmiger Betondecke und eingeschnittenen Lichtöffnungen

Konische, dynamische Lichtlinien in der Cafeteria

< Treppenhausturm als lichtdurchflutete Skulptur

Circular ceiling sails of concrete with slimline tubes

Foyer with wave-like concrete ceiling, incised light openings with glazed panes simulate daylight openings

Conical, dynamic light lines in the cafeteria

< Stairwell tower as a light-filled sculpture

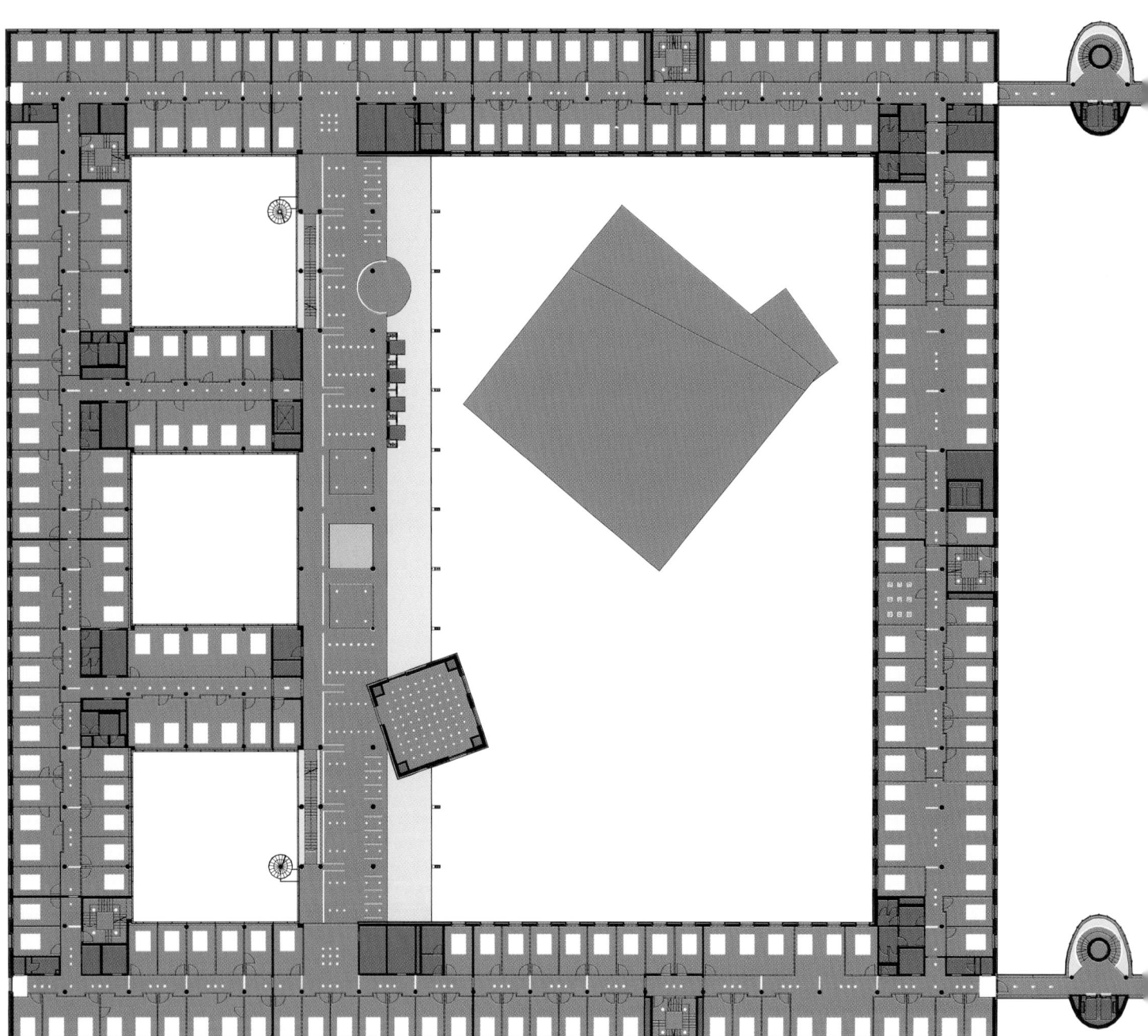

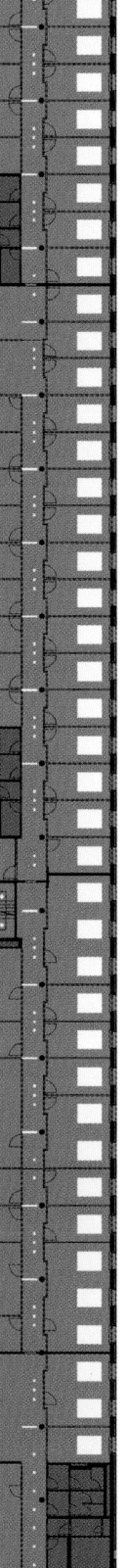

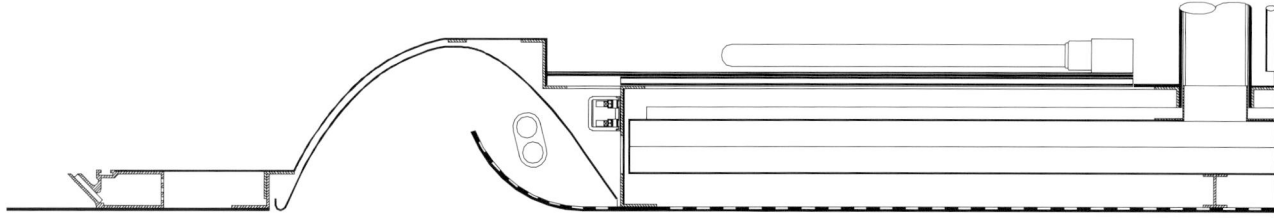

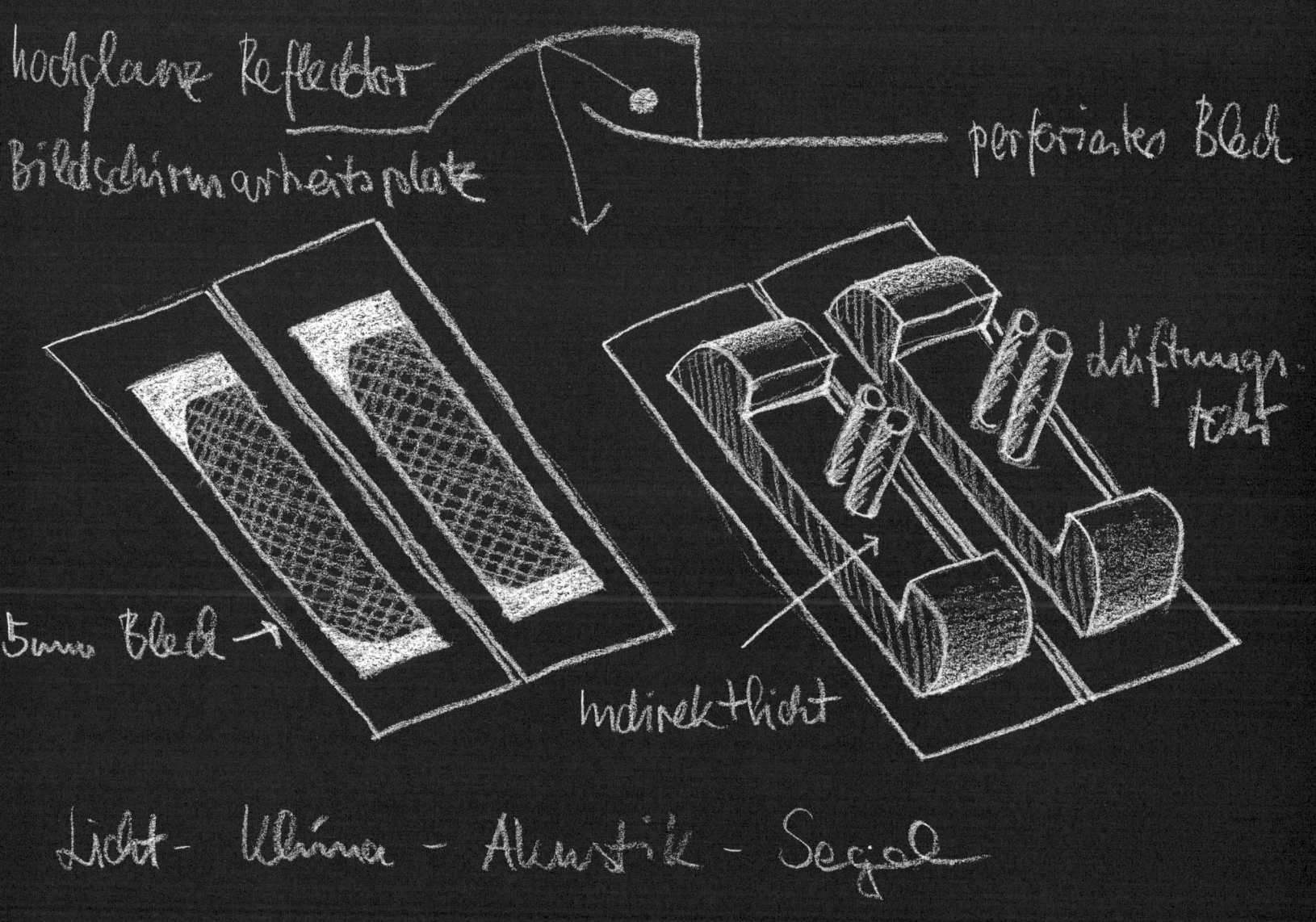

hochglanz Reflektor
Bildschirmarbeitsplatz

perforiertes Blech

5mm Blech →

lüftungs-
rohr

Indirektlicht

Licht - Klima - Akustik - Segel

Ein Licht-Klima-Segel – die Verknüfung einer bildschirmarbeitsplatzgerechten Beleuchtung und der Raumklimatisierung, einer eigens entwickelten Luftkühlung – thematisiert die Büroräume in einer eigenständigen technoiden Gestaltungsform. Gerichtetes Licht über eine Reflektorumlenktechnik und deckenaufhellende Indirektkomponenten stellen sich als vorrangige und raumprägende Elemente dar.

< Deckenspiegel Regelgeschoss, Detail

< Licht-Klima-Segel in den Büroräumen

A lighting and air-conditioning sail – the linking of lighting suited to a computer workstation and room air conditioning, a customised system of air cooling – is the central theme of the office space in an autonomous technoid design form. Directed light using reflector diversion technology and indirect components throwing additional light on the ceiling are the predominant elements shaping the space.

< Ceiling panels, full storey, detail

< A lighting and air-conditioning sail in the office areas

Showroom Rodust & Sohn Lichttechnik GmbH, Sankt Augustin

Klaus Müller, Köln · 1996

Das Unternehmen Rodust & Sohn beauftragte im Jahr 1994 den Kölner Architekten Klaus Müller mit der Planung eines Neubaus in unmittelbarer Nachbarschaft zum bestehenden Hallenbau. Der Neubau sollte sich von der üblichen Architektur des Gewerbegebietes abheben und die gestalterischen Ansprüche eines qualitätsbewussten Leuchtenproduzenten nach außen dokumentieren. Eine 103 Meter lange und 10 Meter hohe Sichtbetonscheibe zieht sich wie ein Rückgrat durch das gesamte Gebäude und trennt die drei unterschiedlichen Funktionsbereiche Verwaltung, Showroom und Lager. Auch in der Fassadengestaltung lassen sich die verschiedenen Nutzungsbereiche ablesen. Der den Eingangsbereich definierende Showroom wird von einer Glasbausteinwand, die in einem flachen Radius verläuft, begrenzt. Vor der Sichtbetonwand, die den Showroom begrenzt, wurde eine zweite Wand aus satiniertem Glas installiert. Eine objekthaft wirkende Treppe, die komplett in grauem Sandstein erstellt ist, führt auf die Galerie im Obergeschoss. Die lange Sichtbetonwand wurde mit einem vertikalen Streiflicht mittels zierlichen Lichtaustrittspunkten in ihrer architekturbestimmenden Funktion unterstützt. Die Glasbausteinwand des Showrooms wird horizontal durch eine blaue Niederspannungslichtlinie betont, Niedervolt-Downlights bestreichen brillant die Glasbausteine und setzen den archaischen Natursteinboden in Szene.

The firm of Rodust & Sohn commissioned the Cologne architect Klaus Müller to plan a new building adjacent to the existing hall. The intention was to set the new building apart from the architecture typical of the industrial area and give external documentation to the design range that a quality-conscious producer of lights can provide. A slice of exposed concrete measuring 103 metres in length and 10 metres high traverses the entire length of the building like a backbone and separates the three differing functions, namely administration, showroom and storage. These areas of use can also be read in the design of the façade. The showroom defining the entrance area is bounded by a wall of glass elements with a flat radius. A second wall of glass was installed in front of the wall of exposed concrete bounding the showroom. A flight of stairs, made entirely of grey sandstone, leads to the gallery on the upper floor. The long wall of exposed concrete is supported in its architectural function by vertical streaked light provided by delicate points of light. The glass wall of the showroom is given emphasis horizontally by a low-volt line of light. Low-volt downlights shed brilliant light on the glass elements and give staging to the floor of natural stone.

Außenansicht des Gebäudes bei Tag

> Außenansicht des Gebäudes bei Nacht

>> Showroom; eine blaue Slimline-Röhre begleitet die Glasbausteinwand

Outside view of the building during the day

> Outside view of the building at night

>> Showroom; a blue slimline tube accompanies the wall of glass elements

Der zweigeschossig angelegte Showroom beherbergt die eigentliche Ausstellung, die wie eine Haus-in-Haus-Installation aufgebaut ist. Hier werden die Leuchten des Unternehmens präsentiert. Unterschiedlichste Schalt- und Regelmöglichkeiten zeigen die Lichtqualität der einzelnen Leuchten und Leuchtenfamilien. Besucher kommen hier in den Genuss von inszenierten Raum/Licht-Stimmungen. Über die Halle erfolgt die Erschließung der Verwaltung. In den Chefbüros, Sekretariaten und Besprechungsräumen setzt sich die puristische Grundhaltung der Material- und Formensprache fort, jedoch ist die Atmosphäre keineswegs kühl. Ein Wechsel zwischen sachlichem Indirektlicht und Niedervolthalogenlicht führt die kontrastreiche Gestaltung der Architektur fort. In den Büroräumen werden Leuchten aus der eigenen Produktion, sowohl serielle als auch modifizierte oder Sonderanfertigungen, gezeigt, während im Galeriebereich des Obergeschosses, der räumlich zur Halle gehört, auf zusätzliche Leuchten verzichtet wurde. Die bodenintegrierten Lichtleiteraustritte werden hier auf besondere Weise weitergeführt. Sie sind in den schmalen Hohlraum zwischen Sichtbetonscheibe und satinierter Glaswand eingesetzt. Die Materialien Glas und Beton werden verknüpft, die Fugenteilung der Glaswand wird als imposantes Lichtstrahlenspiel auf die Decke projiziert.

The two-storey showroom houses the actual exhibition, structured as a house-in-house installation. This is where the lights of the company are presented. A very wide diversity of switching and adjusting options demonstrate the lighting quality of the individual lights and light families. Visitors are able to experience staged moods of space and light. Access to the administrative area is via the hall. The underlying puristic theme of the use of forms and materials is continued in the executive offices, secretariats and conference rooms, yet the atmosphere is anything but cool. Alternating, functional indirect light and low-volt halogen light continue the contrasting design of the architecture. The offices display lights manufactured by the firms, both in the form of mass production as well as modified or customised products; in contrast additional lighting is dispensed within the gallery area of the upper storey which is spatially part of the hall. The openings for light integrated in the floor are continued here in a special way. They are placed in the narrow cavity between the slab of exposed concrete and the glass wall. The materials of glass and concrete are linked, the seams of the glass wall are projected onto the ceiling as an imposing play of light.

153

< Blick von der Galerie in den Showroom

Büroraum in der Verwaltung mit Besprechungstisch und direkt/indirekt-abstrahlendem, schlankem Lichtelement

Büroraum und Einblick auf die Galerie mit hinterleuchteter satinierter Glaswand

Showroom mit Blick in den Verwaltungsbereich

< View of the showroom from the gallery

Office in the administrative area with a conference table and a slender lighting element with direct/indirect light

Office and view of the gallery with the backlit glass wall

Showroom with a view of the administrative area

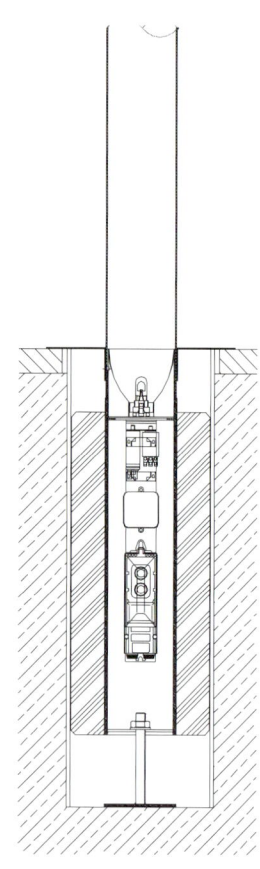

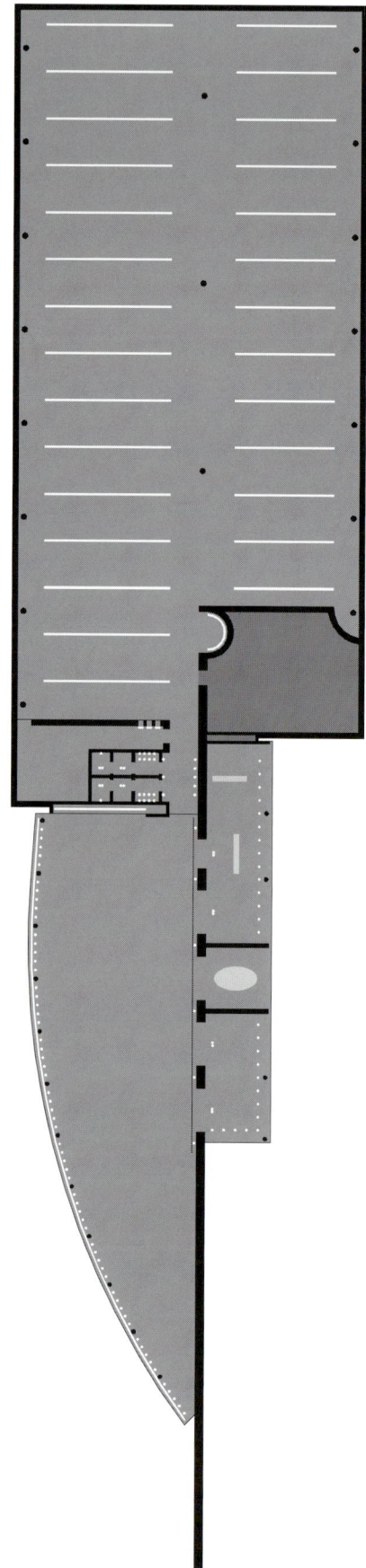

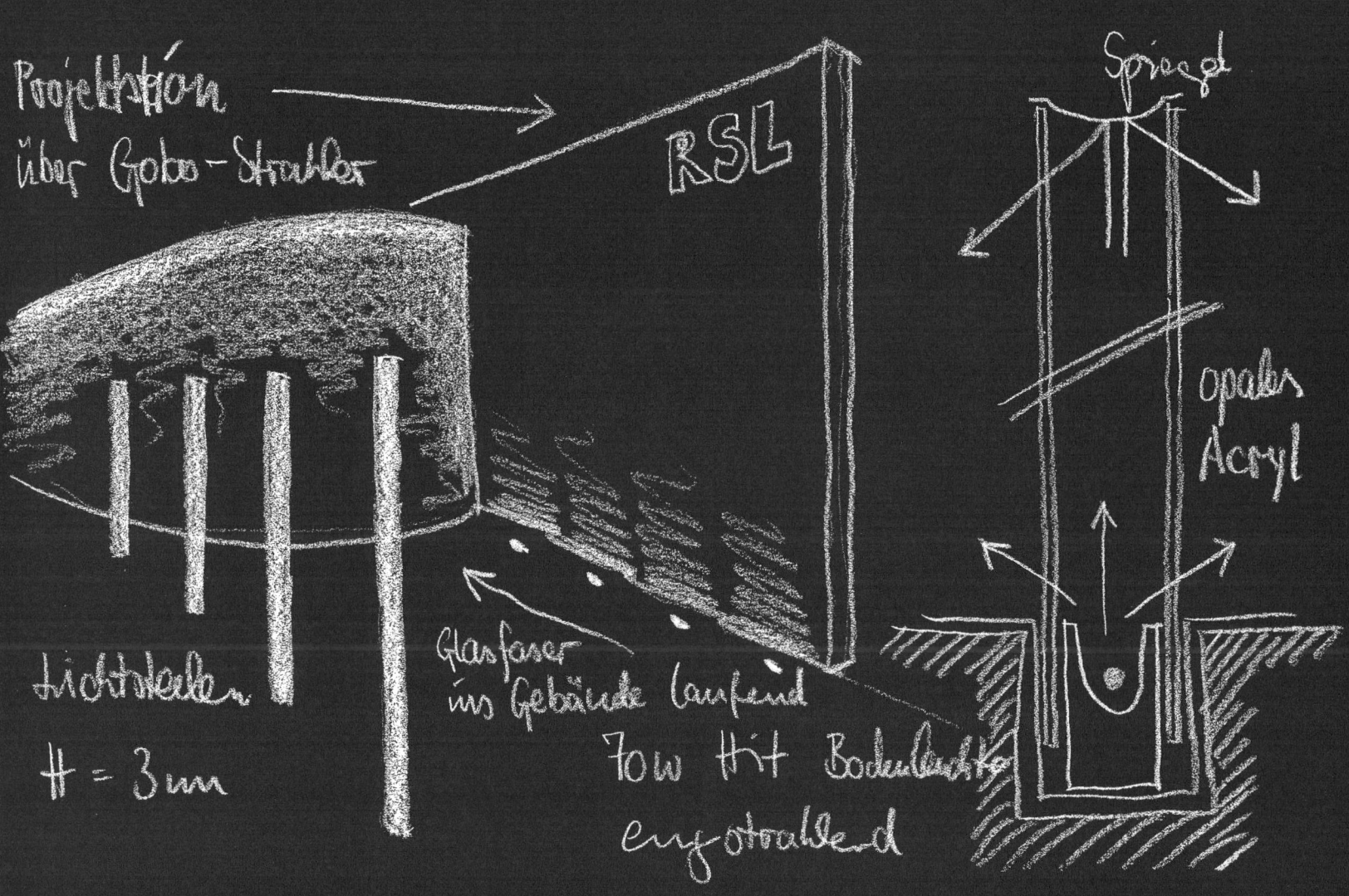

Projektion über Gobo-Strahler

RSL

Lichtsteelen
H = 3 m

Glasfaser ins Gebäude laufend

70 w Hit Bodenleuchte eng strahlend

Spiegel

opales Acryl

Der großzügig angelegte, strenge Vorplatz stellte eine Herausforderung für die Entwicklung einer besonderen Leuchte dar, die auf jegliche Dekoration verzichtet. Das Ergebnis ist eine schlanke opale Vertikalsäule aus Acrylglas, die einen gleichmäßigen Leuchtdichteverlauf zeigt, der durch eine speziell angefertigte Niederspannungsleuchtröhre möglich ist. Mit dieser Lichtsteele wurde ein Integrationselement gefunden, welches den Neubau und das bereits bestehende Produktionsgebäude auf selbstverständliche Weise verbindet.

The spacious but austere forecourt posed a challenge regarding development of special lighting that dispenses with any form of decoration. The result is a slender, opalescent vertical column of acrylic glass that sheds a regular concentration of light created by customised low-volt fluorescent tubes. This stele of light, functioning as an integrating element, provides a link between the new building and the existing manufacturing building in a natural way.

< Deckenspiegel Obergeschoss, Detail

< Vorplatz mit puristischen opalen Lichtsteelen

< Ceiling panels, upper storey, detail

< Forecourt with puristic, opalescent light steles

Commerzbank Aachen

Marlies Hentrup, Norbert Heyers, Aachen · 1995

Der Umbau der Commerzbank in der Innenstadt an der Theaterstraße in Aachen beinhaltet in erster Linie die Überlagerung der alten Gebäudestruktur mit einer neuen Struktur. Auf diese Weise entstehen Räume mit unterschiedlicher Ausstrahlung und Funktion. Publikumsintensive Bereiche wie Kassenhalle, Warte- und Besprechungszonen vermitteln durch die Ablesbarkeit des Miteinander beider Strukturen pulsierende Aktivität und Betriebsamkeit. Rhythmuswechsel und der Einsatz der gewählten Baumaterialien, gewinkelte Wegeführung und interessante Blickwinkel begleiten den Kunden im Haus. Eingriffe in die Substanz sowohl außen als auch innen haben die Architekten Marlies Hentrup und Norbert Heyers behutsam und doch eigenständig vorgenommen. Den zentralen architektonischen Höhepunkt des Gebäudes dominiert ein Lichthof, der im Erdgeschoss von den Funktionsflächen der Kundenhalle gerahmt wird und in den beiden Obergeschossen ein Atrium bildet. Der Umgang mit Kunst- und Tageslicht spielte bei der Planung eine wesentliche Rolle. Angestrebt waren geringe Leuchtdichtekontraste zwischen dem Tageslichtanteil, der durch den Lichthof flutet, und den angrenzenden Funktionsbereichen, die durch das Kunstlicht geprägt werden. Die Kundenhalle und die SB-Zone sind von einer schrägstehenden, geneigten Glaswand getrennt, die ihre lichtarchitektonische Unterstützung durch eine parallel verlaufende Bodenleuchte findet. Das bedruckte Glas ermöglicht weiche, schleierhafte Reflexionen und wirkt raumbildend. Das Licht ordnet sich den Gesetzen des Raumes unter, konstruierte Schattenbildungen werden vermieden.

Conversion of the inner-city branch of the Commerzbank on Theaterstraße in Aachen primarily consisted of superimposing a new structure on the old building. This led to the creation of areas with differing atmosphere and functions. Heavily-frequented areas as such as cash points, waiting and consultation areas convey the feeling of activity and dynamism through the readability of the co-existence of both structures. Customers using the building encounter a change in rhythm and the use of selected building materials, angled routes and interesting perspectives. The architects Marlies Hentrup and Norbert Heyers carried out changes in both the external and internal fabric of the building in a way that was as cautious as it was independent. An open area forms the central tectonic feature, framed on the ground floor by the functional areas of the banking hall and forming an atrium in the two upper stories. The use of artificial and natural light plays a key role in the planning. The aim was to achieve a minimum of contrast in lighting density between the daylight flooding the atrium and the adjoining functional areas where artificial light predominates. The banking hall and the self-service area are separated by an inclined glass wall which in lighting terms has its counterpart in the form of parallel lights set in the floor. The patterned glass allows soft, diffuse reflexions and creates the feeling of space. The light is subordinated to the dictates of space, formation of artificial shadow is avoided.

Gebäude an der Theaterstraße

> Eingangsbereich mit schräggestellter Glaswand und zugeordneter diffuser Bodenlichtlinie

Building on Theaterstrasse

> Entrance area with angled glass wall traced by a line of diffuse ground lights

Die kreisförmigen, eingestellten Besprechungsräume in den Obergeschossen bilden räumliche Skulpturen, zeigen sich eigenständig und ermöglichen interessante Ausblicke in den Lichthof und die Wartezonen. Sie beinhalten ihr eigenes Licht, das in der Thematik bewusst vom eigentlichen Umfeldbereich gelöst ist. Das Casino, ein Giebelraum im Dachgeschoss, erfährt ein interessantes Lichtspiel durch das einfallende Tageslicht der Dachgauben. Filigrane, abgespannte Lichtstege thematisieren auch bei Dunkelheit die raumprägenden Fensternischen.

The circular meeting rooms on the upper floors form spatial sculptures, have independent expression and permit interesting views of the atrium and the waiting areas. They have their own form of light, which is deliberately set apart from their surroundings. The cafeteria, a gabled room on the top storey, has interesting light effects created by the incidence of daylight through the dormer windows. Filigree strips of light characterise the window niches that give the space its distinctive character both in day light and during darkness.

159

Cafeteria mit abgespannten Lichtstegen in den Dachgauben

Eingestellte Besprechungskabine auf der Galerie des Obergeschosses

Wandbündige Leuchten im Bereich der Kundenschreibtische

< Innenhof mit Galerie und Kundenhalle

Cafeteria with strips of light in the dormer windows

Customer service booths inserted in the upper-storey gallery

Lights flush with the wall in the area of tables for customers

< Inner courtyard with arcade and banking hall

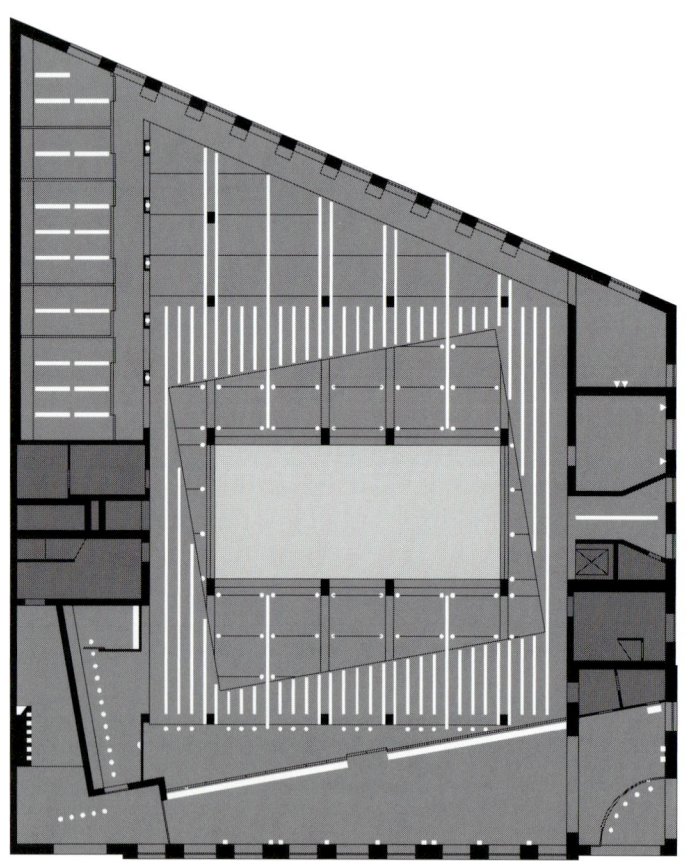

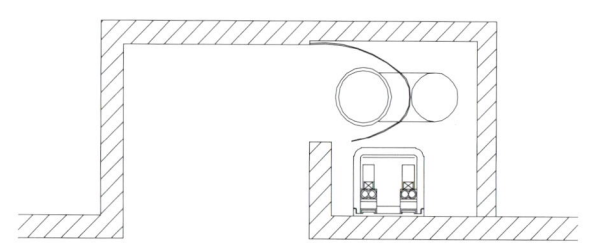

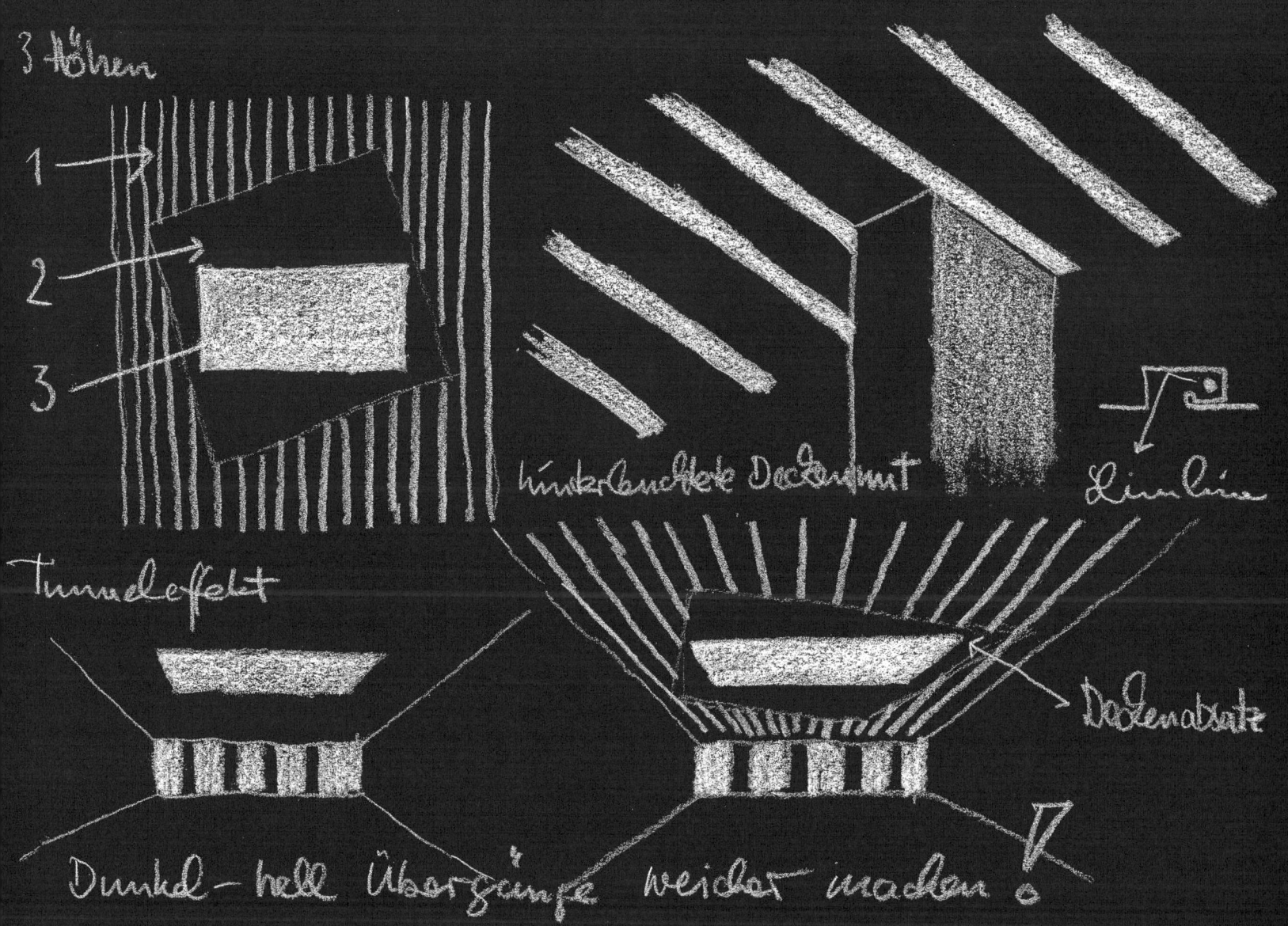

3 Höhen

1

2

3

hinterleuchtete Deckenmit

Slimline

Tunneleffekt

Deckenabsatz

Dunkel – hell Übergänge weicher machen.

Lineare, konzentriert geordnete Deckenvouten werden indirekt mit zurückgesetzten Slimline-Röhren aufgehellt und assoziieren tageslichtähnliche Öffnungen in Form einer straffen Deckengrafik, die in Raumtiefe optisch weitet und die Räume höher erscheinen lässt. Hier ist ein Instrument gefunden, das Licht als immaterielles Medium zeigt. Eine architekturunterstützende Lösung wurde in konsequenter, integraler Weise präzisiert. Diese Konzeption wird nur sparsam aufgebrochen durch Niedervoltdownlighter und extrem schmal ausgebildete Darklightleuchten.

Linear, concentrated ceiling recesses have indirect light in the form of set-back slimline tubes and evoke daylight-like openings in the form of a dense ceiling graphic that gives the space additional optical depth and the impression of greater height. An instrument has been found here that shows light as an intangible medium. A solution that supports the architecture has been given precision in a consistent, integral manner. This idea is only occasionally interspersed by low-volt downlights and extremely slender darklights.

< Deckenspiegel Erdgeschoss, Detail

< Hinterleuchtete lineare Deckenfugen in der Kundenhalle

< Ground floor ceiling panels, detail

< Backlit linear ceiling joints in the banking hall

Sparkasse Hohenlohekreis, Künzelsau

Siegfried Müller, Maja Djordjevic-Müller, Werner Krehl, Stuttgart · 1999

Es ist nicht unbedingt selbstverständlich, dass sich eine Sparkasse in der Provinz entschließt, für ihren Neubau einen Lichtplaner zu beauftragen. Die Sparkasse Hohenlohekreis tat dies – auch Dank der diplomatischen, beharrlichen Überredungskunst des Architekten Siegfried Müller. So führte uns der Weg auch in das schöne Hohenloher Land nach Künzelsau, in eine Kleinstadt, in der die Welt noch in Ordnung scheint. Ambitioniert haben die Architekten Müller, Djordjevic-Müller, Krehl den von ihnen im Jahr 1996 gewonnenen Wettbewerbsentwurf umgesetzt. Der Bauherr stand hinter diesem Entwurf, aber es gab da die Angst, dass die Lichtplaner aus Köln einen „Lichtpalast" – wie sie es immer wieder nannten – in das wohlgeordnete, doch auch von „fränkisch-schwäbischer" Bescheidenheit geprägte Künzelsau als Fremdkörper einfügen. Es war schwer zu vermitteln, dass unsere konzeptionellen Gedanken eher Ausdruck von Zurückhaltung zeigen und vordergründig auf die Gestaltungsbelange der Architektur reflektieren. Aber nach der Fertigstellung des Sparkassenneubaus war das Eis geschmolzen, der Bauherr war stolz auf sein neues Gebäude und auf „sein Licht". Tief/breitstrahlende Downlighter erzeugen ein gleichmäßiges Beleuchtungsniveau im Innenhof und transportieren bei Dunkelheit das Licht auch in den Außenraum. Charismatisch stellt sich das Gebäude bei Dämmerung und bei Nacht dar: Das gebäudebegrenzende horizontale Flugdach wird mit intensiven Leuchtdichten flächig nachgezeichnet. Die Eingangsebene und die überlagerten Aufenthaltsebenen setzen sich als Lichträume in der Glasfassade durch. Das Treppenhaus steht mit weißen, reflektierenden Vertikalflächen bildhaft inszeniert in der Gebäudestruktur.

It is by no means matter of course for a provincial savings bank to decide to commission a lighting planner for a new building. Yet, the Hohenlohe district ventured this step – primarily thanks to the persistent, but persuasive arguments put forward by architect Siegfried Müller. This is what took us to the beautiful Hohenlohe surroundings of Künzelsau – to a small town, where life seems to stand still. The architects Müller, Djordjevic-Müller, Krehl have realized their winning entry in the 1996 competition in a way that can only be described as ambitious. The client gave his support to the design, but fears were voiced that the lighting planners from Cologne would plant a "palace of light" – as it was called – like a foreign body in Künzelsau, a traditional small town characterised by Swabian-Franconian modesty. It was not easy to convey that our underlying ideas were rather an expression of understatement and that their primary intention was to reflect the design concerns of the architecture. But the ice was broken once the new savings bank building was completed; the client was proud of the new building and of "its light". Broad-beam downlights create an even level of light in the inner courtyard and, during darkness, also transport light to the outside area. The building assumes charismatic qualities at dusk and during the hours of darkness. The contours of the flat, cantilevered roof that defines the building are traced by intensive lighting. The entrance level and the upper levels for customers stand out as areas of light in the façade of glass. The stairwell with its white reflecting vertical surfaces is a focal feature of the building structure.

Außenansicht des Gebäudes am Abend

> Von indirektem Licht flächig nachgezeichnetes Flugdach; bildhaft inszenierte Wandfläche im Treppenhaus

Outside view of the building in the evening

> Cantilevered roof traced by indirect lighting; graphic staging of a wall surface in the stairwell

Konsequente Lichtthemen durchwandern auf beinahe rigide Weise den Bau. Beim Betreten des Gebäudes wird der Kunde in einem lichtdurchfluteten Innenhof empfangen, in dem sich das emsige Treiben auf den einzelnen Ebenen wie in einer südländischen Stadt auf spielerische Weise präsentiert. Alles wirkt luftig und transparent. Aufenthaltsbereiche laden zum Ausruhen und zu einem Schwätzchen beim Kaffee ein; selbst der Einblick in offen gestaltete Teeküchen wird gewährt. Mutig gewählter roter Teppichboden durchwebt das Gebäude und transportiert eine wohltuende Wärme. Der warmen Farbqualität werden kalte Lichtszenen entgegengesetzt, die Weite und eine üppige Helligkeit in die Erschließungs- und Verkehrsbereiche projizieren. Satinierte, fugenlos aneinandergereihte hinterleuchtete Glasstreifen durchschneiden in asymmetrischer Anordnung die Verwaltungsflure. Lineare bildschirmarbeitsplatzgerechte Profilleuchten, teils eingebaut, teils abgependelt, verknüpfen abgekofferte Deckensprünge in den Büroräumen und schaffen einen Kontext zwischen einer milden Indirektkomponente und dem gerichteten Arbeitslicht.

The building features light themes in a way that is almost rigid. A customer entering the building finds himself in a light-filled inner courtyard, where the hustle and bustle on the individual levels presents itself with all the informality of a Mediterranean city. Everything feels airy and transparent. Recreation areas are inviting places to sit a while and chat over a cup of coffee; and the kitchens where drinks are prepared are open to view. The courageous choice of red carpeting is a central theme of the building and creates an agreeable feeling of warmth. The warmness of colour is contrasted by cold light scenes that suggest spaciousness and provide ample light in the entrance and access areas. Glossy, back-lit strips of glass placed next to each other without any joints intersect the adminstrative corridors asymmetrically. Linear, profile lights suitable for computer workstations, in some cases integrated and in others suspended, link lowered, coffered ceiling elements in the office areas and create a context between the mild, indirect lighting components and direct light for work purposes.

165

Innenhof mit Blick auf die Aufenthaltsbereiche

< Verkehrswege mit asymmetrischer opaler Lichtlinie

Inner courtyard with a view of the general areas

< Access areas with asymmetrical, opalescent light line

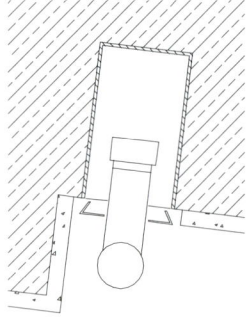

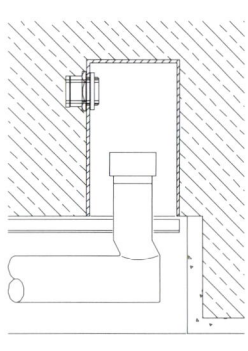

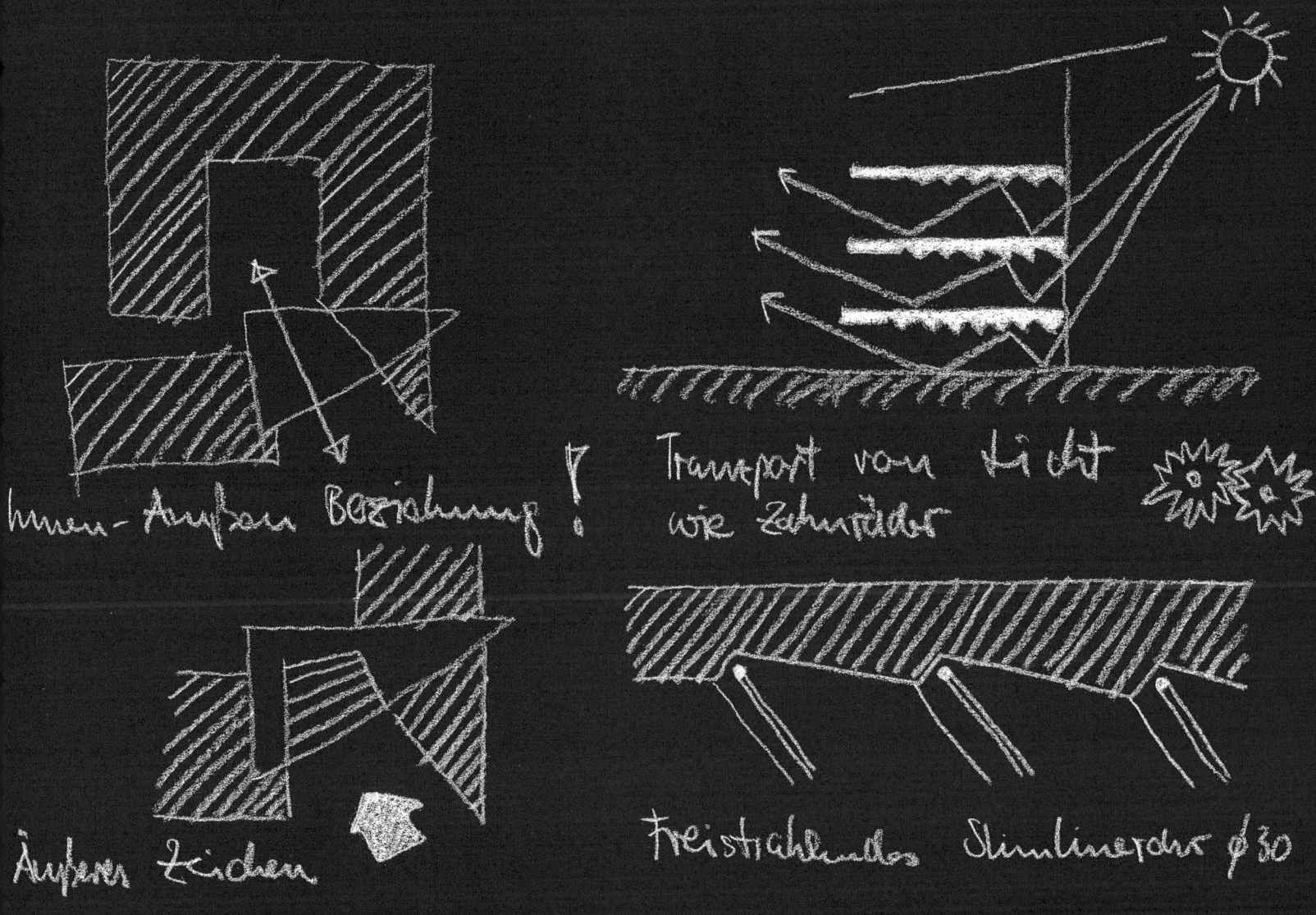

Innen-Aussen Beziehung!

Transport von Licht wie Zahnräder

Äusserer Zeichen

Freistrahlendes Slimlinerohr ⌀ 30

In flach gestufte Betondecken fügen sich freistrahlende Slimline-Röhren wie selbstverständlich ein und bestimmen die Aufenthaltsbereiche durch sichtbares, ungeschminktes Licht – dargestellt in einer minimalistischen Detailausbildung. Die geschuppten Betonflächen transportieren auch das Tageslicht in den Innenraum und somit entsteht eine Verknüpfung der Tages- und Kunstlichtführung.

< Deckenspiegel Obergeschoss, Detail

< Geschuppte Betondecken mit Slimline-Röhren in den Aufenthaltsbereichen

Slimline tubes without shades fit perfectly into gently graduated concrete ceilings and characterize the general areas by means of visible, unvarnished light – presented with minimalist attention to detail. The uneven concrete surfaces also transport daylight into the interior, thereby creating a link between the use of daylight and artificial light.

< Ground floor ceiling panels, detail

< "Scaled" concrete ceilings with slimline tubes in the general areas

EXPERIMENT

Kulturzentrum Schiffbau des Schauspielhauses Zürich
"Schiffbau" Cultural Center of the Zurich Schauspielhaus

Ortner & Ortner, Wien · 2000

Das ehemalige Industriegelände von Sulzer-Escher-Wyss im Nordwesten von Zürich wurde Zug um Zug neuen urbanen Nutzungen zugeführt. Das Schauspiel Zürich errichtete hier seinen Hof, der im Inneren die Nutzungen zusammenfasst, die das Theater braucht. Die Architekten Ortner & Ortner entwarfen den Gebäudekomplex, der die Werkstätten, einen bespielbaren Innenhof, Büros und schmale Wohnhäuser mit Dachterrassen umfasst. Ein Verbindungstrakt mit drei Probebühnen schließt an die denkmalgeschützte Schiffbauhalle an. Die Schiffbauhalle trägt ihren Namen zu Recht, denn hier wurden wirklich Schiffe gebaut. Hier entstanden Dampfschiffe, die auf den Alpenseen schipperten, aber auch Kriegs-schiffe für die Donau und den Gardasee. Viele ältere Fotografien, die die Schiffbauhalle noch in Betrieb zeigen, haben eines gemeinsam: Sie sind bewusste Inszenierungen des Verhältnisses von Mensch und Maschine. Sie erzählen von einer irritierenden Faszination, die allein von den verrückten Größenverhältnissen ausgeht. Die Architekten Ortner & Ortner entschieden: „Die Schiffbauhalle bleibt so, wie sie ist." Sie schlugen das Prinzip „Haus in Haus" vor. Im Inneren wird sie durch Einbauten für unterschiedliche kulturelle Angebote nutzbar gemacht. Die eingestellte Box für den Jazzclub „Moods" und das Restaurant „Lasalle" gehorchten dem „Haus in Haus"-Prinzip. Die Halle ist auch zum Theaterspie-len geeignet, fand Christoph Marthaler, der künstlerische Direktor des Schauspielhauses. Dies bedeutet jedoch, die „Haus in Haus"-Philosophie zu verlassen und die Halle theatertauglich herzurichten, ohne die Industrieästhetik zu beeinflussen.

The former Sulzer-Escher-Wyss industrial area in the north-west of Zurich has gradually taken on new forms of urban use. The Zurich Schauspielhaus has "set up home" here in order to realize its needs as a theatre. The architects Ortner & Ortner designed the building complex consisting of the workshops, a courtyard where performances can be staged, offices and tall, narrow residences with roof terraces. A linking wing with three rehearsal stages adjoins the ship-building hall, which is a listed building. The ship-building hall deserves its name, as vessels were indeed constructed here. Steamers that plied the Alpine lakes were built here as were warships for the Danube and Lake Garda. Many old photographs showing the ship-building hall in operation have one thing in common: They consciously stage the relationship of man to machine. They record a provocative fascination generated entirely by the bizarre proportions. The architects Ortner & Ortner decided that the ship-building hall was to remain the way it was. They proposed the principle of a "house within a house". Its interior is used to accommodate a range of cultural amenities. The units accommodating the Moods jazz club and the Lasalle restaurant follow the "house within a house" principle. In the opinion of Christoph Marthaler, the artistic director of the Schauspielhaus, the hall is also suitable for the staging of plays. This would, however, mean aban-doning the "house within a house" philsosophy and converting the hall for theatre purposes, without intervening in the aesthetic of the industrial complex.

Schiffbauhalle Eingangsbereich

> Foyer

> Restaurant „Lasalle"; schmale Lichtstreifen lösen Sitzbänke von Brüstungselementen; ein venezianischer Kronleuchter brilliert im rauhen Umfeld

Entrance area of the ship-building hall

> Foyer

> Lasalle restaurant; narrow strips of light create spatial distance between the seating and the balustrade elements; a Venetian chandelier provides a glittering contrast to the plain surroundings

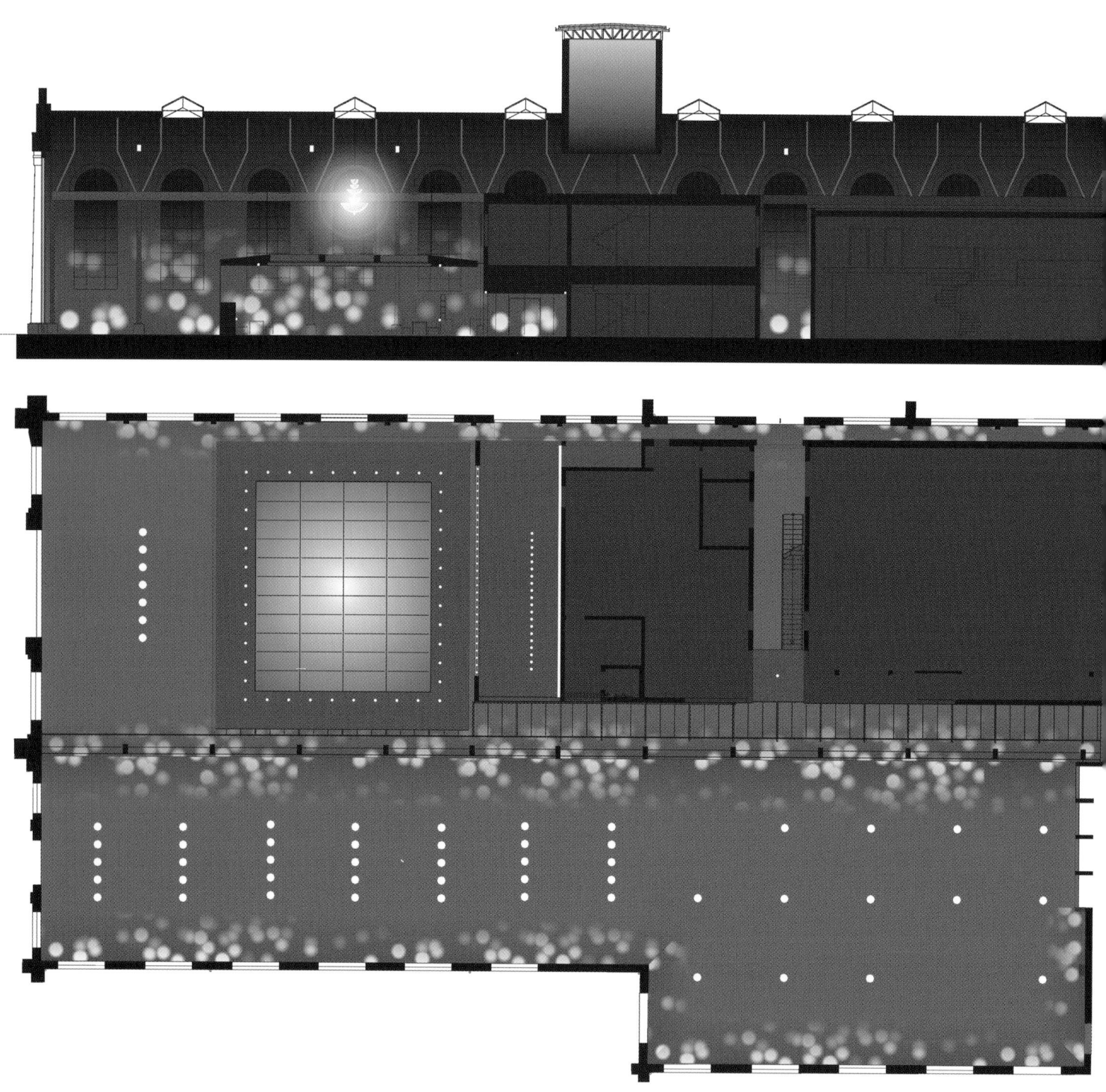

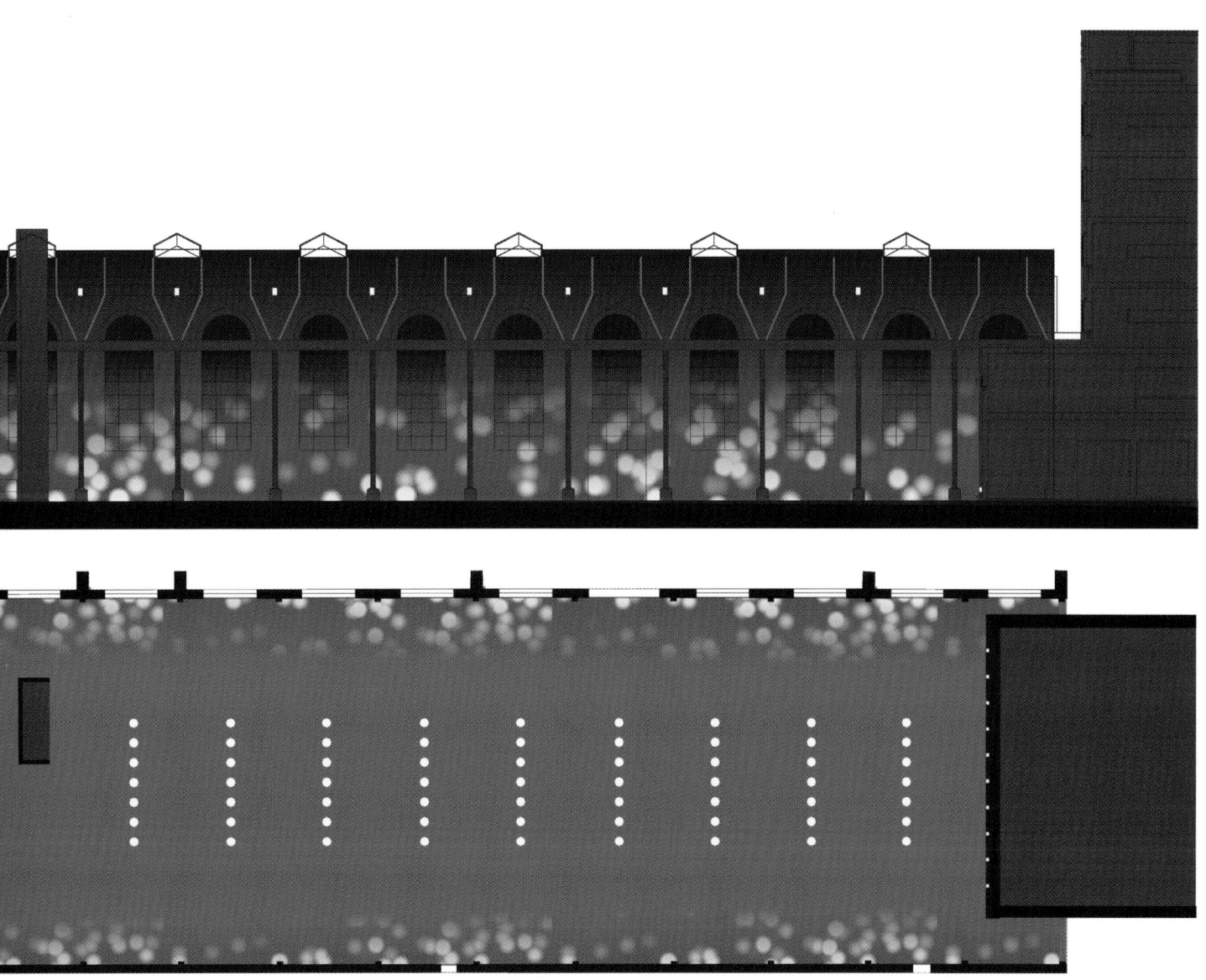

Die Bauarbeiten waren schon weit fortgeschritten, als uns die Architekten Ortner & Ortner im Januar 2000 fragten, ob wir nicht eine visionäre Lichtidee einbringen könnten. Es gab Schnappschüsse, die die Halle in ihrem morbiden Zustand – lichtdurchflutet mit großen Fensteröffnungen, die Licht- und Schattenbilder auf die Wandflächen spielten – zeigten. Diese Bilder waren der Impuls für unsere Ideenfindung. Den Dialog zwischen Raum und Tageslicht wollten wir auch auf künstliche Weise bei Dunkelheit schaffen. Virtuelle Akzentuierungen dargestellt als verwaschene oder scharf geschnittene Muster auf den maroden, gelebten Wandoberflächen – projiziert über engbündelnde Strahlerleuchten mit Gobos – waren der Output. Schemenhafte Lichtwischer huschen über die Wände und angrenzende Fußbodenbereiche und werfen ihre Schattenbilder durch die Fenster in den Außenraum. Tief/breitstrahlende Doppelfokusleuchten verstecken ihr technoides Kleid in der Stahlträgerkonstruktion des Hallendaches. Ein atmosphärisches Licht präsentiert die Industriehalle in ihrer unberührten Belassenheit und ihrer ausgewogenen Proportion. Das Licht untermalt das ihr eigene, ungeschminkte Gewand.

Building work was already well advanced when in January 2000 the architects Ortner & Ortner asked us whether we could provide a visionary idea for lighting. Snapshots were furnished showing the hall in its run-down state – flooded with light streaming through the large window openings that projected the interplay of light and shadow on the walls. The photographs were the inspiration for our ideas. We wanted to create the dialogue between space and daylight artificially during the hours of darkness. The output took the form of blurred or sharp patterns on the dilapidated wall surfaces – projected via narrow-beam Gobo spotlights. Silhouettes dart across the walls and adjoining floor areas and cast their shadows on the outside space through the windows. The technoid appearance of double-focus lights that shine deep and low is concealed in the steel-girder structure of the hall's roof. Atmospheric light presents the industrial hall in its untouched state and balanced proportions. The light underlines its intrinsic, unvarnished appearance.

173

Darstellung der Lichtkonzeption auf den Wandflächen

Deckenspiegel

Depiction of the lighting concept on the wall surfaces

Ceiling panels

Kunsthaus Graz

Peter Cook, Colin Fournier, London · Generalplaner/general planner: Arge Kunsthaus, Graz
voraussichtlich/probably 2003

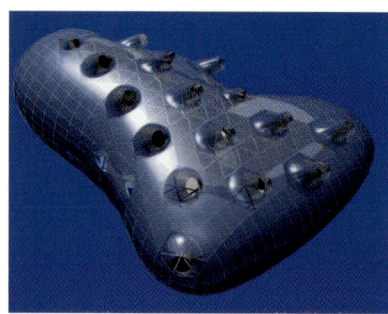

Wenn Graz im Jahr 2003 Kulturhauptstadt wird, dann soll es fertig werden – das Kunsthaus. Ob dieser Eröffnungstermin wirklich eingehalten werden kann, das muss man abwarten. Es ist eben kein „normales" Gebäude; die technisch-baulichen und wirtschaftlichen Vorgaben sind mit großen Problemen behaftet, die das Projektteam mit beinahe unlösbaren Aufgabenstellungen belasten. Im Jahr 2000 ging Peter Cook als 1. Preisträger aus einem beschränkten Wettbewerbsverfahren hervor und Graz freut sich seitdem auf ein außergewöhnliches architektonischen Ensemble, das sich am Ufer der Mur niederlässt. Unsere ersten Planungsgespräche mit Peter Cook und Colin Fournier waren nicht nur spannend, sie waren im Besonderen amüsant und witzig. Gebräuchliche Architekturverben gab es einfach nicht. Alles schien spielerisch und leicht, wir lernten mit Begriffen wie Bubble, Skin, Kokon, Needle, Bauch und Nozzles umzugehen. In dieser Euphorie, die eine Herausforderung gegenüber dem sonst üblichen Architekturdenken darstellte, wurden mutige räumliche Lichtvisionen, die auf dieses ungewöhnliche gestrandete Ufo an der Mur eingingen, entwickelt. Die Beleuchtung der äußeren „Skin" und des „Bauches", des schwebenden „Kokons", sollte leicht, transparent in den städtebaulichen Kontext eingebunden werden. Filigrane, selbstleuchtende „Adern" aus Glasfasern durchzogen auf eher unorthodoxe Weise die äußere Gebäudehülle aus Acrylglas – die Skin; sie verdichteten und verloren sich, sie lösten sich auf in eine Vielfalt von einzelnen Fasern mit Lichtaustritten als eingestreute „Pusteblumen" und „Blütenstaub".

It is supposed to be completed when Graz becomes cultural capital in 2003 – the Kunsthaus. It remains to be seen whether it will really be possible to keep to this opening date. After all, it is not a "normal" building; the technical, structural, and economic criteria have presented the project team with virtually insoluble tasks. Peter Cook was awarded 1st prize in a limited competition held in 2000 and since then Graz has been looking forward to realization of an unusual architectural ensemble on the banks of the River Mur. Our first planning discussions with Peter Cook and Colin Fournier were not only fascinating, they were also amusing and witty. Typical architecture language simply did not feature. Everything seemed to be playful and light, we learnt what was meant by terms such as bubble, skin, cocoon, needle, belly, and nozzles. It was in this atmosphere of euphoria, which posed a challenge to conventional thinking on architecture, that bold, spatial light visions were developed to form part of this unusual UFO stranded on the banks of the Mur. The lighting of the outer skin and the belly of the floating cocoon was to be integrated into the urban context in a light, transparent way. Filigree, luminous "arteries" of fibreglass crisscrossed the outer shell of the building – the skin – in a somewhat unorthodox manner; they became denser, lost themselves, disintegrated into a large variety of individual fibres with light openings like sprinklings of "dandelion clocks" and "pollen".

174

Modellaufnahme der Außenhaut

> Virtuelle Darstellung des Innenraumes mit den „Nozzles"

>> Nachtdarstellung der Aussenansicht; Transparente „Adern"
aus Glasfaser durchziehen die Skin, sie verdichten und verlieren
sich; „Himmelsstrahler" in den Nozzles setzen weit sichtbare
Zeichen.

Model of the outer skin

> Virtual representation of the interior with the "nozzles"

>> Outside view at night. Transparent "arteries" of fibreglass criss-
cross the skin, they become denser and lose them-selves, "sky
spotlights" in the nozzles are points of emphasis that can be seen
from afar.

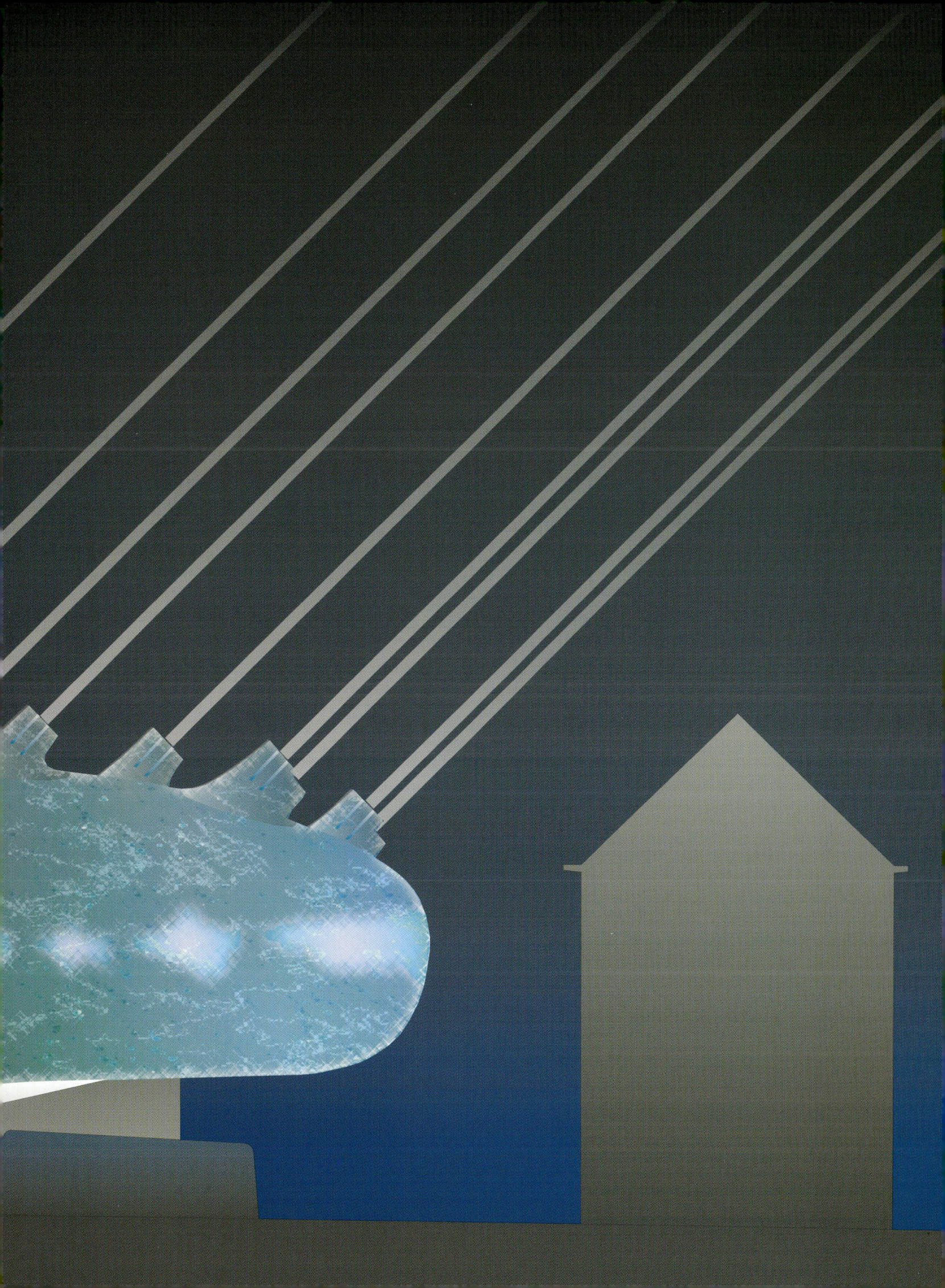

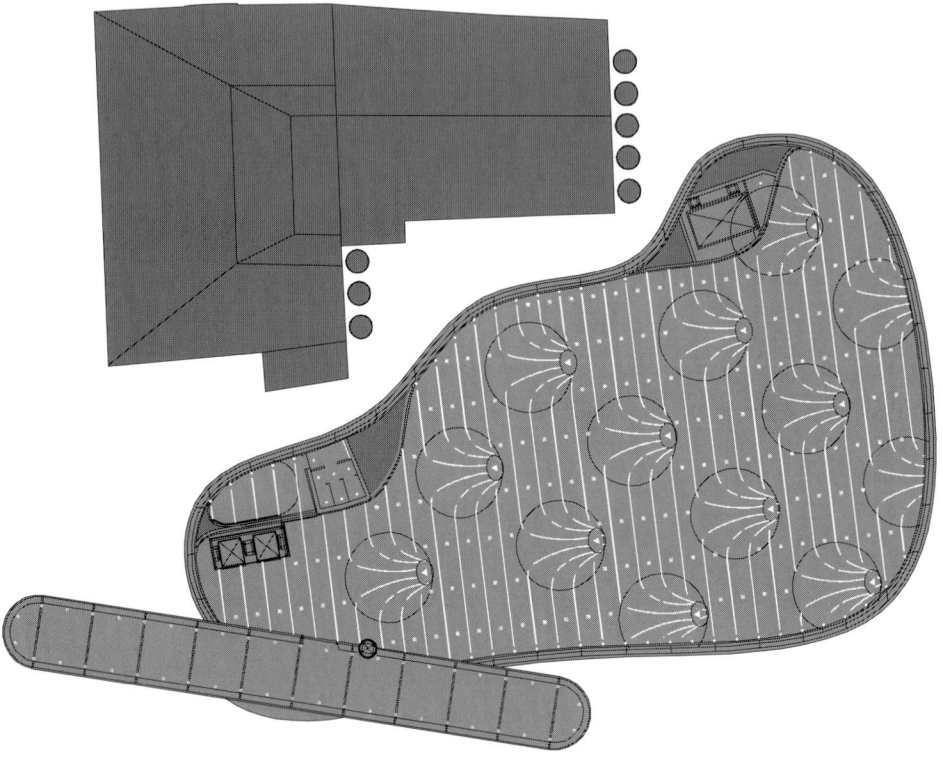

Zwei- und dreidimensional nahtlos aneinandergereihte Slimline-Röhren haben die Innenskin der oberen Ausstellungs-ebene im Kokon durchwoben. Vibrierend dargestellt in „zarten Nervensträngen" wurde der Raum in seiner Komplexität ausformuliert. Die Mehrschichtigkeit der Skin artikulierte sich durch sanftes Hinterleuchten und Aufblitzen in einer metallisch transparenten Deckenschicht. Kosten- und Nutzungsanforderungen zwangen uns jedoch zum Umdenken. Prioritäten wurden formuliert – die Ausstellungsräume müssen den möglichen, auch kontroversen Ausstellungskonzepten gerecht werden. Den Weg, dem architektonischen organischen Konzept zu folgen, haben wir trotzdem nicht ganz aufgeben. So haben wir die „Nozzles" – die „Lichtmünder" – zu den Hauptdarstellern ernannt. Kreisförmige Slimline-Röhren werden in dichter Anordnung schraubenförmig in die Innenraumverkleidung der Nozzles eingesetzt. Mit diesem Lösungsansatz werden die Nozzles als starkes architektonisches Element geometrisch inszeniert und wird eine visuell wahrnehmbare räumliche Erhöhung geschaffen. Es entsteht ein raumweitender Eindruck, der den Bezug zum Außen-raum verdeutlicht. Durch die Überlagerung der Slimline-Röhren wird eine diffusierende, flächenhafte Lichtwirkung ähn-lich einer Lichtdecke erreicht.

Slimline tubes perfectly aligned to each other two-dimensionally and three-dimensionally were interwoven through the inner skin of the upper exhibition level in the cocoon. The complexity of the space was expressed in "delicate nerve strands". The multiple layers of the skin were articulated by gentle backlighting and flashes in a transparent, metallic ceiling layer. However, cost and use considerations forced us to rethink our ideas. Priorities were set – the exhibition rooms have to do justice to the potential exhibition concepts, including controversial ones. Even so, we did not entirely abandon the path of following the architectural, organic concept. We made the "nozzles" – the "light mouths" – into the main actors. Circular slimline tubes placed close together are inserted into the interior casing of the nozzles in a screw-like arrangement. Using this approach, the nozzles are geometrically staged as a powerful architectural element and a visually perceptible heightening of the space is created. The result is an impression of greater space, underlining the reference to the outside space. The overlapping of the slimline tubes creates a diffused, wide light effect similar to a ceiling of light.

Deckenspiegel Obergeschoss, Innenskin   Upper storey ceiling panels, inside skin

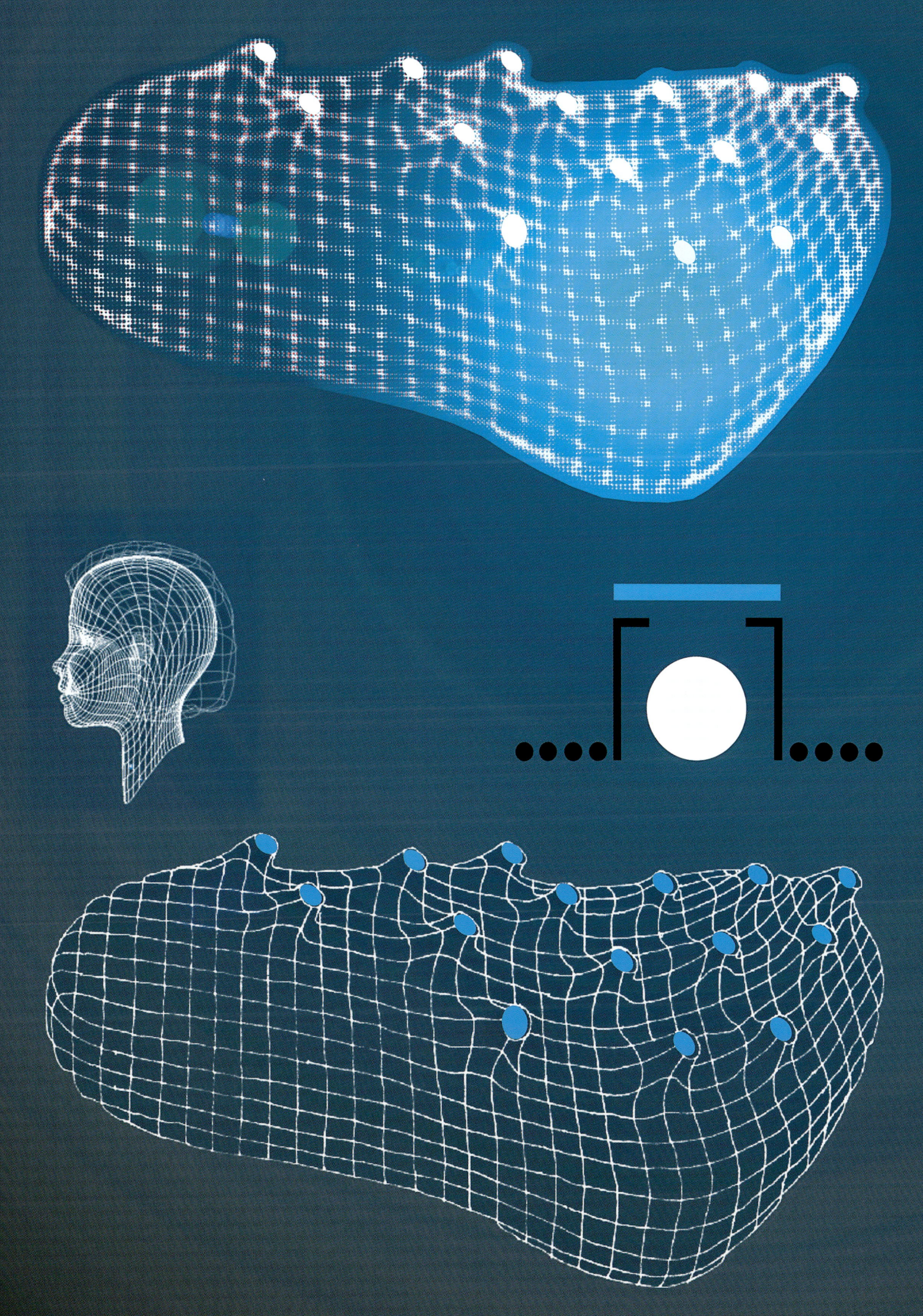

Haus des Lichts · House of Light

Günter M. Adams

Ausgangspunkt dieser geistigen Bemühung ist die Erkenntnis, dass die im Laufe der Schöpfung und der menschlichen Geschichte gebildeten natürlichen und kulturellen Substanzen ein einmaliges, nicht willkürlich nachzubildendes Gut sind. So wird die festgefügte Ordnung traditioneller Kulturen nicht als Starrheit verkannt und verurteilt, sondern als Musterfall jenes Gleichgewichts, zu dem die moderne Zivilisation zurückfinden müsste, wenn sie auf Dauer überleben will. An diese Gedanken anknüpfend ist auch der von Menschen erlebte und gelebte Raum in neuerer Zeit wieder stärker in den Vordergrund getreten. In dem menschlichen Umraum leben wir so selbstverständlich, dass er uns in seiner Eigenart gar nicht auffällt und wir nicht weiter darüber nachdenken. Seine Erforschung ist daher eine besondere architektonische Aufgabe. Eine großartige Abhandlung über diese Fragestellung kann jedoch nicht erwartet werden. Es dürfte fruchtbarer sein, das Problem des erlebten Raumes möglichst unbefangen und durchaus naiv in Angriff zu nehmen und zu sehen, was dabei herauskommt. Das Haus des Lichts ist als Metapher differenziert artikulierter Raumsequenzen, eingehend auf die gefühlsbetonte Wahrnehmung des Menschen, zu betrachten.

The point of departure of this intellectual exercise is the recognition that natural and cultural substances formed in the course of creation and human history are a unique heritage that cannot be copied at will. Hence, the established order of traditional cultures is not misjudged and condemned as intransigence, but seen as a model of the balance to which modern civilisation should return if it is to survive in the long term. Following on from these ideas, the space experienced and inhabited by human beings has recently again come to the forefront. We take our human surroundings so much for granted that we are no longer aware of their individuality and do not give them any further consideration. This makes their study an architectural challenge of a special nature. However, full-scale treatment of this question is not to be expected. Approaching the problem of experienced space without bias and by all means naively and to see what the results are would seem to be more promising. The House of Light is to be seen as a metaphor of spatial sequences with differentiated articulation, addressing the emotional aspect of human perception.

> Grundriss   > Ground plan

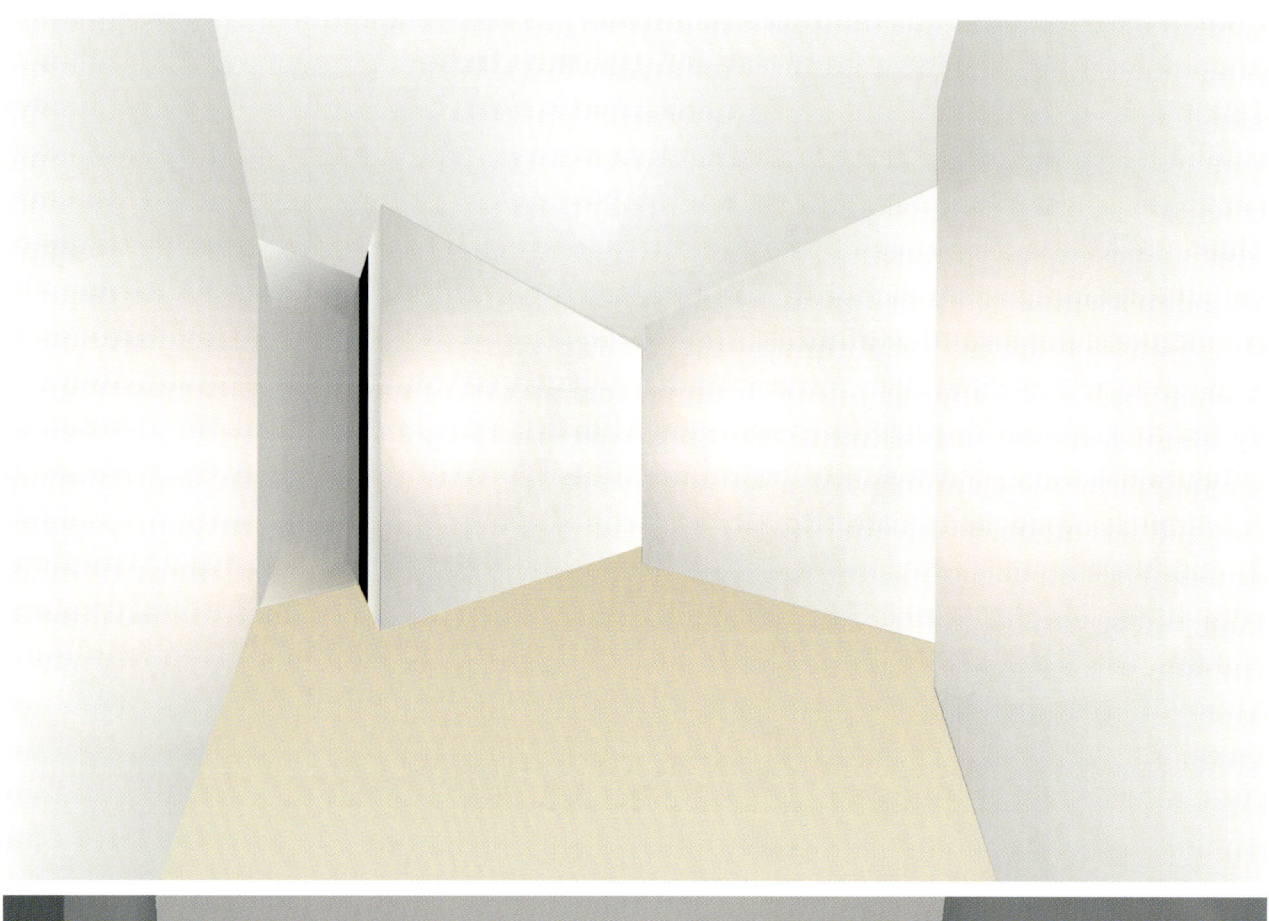

1 Raum des Südens

Orientierungslos zeigt sich der Raum der Entscheidung – der Entscheidung, die zu treffen ist, welchen Weg man beschreiten möchte. Knüpft der Mensch weiter an den gewohnten Kreislauf des täglichen Lebens an oder öffnet er das Tor zur Welt, um Erfahrungen zu sammeln, Kontakte zu schließen und neue Spannungsfelder aufzubauen. Feiner weicher Sandboden, leuchtende Decken und Wände, hohe Leuchtdichten, Richtungslosigkeit, ohne jegliche beeinflusste Frequenz zur Entscheidungsfindung reflektieren auf die Weite einer Wüstenlandschaft.

1 Room of the South

The room of decision presents itself without any direction – the decision to be taken is what path to choose. Do human beings continue in the familiar cycle of daily life or do they open the gateway to the world to gather experience, establish contacts and develop new challenges. Fine, soft sand underfoot, gleaming ceilings and walls, high lighting density, a lack of a sense of direction, without any influencing of the frequency of decision-making are a reflection on the vastness of a desert landscape.

2 Raum der Sehnsucht

Wir Menschen sehnen uns nach Schönheit, nach Erfolg, nach Glück und oft nach dem Unerreichbaren. Sehnsucht empfinden, Sehnsucht stark emotional erleben, kann auch Träume von unwirklichem Ausmaß bedeuten. Spiegelnde Wände als Symbol der Unwirklichkeit, freistrahlende Halogenlichtpunkte als Zeichen der Festlichkeit, Parkettfußböden, fein gestuckte Decken lassen den Menschen eintauchen in seine Sehnsüchte und Träume. Der Raum der Sehnsucht ist ein meditatives Ensemble der Unwirklichkeit inmitten der Wirklichkeit.

2 Room of Yearning

We human beings yearn for beauty, success, happiness and sometimes for the unobtainable. Feeling yearning, experiencing yearning with an intensity of emotion can also mean dreams of unreal proportions. Reflecting walls as a symbol of unreality, pinpoints of halogen light as a sign of festiveness, parquet floors, elegant stucco ceilings allow the individual to immerse himself in his yearnings and dreams. The Room of Yearning is a meditative ensemble of unreality in the midst of reality.

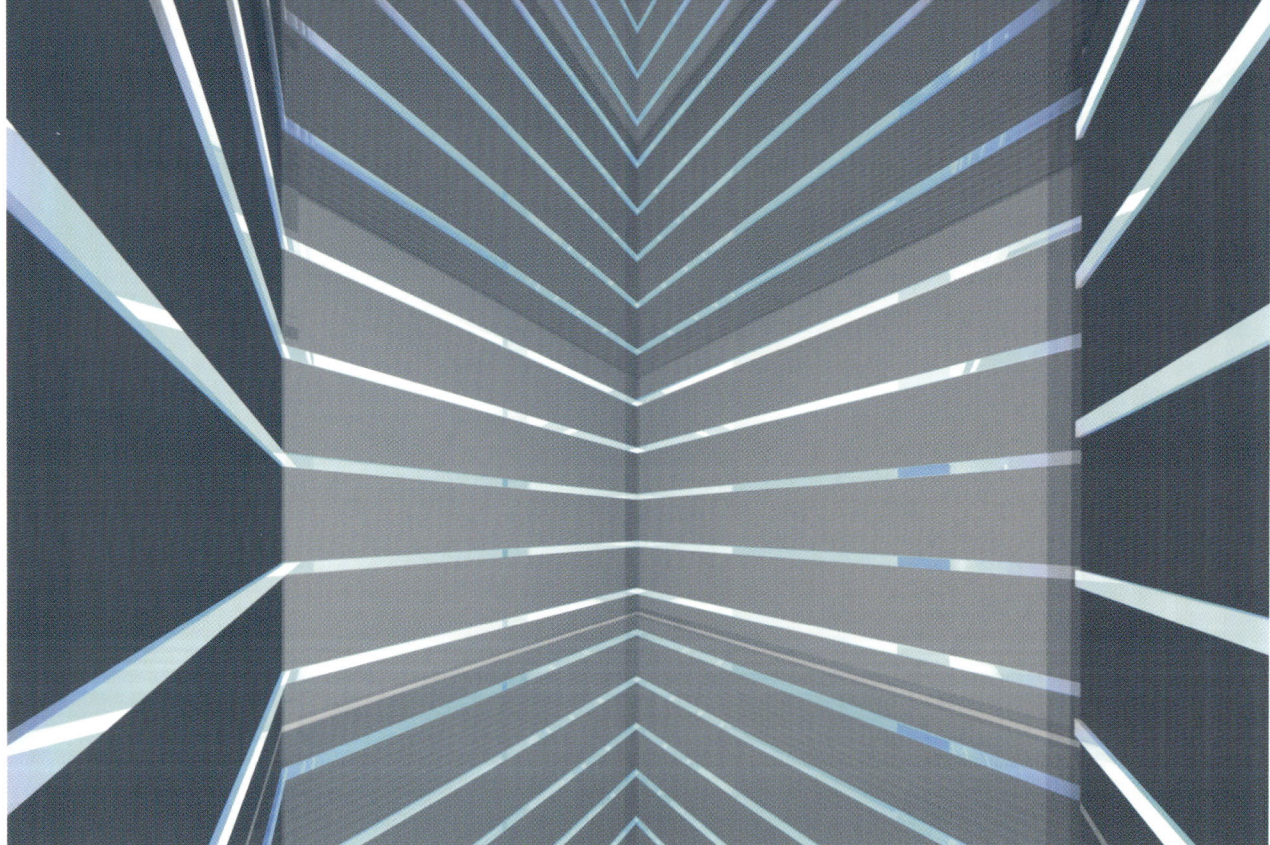

3 Raum des Abendmahls

Der Abendmahlraum ist dargestellt als abstrahierter Wald, als ein räumliches Szenario, wie es in der freien Natur erlebbar ist. Heruntergefallenes, knisterndes Laub bedeckt den Boden, dünne metallisch funkelnde Rundstäbe pendeln von einem engmaschigen Deckenrost. Fluoreszierende Lichtschlitze in den Wänden erinnern an die bewegenden Licht- und Schattenspiele der untergehenden Sonne auf einer Waldlichtung, die das Geschehen des Tages Revue passieren lassen und zum Abendmahl einladen.

3 Room of Supper

The Room of Supper is presented as an abstract wood, as a spatial scenario of the kind that can be experienced in nature. Fallen, rustling leaves cover the ground, thin, gleaming metal rods are suspended from a closely-meshed ceiling grid. Luminous light slits in the walls evoke the emotive play of light and shadow that a setting sun creates in a woodland clearing, allowing the events of the day to pass before the mind's eye and being an invitation to the evening meal.

4 Raum der Dankbarkeit

In enger Beziehung zu den bisher betrachteten Überlegungen steht die Tugend der Dankbarkeit. Es gibt kaum eine andere Eigenschaft des Menschen, die so geeignet ist, den Zustand seiner inneren, geistigen und sittlichen Gesundheit erkennen zu lassen, wie seine Fähigkeit dankbar zu sein. Verspiegelter Fußboden und Decke, vertikal hinterleuchtete Schlitze, die sich ins Unendliche fortsetzen, schaffen Raum zum Alleinsein mit „Gott" in Dankbarkeit.

4 Room of Thankfulness

The virtue of thankfulness is closely related to what has been contemplated so far. Man has hardly any other quality that is so suited to revealing the state of his inner, spiritual and moral health as his ability to be thankful. A mirrored floor and ceiling, vertical illuminated slits that continue into infinity create space for being alone with "God" in a state of thankfulness.

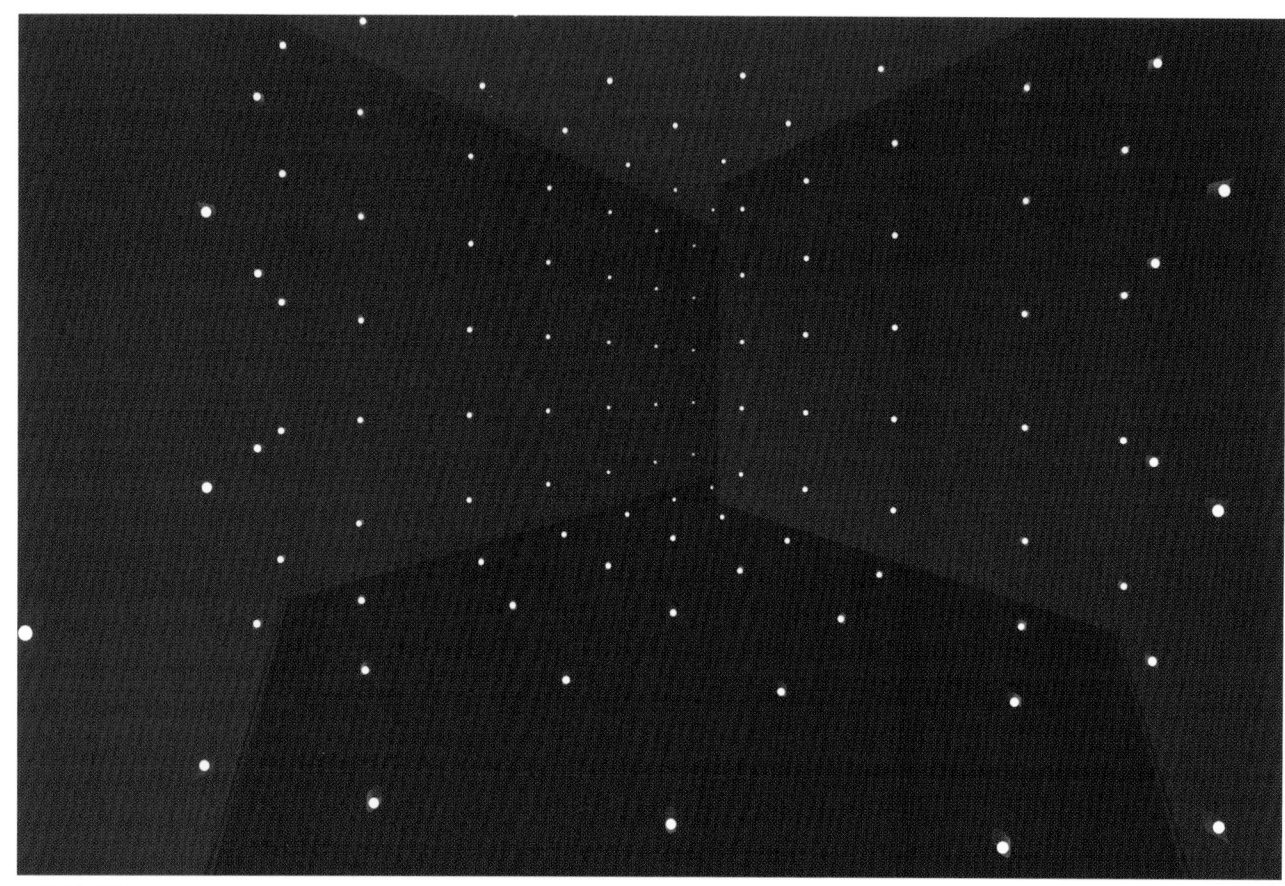

5 Raum des Todes
Die Endlichkeit der menschlichen Existenz ist unausweichlich, sie ist absolut. Im Angesicht des Todes gibt es keinen begrenzten Raum mehr. Es offenbart sich ein schwarzer Raum – übersät mit Hunderten kleiner Glühpunkte. Schwerelosigkeit löst den Menschen von der Bodenhaftung und lässt ihn ins Universum entgleiten.

5 Room of Death
The finite nature of human existence is inevitable, it is absolute. There is no longer any limited space in the face of death. A black space reveals itself – studded with hundreds of small glowing points. Weightlessness releases man from the ground and allows him to pass into the universe.

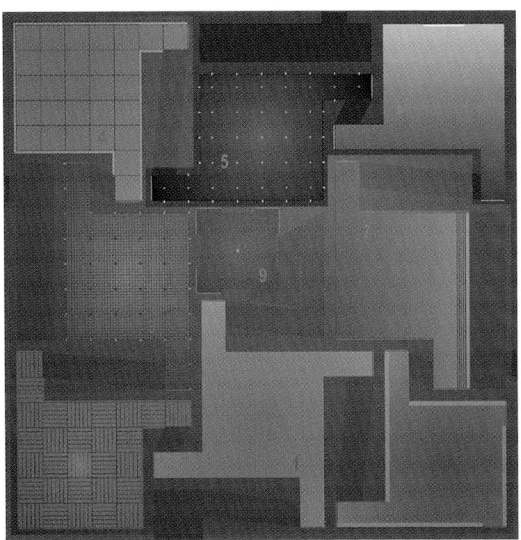

6 Raum der Einsamkeit
Der Existentialismus zwingt den Menschen in Einsamkeit und Verlassenheit und es gibt, solange man auf dem Boden des Existentialismus steht, keinen Weg, der aus der Einsamkeit hinausführt. Symbol dieser Einsamkeit ist die Gefängniszelle. Halbhoch mit kargem Ölanstrich behandelte Wände, darüber alter, blätternder, reißender Putz und irgendwo in einer Raumecke eine nackte Leuchtstofflampe zeugen von der immanenten räumlichen Gegenwart, die keinen Weg aus der Einsamkeit zulässt.

6 Room of Loneliness
Existentialism forces man into loneliness and solitariness and there is, as long as we espouse existentialism, no escape. The symbol of this loneliness is the prison cell. Walls, painted with a thin coat of oil-based paint over half their height, the remainder covered in old, cracked and peeling plaster, and somewhere in the corner a naked neon light bulb are expression of the inherent spatial present that does not permit any escape from loneliness.

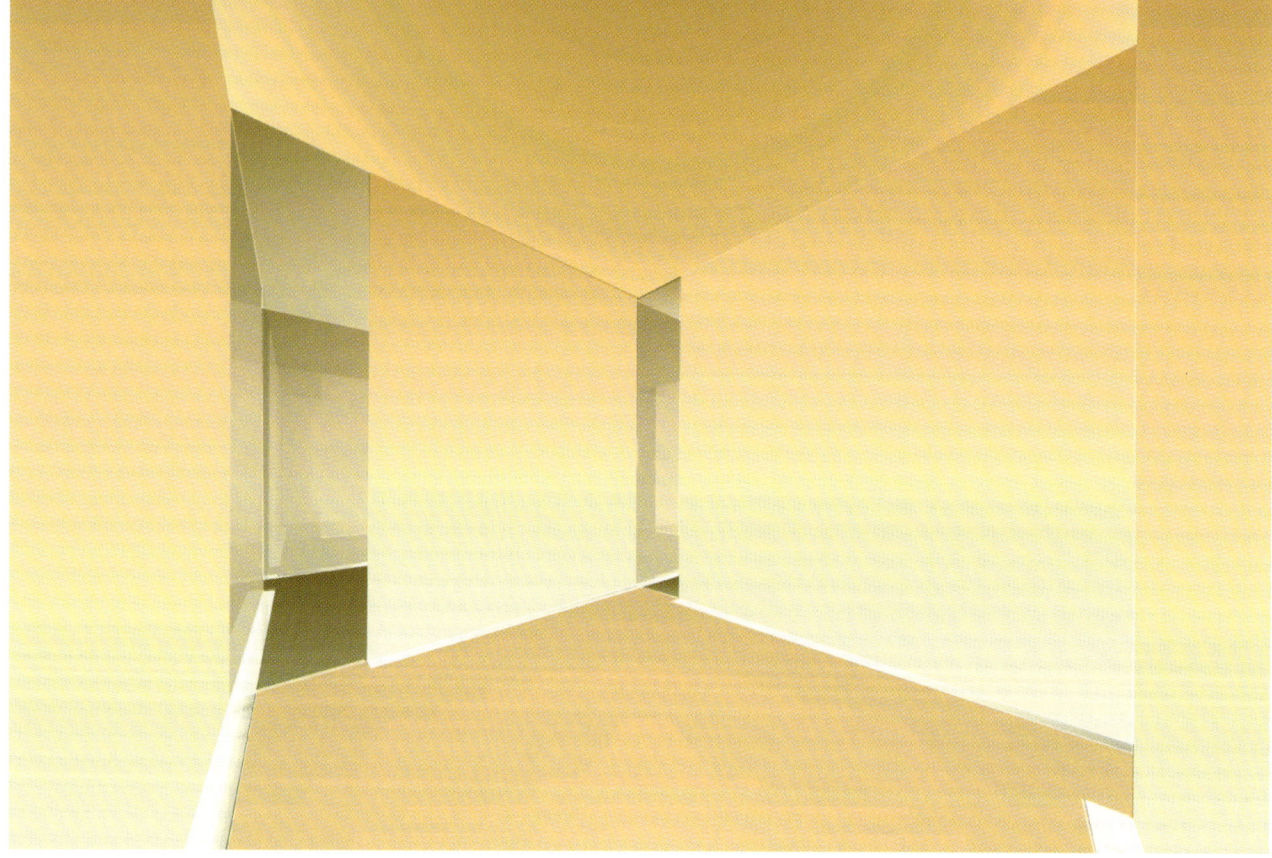

7 Raum der Geburt
Das schönste und erhebendste Ereignis im menschlichen Dasein ist die Geburt. Sie ist die Zukunft, der Fortgang allen menschlichen Lebens. Neues Leben erfüllt uns Menschen mit Zuversicht und Glück. Ein Wasserfilm überzieht den Boden, eine leuchtende farbige Wand mit entmaterialisiert spiegelnden Lamellen erzählt vom Sonnenaufgang, vom neuen Tag und vom neuen Leben.

7 Room of Birth
The finest and most uplifting event in human existence is birth. It is the future, the continuation of human life. New life fills us as human beings with optimism and happiness. A film of water covers the ground, a shining, coloured wall with dematerialized reflecting slats tells of sunrise, of the new day and new life.

8 Raum der Hoffnung
Die Hoffnung gehört zu den unablösbaren notwendigen Voraussetzungen des menschlichen Lebens. „Hoffnung ist der schönste Erbteil der Lebendigen, dessen sie sich nicht einmal, auch wenn sie wollten, entäußern könnten", sagt Goethe. Hoffnung ist der Stoff, aus dem die Seele gemacht ist. Die Hoffnung trägt uns, sie treibt uns voran und sie lässt uns Müdigkeiten überwinden. Ein heller, zartgetönter Raum mit schmalen hinterleuchteten Bodenfugen, die die Wände ablösen und in die Tiefe entgleiten lassen, getragen von einer sanften Atmosphäre, schenkt dem Verweilenden Hoffnung.

8 Room of Hope
Hope is one of the inalienable, necessary preconditions of human life. Goethe says "Hope is the finest inheritance of the living, of which they cannot, even if they so wanted, divest themselves." Hope is the stuff of which the soul is made. Hope supports us, it carries us forward and allows us to overcome weariness. A light room in pastel shades with narrow, backlit floor joints that merge into the walls and into depth, borne by a gentle atmosphere, gives hope to those who linger here.

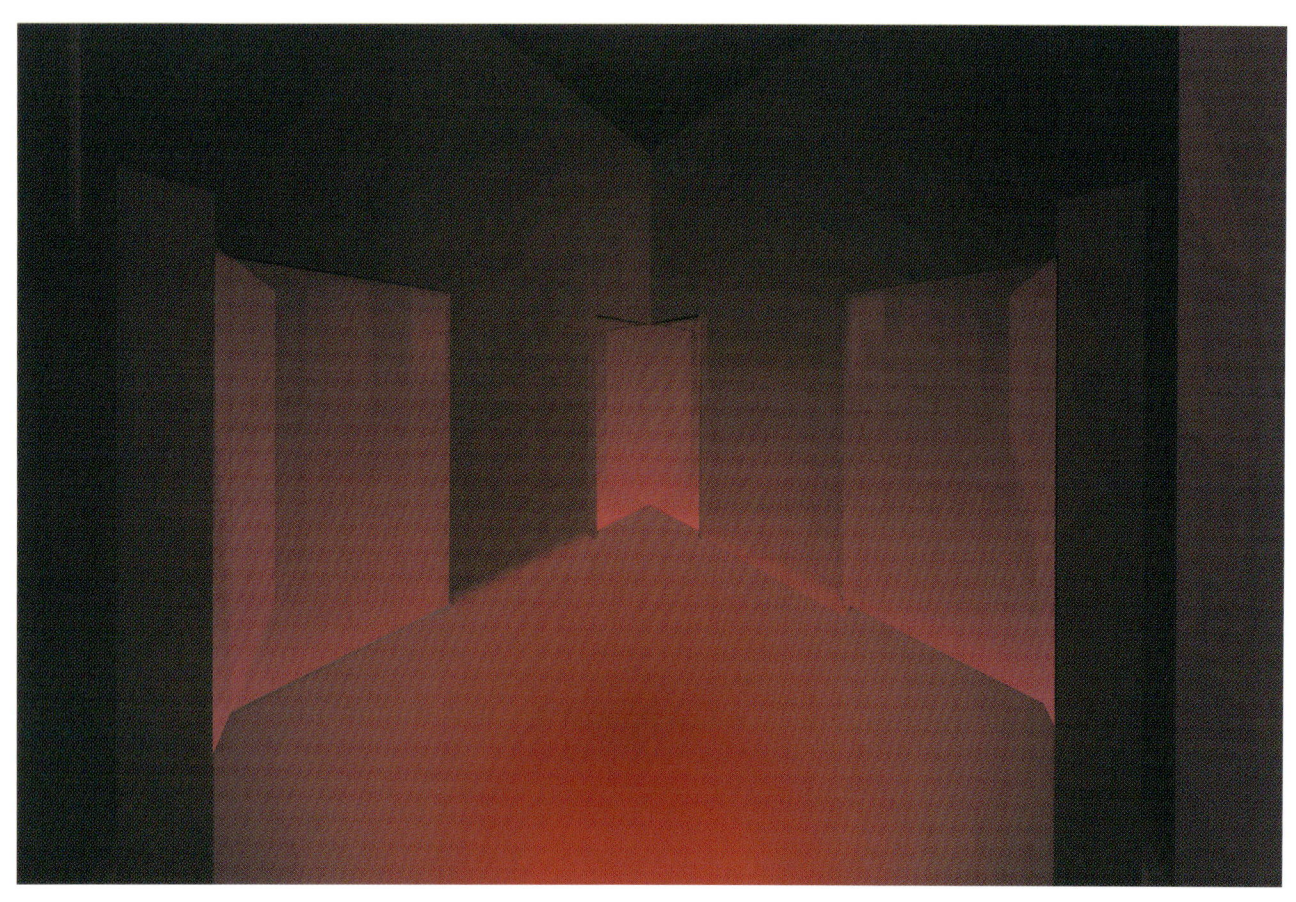

9 Raum „Die Mitte"

Der Raum der „Mitte" ist das Zentrum der Liebenden, der aus dem Kreislauf herausgetragen wird. Es ist in der „Mitte" etwas wie eine Rückkehr zum uralten innigen Glück, wie dies nur in einer Wolke der Erinnerung, aber auch zugleich als Vorbote einer künftigen Erfüllung erscheinen kann. Hier sind die Liebenden vor den rationalen Durchdringungen des Alltags bewahrt und geschützt. Sie finden sich in Geborgenheit. Nur ein zentrischer, winziger Lichtaustritt erinnert an das „Draußen" in dem hohen, mit warmtönigen Stoffbahnen bespannten Raum.

9 Room of "Middle"

Room of the "Middle" is the centre of the lovers that has been taken out of the cycle. It is in the "middle" like a return to ancient, profound happiness of the kind that can only manifest itself in a cloud of memory, but is also a harbinger of future fulfilment. Here the lovers are preserved and protected from the rational intrusions of everyday life. They are safe here. Only a tiny centric opening allowing light to escape brings to mind the "outside" in the high room hung with lengths of fabric in warm colours.

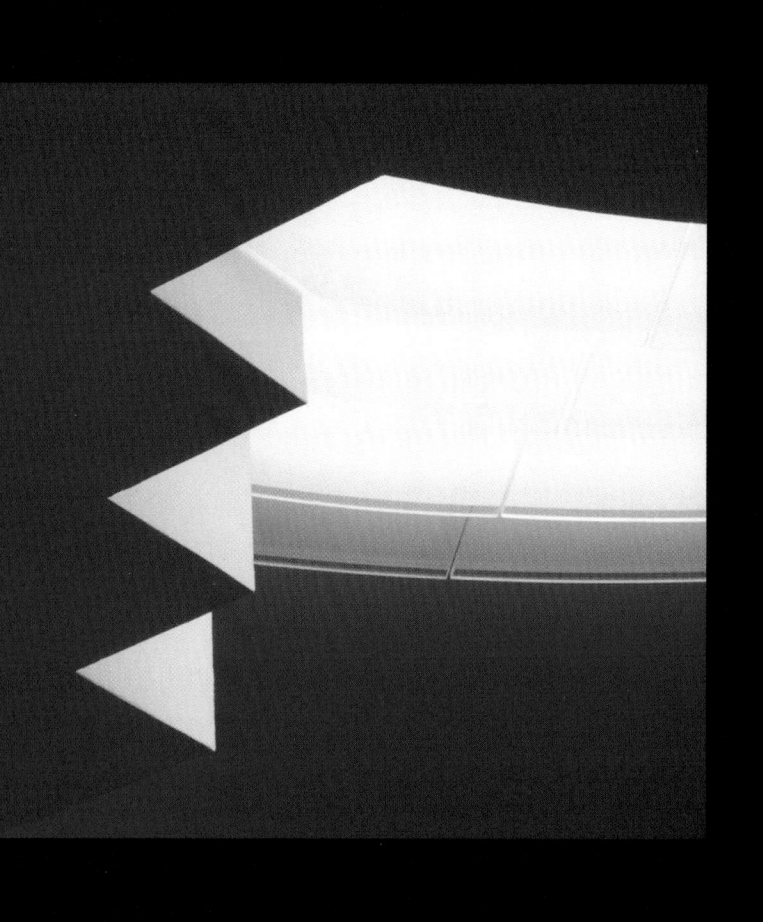

DESIGN

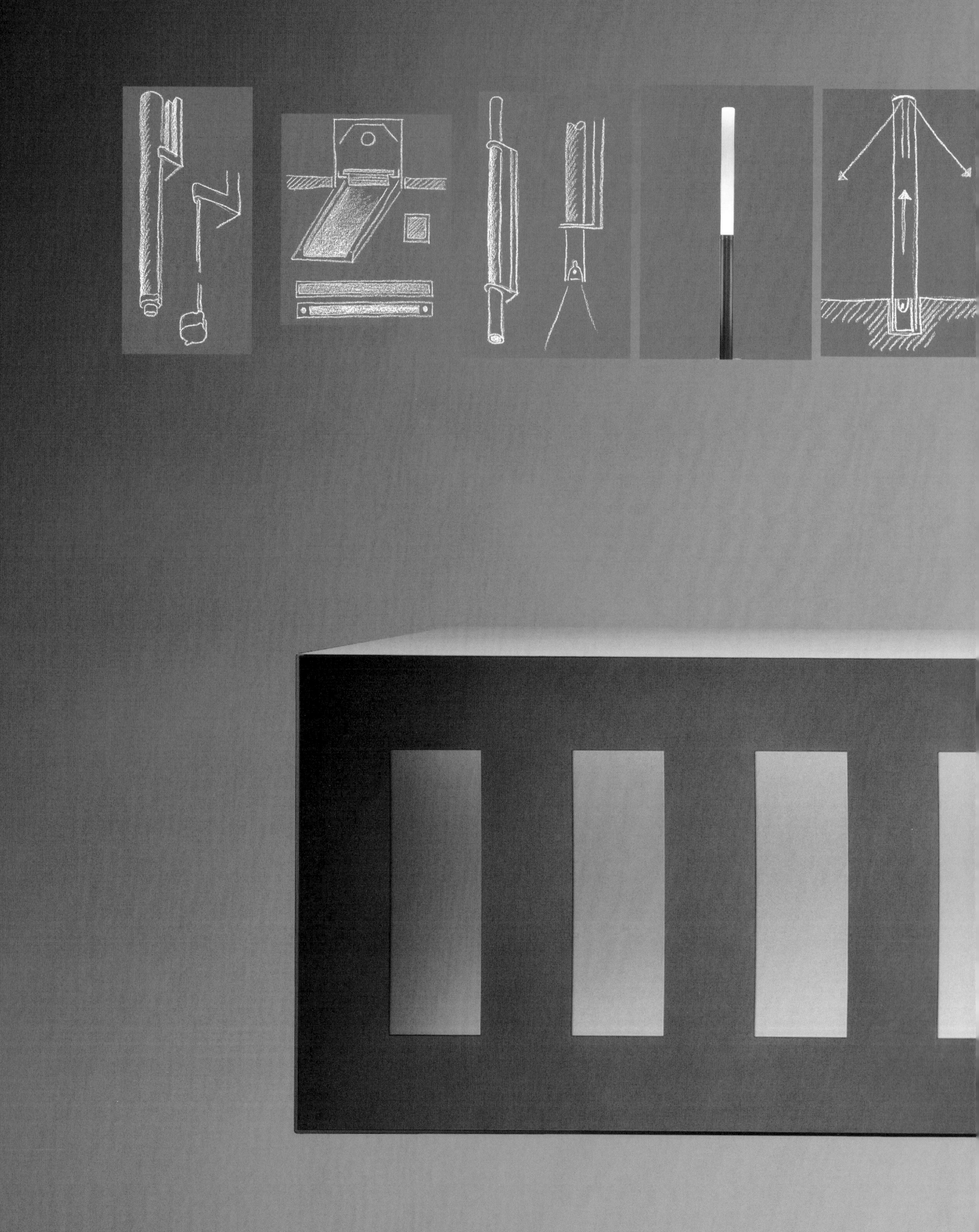

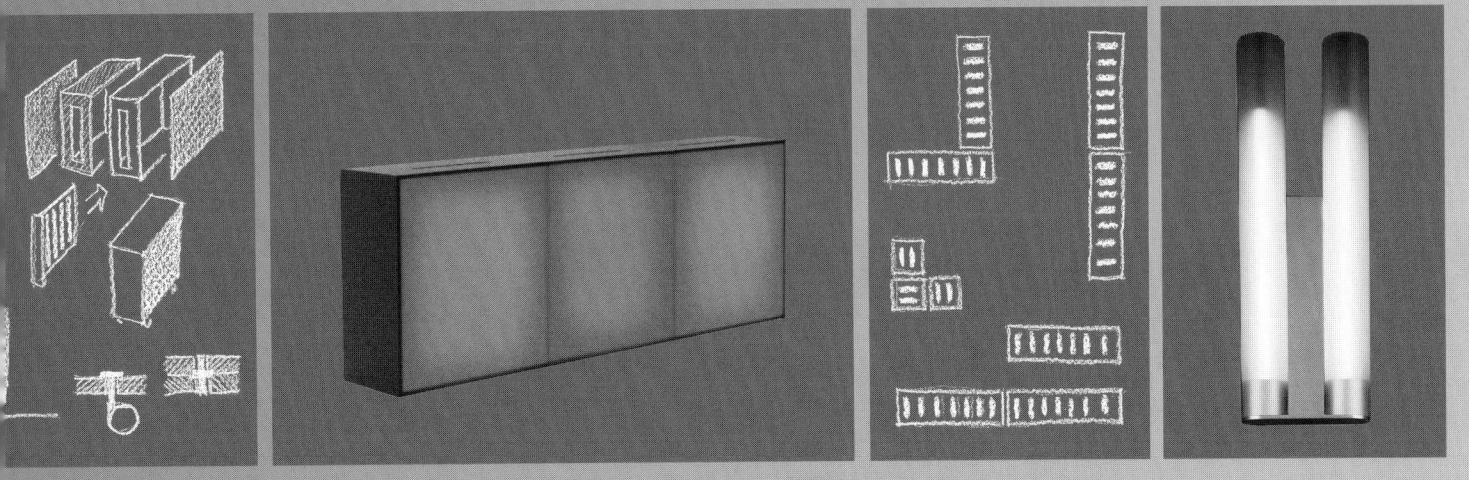

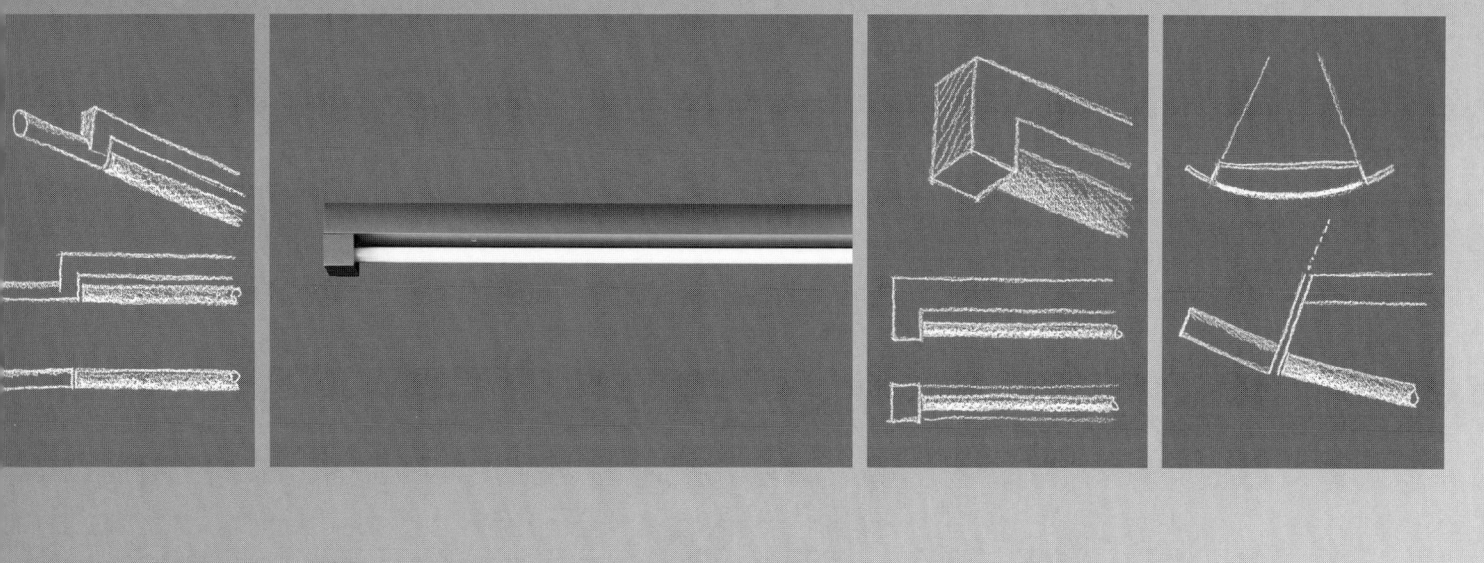

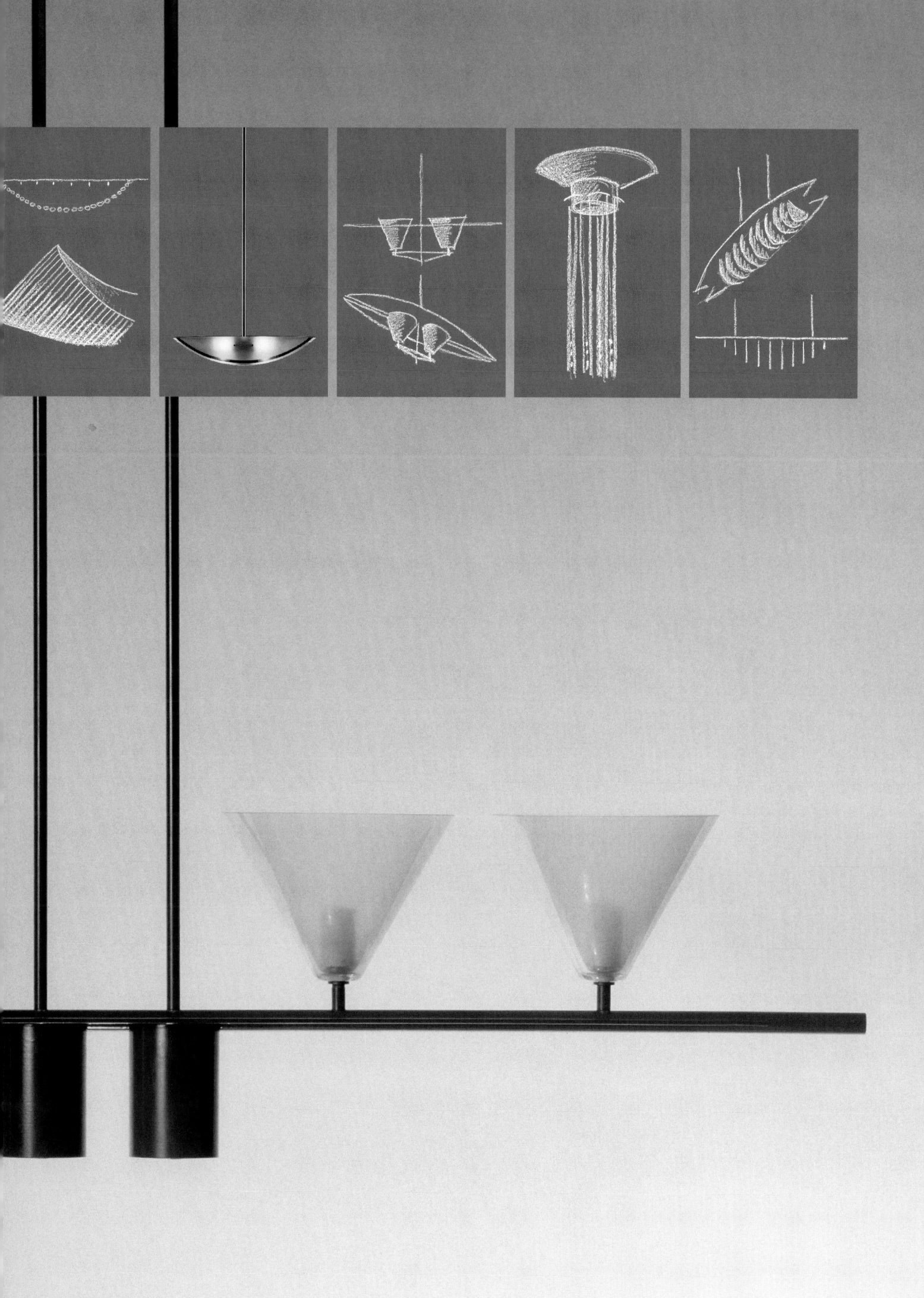

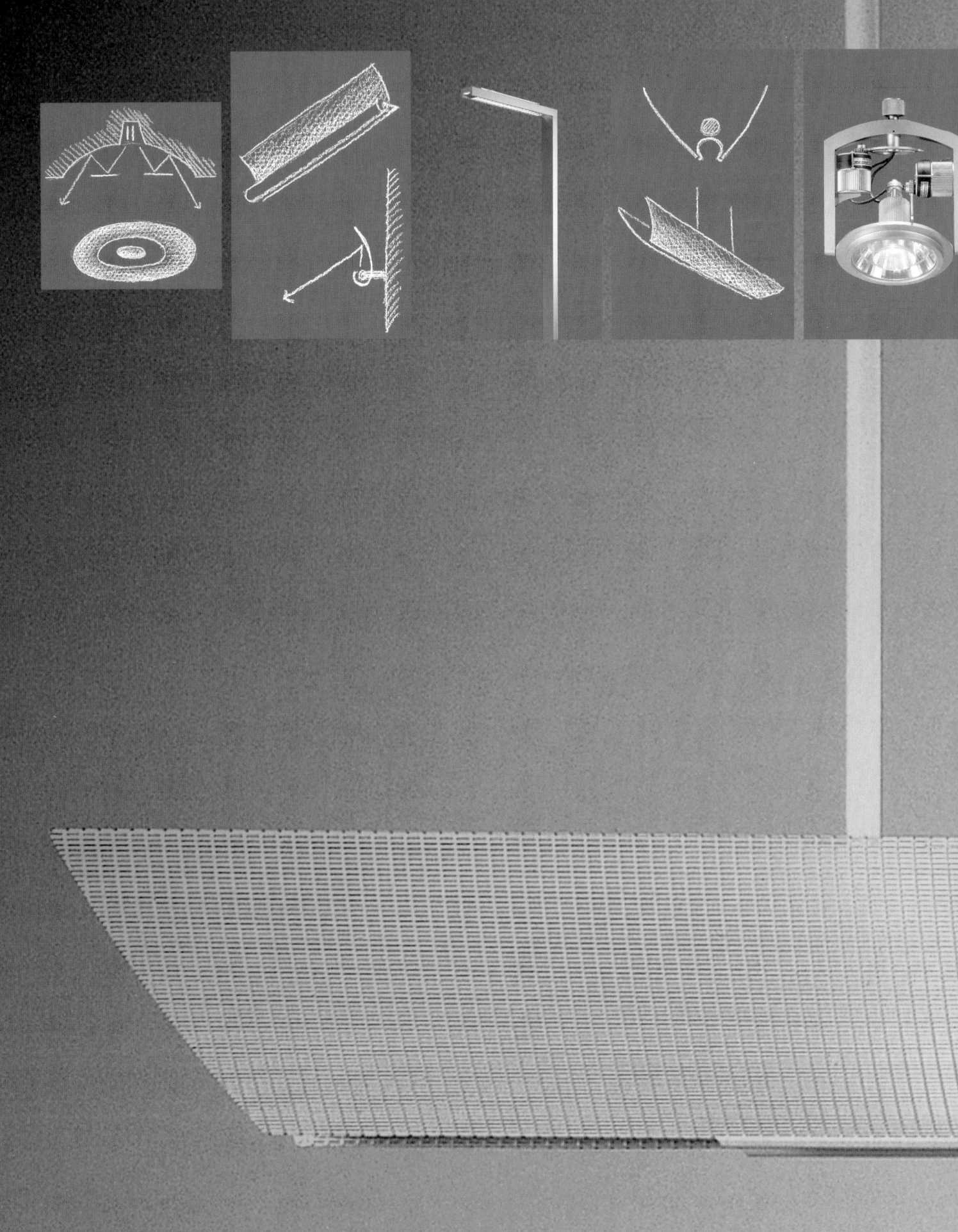

ANHANG · APPENDIX

Vitae und Mitarbeiter

Hannelore Kress-Adams

geboren 1948
in Aschaffenburg

1968–1972
Studium der Innenarchitektur
an der Staatlichen Akademie
der Bildenden Künste in Stuttgart
bei Prof. Herta-Maria Witzemann

1973–1974
Studienaufenthalt in Mailand

1975–1985
Mitarbeit bei dem Lichtplaner
Hans v. Malotki in Köln

1985
Gründung des gemeinsamen Büros
mit Günter M. Adams in Köln

Günter M. Adams

geboren 1947
in Bonn

1974–1979
Studium der Architektur
an der Akademie der Bildenden Künste
in Düsseldorf bei Prof. Hans Hollein
sowie Prof. Ernst Kaspar

1979–1985
Freie Mitarbeit in Architekturbüros
(Prof. Erich Schneider-Wessling,
Prof. Ernst Kaspar) und bei dem
Lichtplaner Hans v. Malotki in Köln

1985
Gründung des gemeinsamen Büros
mit Hannelore Kress-Adams in Köln

Daniel Fröschke · Barbara Geuer · Jutta Hennen · Heike Heyer · Beate Höll · Petra Jeck · Elke Johnson
Angela Johr · Bettina Kaes · Tosca Koep · Carolin Kolb · Bettina Lessnig · Simone Marheineke
Sven Ortel · Nicole Pilz · Alexander Rotsch · Andreas Schulze · Ralf Simoneit · Sylvia Theisen · Gudrun Wittig

Vitae and co-workers

Hannelore Kress-Adams

born 1948
in Aschaffenburg, Germany

1968–1972
study of interior architecture
at the State Academy of
Fine Arts in Stuttgart under
Prof. Herta-Maria Witzemann

1973–1974
study period in Milan

1975–1985
work at Hans v. Malotki,
light planner, Cologne

1985
establishment of a Cologne-based office
with Günter M. Adams

Günter M. Adams

born 1947
in Bonn, Germany

1974–1979
study of architecture
at the Acadamy of Fine Arts
in Düsseldorf under Prof. Hans Hollein
and Prof. Ernst Kaspar

1979–1985
free-lancer with various architect's offices
(Prof. Erich Schneider-Wessling,
Prof. Ernst Kaspar, Walter v. Lom) and with
Hans v. Malotki, light planner, Cologne

1985
establishment of a Cologne-based office
with Hannelore Kress-Adams

Daniel Fröschke · Barbara Geuer · Jutta Hennen · Heike Heyer · Beate Höll · Petra Jeck · Elke Johnson
Angela Johr · Bettina Kaes · Tosca Koep · Carolin Kolb · Bettina Lessnig · Simone Marheineke
Sven Ortel · Nicole Pilz · Alexander Rotsch · Andreas Schulze · Ralf Simoneit · Sylvia Theisen · Gudrun Wittig

Wesentliche Projekte
Main projects

Kulturbauten · Cultural buildings

Konservatorium und Musikhochschule, Zürich
Conservatory and Music Academy, Zurich
Felix Stemmle, Zürich
1987

Käthe-Kollwitz-Museum der Kreissparkasse, Köln
Hans und Johannes Schilling, Köln
1989

Stadtmuseum Düsseldorf
Prof. Niklaus Fritschi, Düsseldorf
1991

Biblioteca Vaticana, Köln
Walter von Lom + Partner, Köln
1991

Villa Massimo, Rom
Auslandsabteilung der Bundesbaudirektion, Berlin
Foreign department of the Federal Building Authority, Berlin
1992

Oberschlesisches Landesmuseum, Ratingen-Hösel
Walter von Lom + Partner, Köln
1992

Niedersächsische Staats- und Universitätsbibliothek, Göttingen
Niedersachsen State and University Library, Göttingen
Prof. Eckhard Gerber und Partner, Dortmund
1993

Museum Schloss Rheydt, Mönchengladbach-Rheydt
Walter von Lom + Partner, Köln / Planungsbüro Schmitz GmbH, Aachen
1994

Westfälisches Landesmuseum für Kunst- und Kulturgeschichte, Münster
Landschaftsverband Westfalen-Lippe, Münster
1996

Schloss Paffendorf, Bergheim
Lindner – Roettig – Klasing, Düsseldorf
1999

Kulturzentrum Schiffbau des Schauspielhauses Zürich
"Schiffbau" Cultural Centre of the Zurich Schauspielhaus
Ortner & Ortner, Wien
2000

Gasometer Simmering, Wien
Simmering Gasometers, Wien
Jean Nouvel, Paris / Coop Himmelblau, Wien / Manfred Wehdorn, Wien
2001

MuseumsQuartier Wien – Leopold Museum,
Museum Moderner Kunst, Kunsthalle und Veranstaltungshalle
Ortner & Ortner, Wien / Manfred Wehdorn, Wien
2001

Westfälisches Museum für Archäologie, Herne
von Busse – Klapp – Brüning, Essen
2002

Kunsthalle Düsseldorf
Rheinflügel Baukunst, Düsseldorf
2002

Volkskundemuseum Joanneum, Graz
Joanneum Ethnographic Museum, Graz
BEHF Bernard – Ebner – Hasenauer – Ferenczy, Wien
2003

Römische Badruinen, Baden-Baden
Ruins of Roman baths, Baden-Baden
Prof. Nikolaus Kränzle + Christian Fischer-Wasels, Karlsruhe
2003

Kunsthaus Graz
spacelab/uk – Prof. Peter Cook, Prof. Colin Fournier, London / Graz
2003

Museum der Moderne am Mönchsberg, Salzburg
Friedrich – Hoff – Zwink, München
2004

Rautenstrauch-Joest-Museum, Köln
Schneider + Sendelbach, Braunschweig
2004

Regionalmuseum / Archäologischer Park, Xanten
Archeological Park and Museum, Xanten
Gatermann + Schossig & Partner, Köln
2006

Staatsbibliothek zu Berlin, Haus 1, Berlin
Prof. HG Merz, Berlin
2013

Öffentliche Bauten · Public buildings

Bundesministerium für Verkehr, Bonn
Federal Ministry of Transport, Bonn
Prof. Fritz Eller – Max Meier – Robert Walter & Partner, Düsseldorf
1989

Gesundheitsamt der Stadt Köln, Köln
Health Office of the City of Cologne, Cologne
Michael Behr, Köln
1989

Abuja New Conference Centre, Nigeria
Albert Speer & Partner, Frankfurt a.M.
1991

Städtische Union, Celle
Kuhn – Pramann – Steinweg, Braunschweig
1994

Diplomatenschule des Auswärtigen Amtes, Bonn
Diplomats School of the Foreign Office, Bonn
Ernst van Dorp und Klaus Schmidt, Bonn
1995

Informationszentrum der Deutschen Botschaft, London
Auslandsabteilung der Bundesbaudirektion, Berlin
Information Centre of the German Embassy, London
Foreign department of the Federal Building Authority, Berlin
1995

Goethe-Institut, Bordeaux
Hans Philip Richter, Bergerac
1997

Bürogebäude Vertretungen der Bundesrepublik Deutschland,
New York
Office buildings of Representation of the Federal Republic of
Germany, New York
Peter Englert & Associates, New York
1997

Bundesministerium der Finanzen, Berlin
Federal Ministry of Finance, Berlin
HPP International Planungsgesellschaft mbH, Berlin
2000

Stadtbahnhaltestelle Bensberg, Bergisch Gladbach
Bensberg urban railway station, Bergisch Gladbach
Schaller/Theodor, Köln
2000

Cultural Palace – Shadow Roof, Riyadh, Kingdom of Saudi Arabia
Albert Speer & Partner, Frankfurt a.M.
2002

Red Bull Hangar 7, Airport W. A. Mozart, Salzburg
Atelier Dr. Volkmar Burgstaller, Salzburg
2003

Ärztehaus Köln-Rodenkirchen
House of physicians, Cologne-Rodenkirchen
Gatermann + Schossig & Partner, Köln
2003

Bahnhofsvorplatz Köln
Station forecourt, Cologne
Stadt Köln, Amt für Stadtsanierung und Baukoordination
2004

Domtreppe Köln
Schaller/Theodor, Köln
2004

Nord-Süd-Stadtbahn – Haltestelle Kartäuserhof, Köln
North-south urban railway – Kartäuserhof station, Cologne
Stephan Schmitz, Köln
2010

Nord-Süd-Stadtbahn – Haltestelle Chlodwigplatz, Köln
North-south urban railway – Chlodwigplatz stop, Cologne
Schaller/Theodor, Köln
2010

Kommerzielle Bauten · Commercial buildings

Neumarktpassage der Kreissparkasse, Köln
Neumarkt passage of the Kreissparkasse, Cologne
Hans und Johannes Schilling, Köln
1988

Messestände der Daimler Benz AG Paris, Birmingham, Genf,
Frankfurt a.M. / Abteilung Marketing, Kommunikation,
Messen der Daimler Benz AG
Fair stands of Daimler Benz AG, department of marketing,
communication, fairs
1988

Kinocenter Harmonie der UFA-Betriebe, Freiburg
"Harmonie" cinema centre of the UFA-Betriebe, Freiburg
Konrad Beckmann + Partner, Düsseldorf
1991

UFA-Palast, Köln
Konrad Beckmann + Partner, Düsseldorf
1994

Showroom Zumtobel Licht GmbH, Wien
Prof. Hans Hollein, Wien
1996

CMF CongressCenter Messe Frankfurt, Frankfurt a.M.
JSK Perkins & Will, Frankfurt a.M. / Ramseier Associates Ltd.,
Zürich
1997

WDR-Arkaden Köln
WDR Arcades, Cologne
Prof. Gottfried Böhm, Köln
1998

Jägerhof Leipzig
LTK Prof. Kafka – Roehder & Partner, Dortmund
1998

Neumarktgalerie Köln
Chapman – Taylor – Brune, Düsseldorf
1999

PAN Praxisklinik am Neumarkt, Köln
PAN Medical Practice Clinic am Neumarkt, Cologne
Gatermann + Schossig & Partner, Köln
1999

Nordwest Zentrum 2000, Frankfurt a.M.
RKW Rhode – Kellermann – Wawrowsky, Frankfurt a.M.
2000

Dorint Hotel, Wiesbaden
Lindener + Partner, Köln
2000

Kurhaus Baden-Baden
Spa Rooms, Baden-Baden
Jörg Metzmeier, Baden-Baden
2000

Trinkhalle Baden-Baden
Pump Room, Baden-Baden
Peter W. Kruse, Baden-Baden
2000

Vitale Innenstadt, Alt-Oberhausen
New life in the city centre
Prof. Niklaus Fritschi – Benedikt Stahl – Günter Baum, Düsseldorf
2004

Verwaltungsbauten · Administrative buildings

Gas + Wasserwirtschaftszentrum, Bonn
Gas + Water Management Centre, Bonn
Ernst van Dorp und Klaus Schmidt, Bonn
1987

Handwerkskammerbildungszentrum Münster
Training Centre of the Münster Chamber of Small Industries
and Skilled Trades
Michael Knoche, Münster
1987

Schweizerische Kreditanstalt, Frankfurt a.M.
Prof. Herta-Maria Witzemann & Partner, Stuttgart / Josef Eisenbach, Frankfurt a.M.
1987

Informationszentrum der Trumpf Maschinenfabrik, Stuttgart
Information Centre of Trumpf machinery works, Stuttgart
Prof. Herta-Maria Witzemann & Partner, Stuttgart
1987

Informationszentrum der Hoesch AG, Dortmund
Information Centre of Hoesch AG, Dortmund
Bauabteilung der Hoesch AG, Dortmund
1988

Allgemeine Rentenanstalt Stuttgart
Prof. Herta-Maria Witzemann & Partner, Stuttgart
1988

Hahnentor Köln, Ehrengarde der Stadt Köln
Dr. Paul Petry & Partner, Köln
1989

Deutsche Bank Mannheim
Prof. Herta-Maria Witzemann & Partner, Stuttgart
1989

Victoria Krankenversicherung, Düsseldorf
HPP Hentrich – Petschnigg & Partner KG, Düsseldorf
1990

Motoren- und Turbinen Union, München
Prof. Herta-Maria Witzemann & Partner, Stuttgart
1991

Bürohaus Friedrich-Ebert-Allee, Bonn
Office building – Friedrich-Ebert-Allee, Bonn
HPP Hentrich – Petschnigg & Partner KG, Düsseldorf
1991

Kölnische Rückversicherungsgesellschaft, Köln
Bauabteilung der Kölnischen Rückversicherungsgesellschaft, Köln
1991

Dresdner Bank Erfurt
Kraemer – Sieverts & Partner, Köln
1993

DER Deutsches Reisebüro, Frankfurt a.M.
Gerhard Dürschke – Peter Isenberg – Günter Zillmann, Düsseldorf
1994

Rhenag AG, Köln
Walter von Lom + Partner, Köln
1994

Bürohaus Barbarossaplatz, Köln
Office building – Barbarossaplatz, Cologne
HPP Hentrich – Petschnigg & Partner KG, Köln
1994

VGH Versicherungsgruppe Hannover
Leonhardt – Schirmer – Meyer, Hannover
1995

Commerzbank Aachen
Marlies Hentrup – Norbert Heyers, Aachen
1995

Bürogebäude Schule Spichernstraße, Köln
Office building and school – Spichernstrasse, Cologne
HPP Hentrich – Petschnigg & Partner KG, Köln
1996

Showroom Rodust & Sohn Lichttechnik GmbH, Sankt Augustin
Klaus Müller, Köln
1996

Sparkasse Aachen
Höhler + Partner, Aachen / Prof. G. Marks, Celle
1997

IKB Deutsche Industriebank AG, Düsseldorf
MDK Siegfried Müller – Maja Djordjevic-Müller – Werner Krehl,
Stuttgart
1997

Sparkasse Göttingen
Brückner + Wagener, Göttingen
1997

Bürogebäude Königsallee, Düsseldorf
Office building – Königsallee, Düsseldorf
HPP International Planungsgesellschaft mbH, Düsseldorf
1997

WestLB Westdeutsche Landesbank, Luxemburg
Horst Gschwendner, Trier
1997

Bundesverband Deutscher Banken, Berlin
Association of German Banks, Berlin
Steffen Lehmann, Berlin
1998

Sparkasse Hohenlohekreis, Künzelsau
MDK Siegfried Müller – Maja Djordjevic-Müller – Werner Krehl,
Stuttgart
1999

Ernsting's family, Coesfeld-Lette
Johannes Schilling, Köln
1999

Sparkasse Lüdenscheid
Ursula Schürmann – Prof. Martin Zoll, München
2000

Ernsting Service Center, Coesfeld-Lette
David Chipperfield, London
2002

Raiffeisenverband Salzburg
Architekten Scheicher, Adnet
2002

Red Bull World, Fuschl am See
Atelier Dr. Volkmar Burgstaller, Salzburg
2003

IKB Deutsche Industriebank AG, Frankfurt a.M.
Prof. Christoph Mäckler, Frankfurt a.M.
2003

IKB Deutsche Industriebank AG, Stuttgart
Mueller, Benzing und Partner, Esslingen
2003

IKB Deutsche Industriebank AG, Berlin
Medefindt – Dollmann & Partner, Aachen
2003

Kirchliche Bauten · Churches and religious buildings

Karl-Joseph-Haus des Erzbistums Köln, Köln
Karl Joseph House of the Archbishopric of Cologne, Cologne
Erzbischöfliches Bauamt, Köln / Hans und Johannes Schilling, Köln
1988

Kardinal-Schulte-Haus des Erzbistums Köln, Bensberg
Cardinal Schulte House of the Archbishopric of Cologne, Bensberg
Hans-Peter Greyer und Manfred König, Leverkusen
1989

Collegium Albertinum des Erzbistums Köln, Bonn
Kurt Kleefisch, Bonn
1989

Alte Nikolaikirche, Frankfurt a.M.
L. Menzel + H. Moosbrugger, Frankfurt a.M. / Heusenstamm
1991

Diakonissenkirche, Frankfurt a.M.
Josef Eisenbach, Frankfurt a.M.
1991

Kreuzherrenkirche des Erzbistums Köln, Düsseldorf
Erzbischöfliches Bauamt, Köln
1992

Priesterseminar des Erzbistums Köln, Köln
Seminary of the Archbishopric of Cologne, Cologne
Erzbischöfliches Bauamt, Köln
1993

Erzbischöfliches Haus, Köln
Archiepiscopal House, Cologne
Erzbischöfliches Bauamt, Köln
1993

Kirche Alt St. Martin, Düsseldorf
Wilhelm Dahmen, Düsseldorf
1994

Kirche St. Maria Magdalena, Wuppertal
Wilhelm Dahmen, Düsseldorf
1995

Franziskanerkloster Neviges
Franciscan Monastery Neviges
Dahmen – Mertens, Düsseldorf
1996

Geriatrische Rehabilitationsklinik, Trier
Geriatric rehabilitation clinic, Trier
Max von Rötel, Köln / Horst Gschwendner, Trier
1997

Domforum des Erzbistums Köln, Köln
Cathedral Forum of the Archbishopric of Cologne, Cologne
Schaller/Theodor, Köln
1997

Exerzitienhaus Abtei Michaelsberg, Siegburg
House of Spiritual Exercises of Michaelsberg Abbey, Siegburg
Johannes Schilling, Köln
1997

Sekretariat Deutsche Bischofskonferenz, Bonn
Secretariat of the German Conference of Bishops, Bonn
Martini Architekten, Bonn
2001

Pilgerhaus Tabgha, Israel
Tabgha Pilgrims' House, Israel
David Guggenheim, Jersualem
2002

Altenzentrum St. Vincenz, Köln
St. Vincenz Centre for the Elderly, Cologne
Walter von Lom + Partner, Köln
2002

Kirchturm St. Alexander, Schmallenberg
Steeple of St. Alexander's Church, Schmallenberg
Hans Schilling, Köln
2003

Nachweis Fotografien und Computer-Visualisierungen
Photo and digital visualisations credits

Seite / page

Seite / page

Diese Publikation wurde freundlicherweise unterstützt von
This book was kindly supported by

ERCO   ERCO Leuchten GmbH, Lüdenscheid

OSRAM   OSRAM GmbH, München

RSL   Rodust & Sohn Lichttechnik GmbH, Sankt Augustin

ZUMTOBEL STAFF   ZUMTOBEL Staff GmbH, Dornbirn
THE LIGHT ®

A CIP catalogue record for this book is available from the Library of Congress,
Washington D.C., USA.

Bibliographic information published by Die Deutsche Bibliothek.
Die Deutsche Bibliothek lists this publication in the Deutsche Nationalbibliografie;
detailed bibliographic data is available in the Internet at <http://dnb.dbb.de>.

© 2003 Birkhäuser – Publishers for Architecture, P.O. Box 133, CH-4010 Basel,
Switzerland.
Member of the BertelsmannSpringer Publishing Group
Printed on acid-free paper produced from chlorine-free pulp. TCF ∞

Design: Günter M. Adams, Holly Laux, Jill Laux
Grafische Darstellungen/graphics: Daniel Fröschke, Alexander Rotsch
Texte/texts: Hannelore Kress-Adams
unter Einbeziehung von Textzitaten von/including citation of texts by: Johannes Schilling,
Köln (Seite/page 18), Sabine Voggenreiter, Köln (Seite/page 40), Gatermann + Schossig
& Partner, Köln (Seite/page 66), Christian Schaller, Köln (Seiten/pages 130, 134),
Eva-Maria Joeressen, Düsseldorf (Seite/page 134)
Textbearbeitung/text editing: Nicole Pilz
Übersetzung aus dem Deutschen/Translation from German: Felicity Gloth, Berlin

Printed in Germany
ISBN 3-7643-6726-1

987654321

www.birkhauser.ch